DIE REDEN GEGEN VERRES

TUSCULUM STUDIENAUSGABEN
Wissenschaftliche Beratung:
Niklas Holzberg, Rainer Nickel, Karl-Wilhelm Weeber,
Bernhard Zimmermann

MARCUS TULLIUS CICERO

DIE REDEN GEGEN VERRES
IN C.VERREM

Actio prima
Actio secunda: Liber quartus

Erste Verhandlung
Zweite Verhandlung: Viertes Buch

Lateinisch – deutsch

Herausgegeben und übersetzt
von Manfred Fuhrmann

3., aktualisierte Auflage 2011

AKADEMIE VERLAG

Bibliographische Information der Deutschen Nationalbibliothek

Die Deutsche Nationalbibliothek verzeichnet diese Publikation
in der Deutschen Nationalbibliographie;
detaillierte bibliographische Daten sind im Internet
über http://dnb.d-nb.de abrufbar.

Ein Wissenschaftsverlag der Oldenbourg Gruppe

www.akademie-verlag.de

Umschlaggestaltung: Gabriele Burde, Berlin
Satz: Fotosatz Moers, Viersen
Druck und Bindung: Offizin Andersen Nexö Leipzig GmbH,
Spengleralle 26–30, 04442 Zwenkau

Dieses Papier ist alterungsbeständig nach DIN/ISO 9706.

ISBN 978-3-05-005272-4

INHALT

IN C. VERREM

DIE REDEN GEGEN VERRES

IN C. VERREM ACTIO PRIMA

Quod erat optandum maxime, iudices, et quod unum ad 1
invidiam vestri ordinis infamiamque iudiciorum sedan-
dam maxime pertinebat, id non humano consilio sed
prope divinitus datum atque oblatum vobis summo rei
publicae tempore videtur. Inveteravit enim iam opinio
perniciosa rei publicae vobisque periculosa, quae non
modo apud nos sed apud exteras nationes omnium ser-
mone percrebruit, his iudiciis quae nunc sunt pecunio-
sum hominem, quamvis sit nocens, neminem posse dam-
nari. Nunc in ipso discrimine ordinis iudiciorumque 2
vestrorum, cum sint parati qui contionibus et legibus
hanc invidiam senatus inflammare conentur, reus in iudi-
cium adductus est C. Verres, homo vita atque factis om-
nium iam opinione damnatus, pecuniae magnitudine sua
spe et praedicatione absolutus.

Huic ego causae, iudices, cum summa voluntate et ex-
spectatione populi Romani actor accessi, non ut augerem
invidiam ordinis, sed ut infamiae communi succurrerem.
Adduxi enim hominem in quo reconciliare existimatio-
nem iudiciorum amissam, redire in gratiam cum populo
Romano, satis facere exteris nationibus possetis, depecu-
latorem aerari, vexatorem Asiae atque Pamphyliae, prae-
donem iuris urbani, labem atque perniciem provinciae
Siciliae. De quo si vos severe ac religiose iudicaveritis, 3
auctoritas ea quae in vobis remanere debet haerebit; sin

ERSTE REDE GEGEN C. VERRES

Nicht menschliches Planen, sondern geradezu göttliche Fügung scheint euch jetzt, da es höchste Zeit für den Staat ist, gewährt und dargeboten zu haben, ihr Richter, was man sich am meisten wünschen mußte und was allein in höchstem Maße geeignet war, den Unwillen über euren Stand und den üblen Ruf der Gerichte zu mildern. Denn schon hatte sich die für den Staat verderbliche und für euch gefährliche Meinung eingenistet und sich bei uns und bei den auswärtigen Völkerschaften[1] in aller Mund verbreitet, von den Gerichten, wie sie jetzt sind, könne kein reicher Mann verurteilt werden, und sei er auch noch so schuldig. Jetzt, im kritischen Augenblick für euren Stand und eure Gerichtsbarkeit, da Leute bereitstehen und versuchen, durch Volksversammlungen und Gesetzesanträge den Haß gegen den Senat zu schüren[2], wird als Angeklagter C. Verres vor Gericht gestellt, ein Mann, seines Lebens und Treibens wegen bereits in aller Augen verurteilt, doch durch sein vieles Geld, wie er selber hofft und prahlt, schon freigesprochen.

Ich aber, ihr Richter, habe diese Sache unter lebhafter Billigung und Erwartung des römischen Volkes als Ankläger übernommen, nicht um den Unwillen über den Senatorenstand zu steigern, sondern um der allgemeinen Schmach zu steuern. Denn ich habe einen Menschen zur Verantwortung gezogen, bei dem ihr die verlorene Ehre der Gerichte zurückgewinnen, euch mit dem römischen Volk wieder aussöhnen und den auswärtigen Nationen Genugtuung verschaffen könnt: den Plünderer der Staatskasse, den Peiniger Asiens und Pamphyliens, den Ausbeuter der städtischen Gerichtsbarkeit, das Unheil und Verderben der Provinz Sizilien[3]. Wenn ihr über diesen Mann streng und gewissenhaft urteilt, dann wird das Ansehen, das euch bleiben muß, von Dauer

istius ingentes divitiae iudiciorum religionem veritatemque perfregerint, ego hoc tamen adsequar, ut iudicium potius rei publicae quam aut reus iudicibus aut accusator reo defuisse videatur.

Equidem ut de me confitear, iudices, cum multae mihi
a C. Verre insidiae terra marique factae sint, quas partim
mea diligentia devitarim, partim amicorum studio offi-
cioque reppulerim, numquam tamen neque tantum peri-
culum mihi adire visus sum neque tanto opere pertimui
ut nunc in ipso iudicio. Neque tantum me exspectatio 4
accusationis meae concursusque tantae multitudinis,
quibus ego rebus vehementissime perturbor, commovet
quantum istius insidiae nefariae, quas uno tempore mihi,
vobis, M'. Glabrioni, populo Romano, sociis, exteris na-
tionibus, ordini, nomini denique senatorio facere cona-
tur; qui ita dictitat, iis esse metuendum qui quod ipsis
solis satis esset surripuissent, se tantum eripuisse ut id
multis satis esse possit; nihil esse tam sanctum quod non
violari, nihil tam munitum quod non expugnari pecunia
possit.

Quodsi quam audax est ad conandum tam esset ob- 5
scurus in agendo, fortasse aliqua in re nos aliquando
fefellisset; verum hoc adhuc percommode cadit, quod
cum incredibili eius audacia singularis stultitia coniuncta
est; nam ut apertus in corripiendis pecuniis fuit, sic in spe
corrumpendi iudici perspicua sua consilia conatusque
omnibus fecit. Semel ait se in vita pertimuisse – tum

sein; wenn jedoch sein ungeheurer Reichtum die richterliche Gewissenhaftigkeit und Wahrheitsliebe zu Fall bringen sollte, dann werde ich wenigstens zeigen können, daß eher dem Staat ein wirklicher Gerichtshof als den Richtern ein Angeklagter oder dem Angeklagten ein Ankläger gefehlt hat.

Was mich betrifft, so muß ich gestehen, ihr Richter: C. Verres hat mir zwar zu Lande und zur See zahlreiche Anschläge bereitet, die ich teils durch meine Vorsicht vereiteln, teils durch den Eifer und die Hilfsbereitschaft meiner Freunde zunichte machen konnte[4]; dennoch sah ich mich niemals einer so großen Gefahr gegenüber, und niemals habe ich so viel Bangigkeit empfunden wie gerade jetzt in dieser Verhandlung. Dabei ist es nicht so sehr die allgemeine Erwartung hinsichtlich meiner Anklage und das Zusammenströmen einer so großen Volksmenge, was mich besorgt macht (obwohl mir auch das in höchstem Maße zusetzt) – vielmehr sind es die verbrecherischen Anschläge, die Verres zu gleicher Zeit mir, euch und dem M'. Glabrio, dem römischen Volk, den Bündnern und den auswärtigen Nationen[5], schließlich dem Stand und Namen der Senatoren zu bereiten sucht; er äußert immer wieder, nur wer nicht mehr zusammengerafft habe, als allein für ihn selbst genug sei, müsse sich fürchten; er aber habe so viel geraubt, daß es wohl für viele ausreiche; nichts sei so heilig, was Geld nicht zu entweihen, nichts so fest verschanzt, was es nicht zu erobern vermöge.

Wäre er ebenso verschmitzt in der Ausführung wie frech im Wagen, so hätte er uns vielleicht bei irgendeiner Gelegenheit hinters Licht geführt. Indes, es trifft sich äußerst günstig, daß sich mit seiner unglaublichen Frechheit eine einzigartige Dummheit verbindet. Denn ebenso offen, wie er beim Raub der Gelder vorging, hat er auch, in der Hoffnung, das Gericht zu bestechen, alle Welt seine Pläne und Anschläge erkennen lassen. Einmal in seinem Leben, sagt er, habe er sich sehr ge-

cum primum a me reus factus sit; quod, cum e provincia recens esset, invidiaque et infamia non recenti sed vetere ac diuturna flagraret, tum ad iudicium corrumpendum
tempus alienum offenderet. Itaque cum ego diem inqui- 6
rendi in Siciliam perexiguam postulavissem, invenit iste qui sibi in Achaiam biduo breviorem diem postularet; non ut is idem conficeret diligentia et industria sua quod ego meo labore et vigiliis consecutus sum – etenim ille Achaicus inquisitor ne Brundisium quidem pervenit, ego Siciliam totam quinquaginta diebus sic obii ut omnium populorum privatorumque litteras iniuriasque cognoscerem; ut perspicuum cuivis esse posset hominem ab isto quaesitum esse non qui reum suum adduceret, sed qui meum tempus obsideret.

Nunc homo audacissimus atque amentissimus hoc 7
cogitat. Intellegit me ita paratum atque instructum in iudicium venire ut non modo in auribus vestris, sed in oculis omnium sua furta atque flagitia defixurus sim; videt senatores multos esse testis audaciae suae, videt multos equites Romanos, frequentis praeterea civis atque socios, quibus ipse insignis iniurias fecerit, videt etiam tot tam gravis ab amicissimis civitatibus legationes cum
publicis auctoritatibus convenisse. Quae cum ita sint, 8
usque eo de omnibus bonis male existimat, usque eo senatoria iudicia perdita profligataque esse arbitratur, ut hoc palam dictitet, non sine causa se cupidum pecuniae fuisse, quoniam in pecunia tantum praesidium experiatur esse; sese, id quod difficillimum fuerit, tempus ipsum

fürchtet: damals, als ich Anklage gegen ihn erhoben hätte; da sei er frisch aus der Provinz zurückgekehrt, doch der Haß und die Schande, die ihn bedrängten, seien nicht frisch, sondern alt und von langer Hand gewesen; so habe er eine unpassende Zeit angetroffen, das Gericht zu bestechen. Als ich daher eine sehr kurze Frist für meine Ermittlungen in Sizilien beantragt hatte, wußte er jemanden ausfindig zu machen, der für Achaia zwei Tage weniger forderte[6] – nicht, damit er durch Sorgfalt und Fleiß ebensoviel ausrichte, wie ich unter Mühen und schlaflosen Nächten zustandegebracht habe (dieser achäische Ermittler gelangte ja nicht einmal bis Brundisium[7]; ich dagegen bin fünfzig Tage lang in ganz Sizilien so ausgiebig umhergereist, daß ich von allen Schriftstücken Kenntnis erhielt, die das an Gemeinden und Privatpersonen begangene Unrecht beweisen); vielmehr konnte jedermann klar erkennen, daß der von Verres hervorgeholte Mensch nicht seinen Angeklagten vor Gericht stellen, sondern meinem Termin in die Quere kommen sollte.

Nun glaubt dieser tolldreiste und völlig wahnwitzige Bursche folgendes. Er bemerkt, daß ich so gut vorbereitet und gerüstet vor Gericht erscheine, daß ich seine Diebereien und Schandtaten nicht nur euren Ohren einprägen, sondern vor aller Augen stellen werde; er sieht viele Senatoren, sieht viele römische Ritter als Zeugen seiner Dreistigkeit und außerdem zahlreiche Bürger und Bundesgenossen, denen kein anderer als er schweres Unrecht zugefügt hat; er sieht ferner, daß sich hier so viele und so gewichtige Abgesandte eng befreundeter Staaten mit öffentlicher Vollmacht eingefunden haben. Trotzdem aber denkt er so schlecht von allen Rechtschaffenen, hält er die senatorischen Gerichtshöfe für so verkommen und verderbt, daß er immer wieder öffentlich erklärt, nicht ohne Grund sei er auf Geld versessen gewesen; zeige ihm doch die Erfahrung, welch mächtiger Schutz im Gelde liege. Er habe

emisse iudici sui, quo cetera facilius emere postea posset;
ut, quoniam criminum vim subterfugere nullo modo
poterat, procellam temporis devitaret. Quodsi non modo 9
in causa, verum in aliquo honesto praesidio aut in ali-
cuius eloquentia aut gratia spem aliquam conlocasset,
profecto non haec omnia colligeret atque aucuparetur;
non usque eo despiceret contemneretque ordinem sena-
torium ut arbitratu eius deligeretur ex senatu qui reus fie-
ret, qui, dum hic quae opus essent compararet, causam
interea ante eum diceret.

Quibus ego rebus quid iste speret et quo animum in- 10
tendat facile perspicio; quam ob rem vero se confidat ali-
quid proficere posse hoc praetore et hoc consilio intelle-
gere non possum. Unum illud intellego, quod populus
Romanus in reiectione iudicum iudicavit, ea spe istum
fuisse praeditum ut omnem rationem salutis in pecunia
constitueret, hoc erepto praesidio ut nullam sibi rem ad-
iumento fore arbitraretur.

Etenim quod est ingenium tantum, quae tanta facul-
tas dicendi aut copia, quae istius vitam tot vitiis flagitiis-
que convictam, iam pridem omnium voluntate iudicio-
que damnatam, aliqua ex parte possit defendere? Cuius 11
ut adulescentiae maculas ignominiasque praeteream,
quaestura, primus gradus honoris, quid aliud habet in se
nisi Cn. Carbonem spoliatum a quaestore suo pecunia
publica, nudatum et proditum consulem, desertum exer-
citum, relictam provinciam, sortis necessitudinem reli-

sogar – was äußerst schwierig gewesen sei – den Termin seiner Verhandlung gekauft[8], um später desto leichter alles andere kaufen zu können; er wollte, wenn er schon der Wucht der Schuldvorwürfe auf keine Weise ausweichen konnte, wenigstens die Aufwallung des ersten Augenblicks vermeiden. Wenn er, ich will nicht sagen auf seine Sache, sondern auf irgendeinen ehrenhaften Beistand oder auf jemandes Beredsamkeit oder Gunst einige Hoffnung gegründet hätte, wahrhaftig, er liefe und jagte nicht all diesen Machenschaften nach; er würde den Senatorenstand nicht derart geringschätzen und verachten, daß nach seinem Gutdünken ein Mitglied des Senates ausersehen wurde, den Angeklagten zu spielen und sich, bis er selbst alles Nötige zusammenbrächte, unterdessen vor ihm dem Gericht zu stellen.

Was er sich hiervon erhofft und wohin seine Absicht zielt, durchschaue ich leicht; weshalb er jedoch glaubt, vor diesem Prätor und diesem Richterrate etwas auszurichten, das vermag ich nicht einzusehen. Ich sehe nur so viel (was auch das römische Volk bei der Ablehnung der Richter bekundet hat[9]), daß er der Hoffnung frönte, jede Art der Rettung auf das Geld setzen zu können, und daß er glaubte, keinerlei Hilfe mehr zu haben, wenn ihm dieser Schutz entrissen sei.

Denn wo fände sich ein so großes Talent, wo eine solche Gewandtheit und Fülle des Vortrags, das Leben dieses Mannes, das derart mit Lastern und Missetaten beladen, das schon längst durch aller Wunsch und Urteil verdammt ist, in irgendeinem Punkte zu rechtfertigen? Um die Schande und Schmach seiner Jugendzeit beiseite zu lassen: was trug sich in seiner Quästur, der ersten Ämterstufe, anderes zu, als daß Cn. Carbo von seinem eigenen Quästor der öffentlichen Mittel beraubt, daß der Konsul ausgeplündert und verraten, das Heer im Stich gelassen, die Provinz ihrem Schicksal preisgegeben und die heilige, durch das Los begründete Bindung mit

gionemque violatam? cuius legatio exitium fuit Asiae totius et Pamphyliae, quibus in provinciis multas domos, plurimas urbis, omnia fana depeculatus est, tum cum in Cn. Dolabellam suum scelus illud pristinum renovavit et instauravit quaestorium, cum eum, cui et legatus et pro quaestore fuisset, et in invidiam suis maleficiis adduxit, et in ipsis periculis non solum deseruit, sed etiam op-
pugnavit ac prodidit; cuius praetura urbana aedium sa- 12
crarum fuit publicorumque operum depopulatio, simul in iure dicundo bonorum possessionumque contra omnium instituta addictio et condonatio.

Iam vero omnium vitiorum suorum plurima et maxima constituit monumenta et indicia in provincia Sicilia, quam iste per triennium ita vexavit ac perdidit ut ea restitui in antiquum statum nullo modo possit, vix autem per multos annos innocentisque praetores aliqua ex parte
recreari aliquando posse videatur. Hoc praetore Siculi 13
neque suas leges neque nostra senatus consulta neque communia iura tenuerunt: tantum quisque habet in Sicilia quantum hominis avarissimi et libidinosissimi aut imprudentiam subterfugit aut satietati superfuit. Nulla res per triennium nisi ad nutum istius iudicata est, nulla res tam patria cuiusquam atque avita fuit quae non ab eo imperio istius abiudicaretur. Innumerabiles pecuniae ex aratorum bonis novo nefarioque instituto coactae, socii fidelissimi in hostium numero existimati, cives Romani servilem in modum cruciati et necati, homines nocentis-

Füßen getreten wurde? Sein Legatenamt war das Verderben von ganz Asien und Pamphylien, hat er doch in diesen Provinzen viele Häuser, sehr viele Gemeinden und sämtliche Heiligtümer ausgeplündert. Zudem erneuerte und wiederholte er damals gegenüber Cn. Dolabella seinen altbewährten Quästoren-Streich, indem er ihn, dessen Legat und Proquästor er gewesen war, zuerst durch seine Missetaten verhaßt machte und ihn dann, als es zum Prozesse kam, nicht nur im Stich ließ, sondern sogar anfiel und verriet. Seine Stadtprätur brachte die Verwüstung der Heiligtümer und der öffentlichen Bauten; zugleich war sie in der Rechtsprechung ein einziges Zuerkennen und Verschenken von Vermögen und Besitz wider jegliches Herkommen[10].

Doch von allen seinen Lastern hat er die meisten und größten Denkmäler und Wahrzeichen in der Provinz Sizilien errichtet, die er drei Jahre lang so schlimm heimsuchte und verwüstete, daß sie den alten Zustand überhaupt nicht mehr zu erreichen vermag, ja daß es scheint, sie werde sich in vielen Jahren und unter redlichen Statthaltern kaum einmal wieder einigermaßen erholen. Unter diesem Prätor konnten die Sizilier weder ihre eigenen Gesetze noch unsere Senatsbeschlüsse noch die allgemeinen Rechtsgrundsätze geltend machen: in Sizilien hat ein jeder nur das, was dem habgierigsten und begehrlichsten aller Menschen versehentlich entging oder aus Überdruß zu viel wurde. Keine Sache hat man drei Jahre lang anders entschieden als nach seinem Gutdünken; kein Besitz, und mochte er vom Vater oder Großvater stammen, war jemandem so sicher, daß er ihm nicht auf Befehl des Verres aberkannt wurde. Unzählbare Geldbeträge hat er aus den Gütern der zehntpflichtigen Landwirte durch ein neues, schändliches Verfahren erpreßt, die treuesten Bundesgenossen wie Staatsfeinde behandelt, römische Bürger gleich Sklaven gefoltert und getötet, noch so Schuldige für

simi propter pecunias iudicio liberati, honestissimi atque integerrimi absentes rei facti indicta causa damnati et eiecti, portus munitissimi, maximae tutissimaeque urbes piratis praedonibusque patefactae, nautae militesque Siculorum, socii nostri atque amici, fame necati, classes optimae atque opportunissimae cum magna ignominia populi Romani amissae et perditae.

Idem iste praetor monumenta antiquissima partim re- 14
gum locupletissimorum, quae illi ornamento urbibus
esse voluerunt, partim etiam nostrorum imperatorum,
quae victores civitatibus Siculis aut dederunt aut reddi-
derunt, spoliavit nudavitque omnia. Neque hoc solum in
statuis ornamentisque publicis fecit, sed etiam delubra
omnia sanctissimis religionibus consecrata depeculatus
est, deum denique nullum Siculis, qui ei paulo magis
adfabre atque antiquo artificio factus videretur, reliquit.
In stupris vero et flagitiis nefarias eius libidines comme-
morare pudore deterreor; simul illorum calamitatem
commemorando augere nolo quibus liberos coniugesque
suas integras ab istius petulantia conservare non licitum
est. "At enim haec ita commissa sunt ab isto ut non 15
cognita sint ab omnibus." Hominem esse arbitror nemi-
nem, qui nomen istius audierit, quin facta quoque
eius nefaria commemorare possit, ut mihi magis timen-
dum sit ne multa crimina praetermittere quam ne qua
in istum fingere existimer. Neque enim mihi videtur haec
multitudo, quae ad audiendum convenit, cognoscere
ex me causam voluisse, sed ea quae scit mecum reco-
gnoscere.

Geld der Gerichtsbarkeit entzogen, die ehrenhaftesten und untadeligsten Männer in Abwesenheit angeklagt und ohne rechtliches Gehör verurteilt und verbannt, die sichersten Häfen, die größten und festesten Städte Seeräubern und Wegelagerern geöffnet, sizilische Matrosen und Soldaten, unsere Freunde und Verbündeten, des Hungertodes sterben lassen, die besten und brauchbarsten Flotten zur großen Schande des römischen Volkes preisgegeben und zugrundegerichtet[11]

Eben dieser Prätor hat noch so alte Kunstdenkmäler – sie stammen teils von den reichsten Königen her, die ihre Städte damit schmücken wollten, teils auch von unseren siegreichen Feldherren, die sie den sizilischen Gemeinden stifteten oder zurückgaben – samt und sonders geplündert und ausgeleert. Und das tat er nicht nur mit öffentlichen Bildwerken und Schmuckstücken, er raubte auch sämtliche durch die heiligsten Riten geweihten Tempel aus; schließlich ließ er den Siziliern kein einziges Götterbild übrig, das ihm auch nur einige Meisterschaft verriet oder mit altbewährter Kunstfertigkeit gearbeitet zu sein schien[12]. Seine schändlichen Gelüste und Ausschweifungen aufzuzählen, hindert mich mein Schamgefühl; zugleich will ich nicht, indem ich davon rede, das Unglück derer schlimmer machen, denen es nicht vergönnt war, ihre Kinder und Frauen unversehrt vor seiner Zudringlichkeit zu bewahren. «Doch all dies hat er wenigstens so verübt, daß nicht jedermann davon erfuhr.» Ich glaube, es gibt keinen Menschen, der den Namen des Verres vernommen hat und nicht auch von seinen Schandtaten reden könnte; ich muß daher eher befürchten, daß man annimmt, ich wolle viele Verbrechen übergehen, als daß ich etwas gegen ihn erfände. Und ich habe auch den Eindruck, daß die große Zahl von Zuhörern, die sich hier versammelt hat, nicht den Sachverhalt von mir erfahren, sondern, was sie schon weiß, noch einmal mit mir durchgehen will.

Quae cum ita sint, iste homo amens ac perditus alia mecum ratione pugnat. Non id agit ut alicuius eloquentiam mihi opponat; non gratia, non auctoritate cuiusquam, non potentia nititur. Simulat his se rebus confidere; sed video quid agat; neque enim agit occultissime. Proponit inania mihi nobilitatis, hoc est hominum adrogantium nomina, qui non tam me impediunt quod nobiles sunt, quam adiuvant quod noti sunt: simulat se eorum praesidio confidere, cum interea aliud quiddam iam diu machinetur. Quam spem nunc habeat in mani- 16
bus et quid moliatur breviter iam, iudices, vobis exponam; sed prius ut ab initio res ab eo constituta sit, quaeso, cognoscite.

Ut primum e provincia rediit, redemptio est huius iudici facta grandi pecunia. Mansit in condicione atque pacto usque ad eum finem dum iudices reiecti sunt: posteaquam reiectio iudicum facta est, quod et in sortitione istius spem fortuna populi Romani perfregerat et in reiciendis iudicibus mea diligentia istorum impudentiam vicerat, renuntiata est tota condicio. Praeclare se res habebat. Libelli nominum vestrorum consilique huius in ma- 17
nibus erant omnium; nulla nota, nullus color, nullae sordes videbantur his sententiis adlini posse, cum iste repente ex alacri atque laeto sic erat humilis atque demissus ut non modo populo Romano, sed etiam sibi ipse condemnatus videretur. Ecce autem repente his diebus

So stehen die Dinge, und deshalb sucht dieser wahnwitzige und verworfene Mensch auf andere Weise gegen mich zu kämpfen. Er beabsichtigt nicht, mir das Können eines Redners entgegenzustellen; er stützt sich nicht auf jemandes Gunst oder Ansehen und nicht auf Macht. Er tut zwar so, als ob er hierauf sein Vertrauen setze. Doch ich sehe wohl, was er plant; er plant es nämlich keineswegs heimlich. Er droht mir mit den nichtigen Namen Adliger, das heißt anmaßender Menschen – die aber sind mir weniger hinderlich, weil sie von Adel, als förderlich, weil sie bekannt sind[13]; er gibt vor, sich auf ihre Hilfe zu verlassen, während er schon lange etwas ganz anderes im Schilde führt. Welche Aussicht er jetzt zu haben glaubt und was er ins Werk setzt, will ich euch nunmehr kurz darlegen, ihr Richter; zuvor aber vernehmt bitte, wie er die Sache von Anfang an eingefädelt hat.

Sobald er aus der Provinz zurückgekehrt war, schloß er wegen dieses Gerichtshofes[14] für einen hohen Geldbetrag einen Bestechungsvertrag ab. Er blieb bei den vereinbarten Bedingungen bis zu dem Zeitpunkt, da die Richter abgelehnt wurden. Die Ablehnung der Richter fand statt; und hatte schon bei der Auslosung das gütige Geschick des römischen Volkes die Hoffnungen des Verres durchkreuzt, so siegte bei der Zurückweisung bestimmter Richter meine Achtsamkeit über die unverschämten Machenschaften dieser Leute: da kündigte Verres das ganze Abkommen. Die Sache stand vorzüglich. Das Verzeichnis mit euren Namen und die Besetzung dieses Gerichtshofes war in aller Händen; kein Merkzeichen, keine Farbe, kein Schmutz schien dieses Mal die Stimmen besudeln zu können[15]. Da verwandelte sich plötzlich die muntere, fröhliche Laune des Verres in so tiefe Niedergeschlagenheit, daß er aussah, als hätte ihn nicht nur das römische Volk, sondern auch er selbst sich schon verurteilt. Doch siehe da, auf einmal, seit ein paar Tagen, seit die Kon-

paucis comitiis consularibus factis eadem illa vetera consilia pecunia maiore repetuntur, eaedemque vestrae famae fortunisque omnium insidiae per eosdem homines comparantur. Quae res primo, iudices, pertenui nobis argumento indicioque patefacta est: post aperto suspicionis introitu ad omnia istorum consilia sine ullo errore pervenimus.

Nam ut Hortensius consul designatus domum reduce- 18
batur e campo cum maxima frequentia ac multitudine, fit obviam casu ei multitudini C. Curio, quem ego hominem honoris potius quam contumeliae causa nominatum volo; etenim ea dicam quae ille, si commemorari noluisset, non tanto in conventu tam aperte palamque dixisset; quae tamen a me pedetemptim cauteque dicentur, ut et amicitiae nostrae et dignitatis illius habita ratio
esse intellegatur. Videt ad ipsum fornicem Fabianum in 19
turba Verrem; appellat hominem et ei voce maxima gratulatur; ipsi Hortensio, qui consul erat factus, propinquis necessariisque eius, qui tum aderant, verbum nullum facit; cum hoc consistit, hunc amplexatur, hunc iubet sine cura esse. “Renuntio”, inquit, “tibi te hodiernis comitiis esse absolutum.” Quod cum tam multi homines honestissimi audissent, statim ad me defertur; immo vero ut quisque me viderat narrabat.

Aliis illud indignum, aliis ridiculum videbatur: ridiculum iis qui istius causam in testium fide, in criminum ratione, in iudicum potestate, non in comitiis consularibus positam arbitrabantur, indignum iis qui altius perspiciebant et hanc gratulationem ad iudicium corrum-

sulatswahlen stattgefunden haben, werden die alten Pläne mit noch mehr Geldmitteln wieder in Angriff genommen, und dieselben Leute bereiten eurem guten Ruf und der Wohlfahrt aller dieselben Nachstellungen. Das hat sich mir zuerst an einem ganz schwachen Anzeichen und Beweis offenbart, ihr Richter; dann aber, als mein Argwohn erst einen Zugang gefunden hatte, drang ich unfehlbar zu allen ihren geheimsten Absichten vor.

Denn als Hortensius, zum Konsul gewählt, unter Begleitung einer großen Volksmenge vom Marsfeld nach Hause geleitet wurde, begegnete von ungefähr C. Curio dem Zuge, ein Mann, den ich lieber der Ehre halber und nicht, um ihn bloßzustellen, genannt haben möchte[16]. Ich will auch nur berichten, was er, wäre ihm eine Erwähnung unerwünscht gewesen, nicht vor einer so zahlreichen Versammlung so offen und unverhohlen ausgesprochen hätte; ich will jedoch mit Bedacht und Vorsicht davon berichten: man soll sehen, wie sehr ich unserer Freundschaft und seinem Ansehen Rechnung trage. Unmittelbar am Triumphbogen des Fabius[17] erblickt er Verres in der Menge; er begrüßt ihn und wünscht ihm mit lauter Stimme Glück; an Hortensius selbst, der Konsul geworden, und an seine Verwandten und Freunde, die ihn damals begleiteten, richtet er kein Wort; bei Verres bleibt er stehen, ihn umarmt er, ihn heißt er ohne Sorge sein. «Ich verkünde dir», sagt er, «daß du mit den heutigen Wahlen freigesprochen bist.» Diese Worte wurden mir, da so viele höchst ehrenhafte Männer sie gehört hatten, sofort hinterbracht, ja wer immer mich sah, erzählte mir davon.

Einigen schien der Vorfall empörend, anderen lächerlich: lächerlich denen, die meinten, des Verres Sache hänge von der Glaubwürdigkeit der Zeugen, von der Schwere der Verbrechen und der Gewalt der Richter ab, nicht von den Konsulwahlen; empörend denen, die tiefer blickten und erkann-

pendum spectare videbant. Etenim sic ratiocinabantur, 20
sic honestissimi homines inter se et mecum loquebantur,
aperte iam et perspicue nulla esse iudicia. Qui reus pri-
die iam ipse se condemnatum putabat, is, posteaquam
defensor eius consul est factus, absolvitur? Quid igitur?
quod tota Sicilia, quod omnes Siculi, omnes negotiato-
res, omnes publicae privataeque litterae Romae sunt, ni-
hilne id valebit? Nihil invito consule designato. Quid?
iudices non crimina, non testis, non existimationem po-
puli Romani sequentur? Non; omnia in unius potestate
ac moderatione vertentur.

Vere loquar, iudices. Vehementer me haec res commo-
vebat; optimus enim quisque ita loquebatur "Iste quidem
tibi eripietur, sed nos non tenebimus iudicia diutius;
etenim quis poterit Verre absoluto de transferendis iudi-
ciis recusare?" Erat omnibus molestum; neque eos tam 21
istius hominis perditi subita laetitia quam hominis am-
plissimi nova gratulatio commovebat. Cupiebam dissi-
mulare me id moleste ferre, cupiebam animi dolorem
vultu tegere et taciturnitate celare.

Ecce autem illis ipsis diebus, cum praetores designati
sortirentur et M. Metello obtigisset ut is de pecuniis re-
petundis quaereret, nuntiatur mihi tantam isti gratula-
tionem esse factam ut is domum quoque pueros mitteret
qui uxori suae nuntiarent. Sane ne haec quidem mihi res 22
placebat; neque tantopere quid in hac sorte metuendum

ten, daß mit diesem Glückwunsch die Bestechung des Gerichtes gemeint war. Denn das folgerten, das äußerten die angesehensten Leute untereinander und im Gespräch mit mir: offenbar und augenscheinlich gebe es keine Gerichte mehr. Der Angeklagte, der sich tags zuvor schon selbst für verurteilt hielt, wird freigesprochen, nachdem sein Verteidiger Konsul geworden? Wie denn? Daß sich ganz Sizilien, daß sich alle Sizilier, alle Geschäftsleute, alle öffentlichen und privaten Urkunden in Rom befinden, das soll nichts gelten? Nichts, wenn der künftige Konsul es nicht will. Wie? Die Richter werden sich nicht an die Anschuldigungen, an die Zeugen, an die Meinung des römischen Volkes halten? Nein, alles wird von der Macht und Leitung eines Einzigen abhängen.

Ich will offen zu euch sprechen, ihr Richter. Die Sache erregte mich heftig; denn alle anständigen Leute sagten: «Den wird man dir sicher entreißen, doch wir[18] werden die Gerichte nicht länger behalten; denn wer könnte sich gegen einen Wechsel des Richteramtes sträuben, wenn ein Verres freigesprochen wird?» Das war für alle bedrückend, und dabei empörte sie nicht so sehr die plötzliche Ausgelassenheit dieses abscheulichen Menschen wie der neuartige Glückwunsch eines hochangesehenen Mannes. Gerne hätte ich meine Betroffenheit verborgen, gerne den Schmerz in meiner Brust hinter meiner Miene versteckt und in Schweigen eingehüllt.

Doch gebt acht, gerade in diesen Tagen, als die künftigen Prätoren mit dem Los ihre Amtsbereiche verteilten und dem M. Metellus der Gerichtshof für Erpressungen zufiel, da ließ man mich wissen, Verres habe so überschwengliche Glückwünsche empfangen, daß er sogar Boten nach Hause geschickt habe, um seine Frau davon zu benachrichtigen. Das gefiel mir nun gar nicht; andererseits sah ich nicht ganz ein, was ich bei diesem Ergebnis der Verlosung zu befürchten

mihi esset intellegebam. Unum illud ex hominibus certis, ex quibus omnia comperi, reperiebam, fiscos compluris cum pecunia Siciliensi a quodam senatore ad equitem Romanum esse translatos; ex his quasi X fiscos ad senatorem illum relictos esse comitiorum meorum nomine; divisores omnium tribuum noctu ad istum vocatos.
Ex quibus quidam, qui se omnia mea causa facere debe- 23
re arbitrabatur, eadem illa nocte ad me venit; demonstrat qua iste oratione usus esset; commemorasse istum quam liberaliter eos tractasset iam antea, cum ipse praeturam petisset, et proxumis consularibus praetoriisque comitiis; deinde continuo esse pollicitum quantam vellent pecuniam, si me aedilitate deiecissent. Hic alios negasse audere, alios respondisse non putare id perfici posse; inventum tamen esse fortem amicum ex eadem familia, Q. Verrem Romilia, ex optima divisorum disciplina, patris istius discipulum atque amicum, qui HS quingentis milibus depositis id se perfecturum polliceretur, et fuisse tamen non nullos qui se una facturos esse dicerent. Quae cum ita essent, sane benivolo animo me ut magnopere caverem praemonebat.

Sollicitabar rebus maximis uno atque eo perexiguo 24
tempore. Urgebant comitia, et in his ipsis oppugnabar grandi pecunia; instabat iudicium, ei quoque negotio fisci Sicilienses minabantur. Agere quae ad iudicium pertinebant libere comitiorum metu deterrebar; petitioni toto animo servire propter iudicium non licebat; minari denique divisoribus ratio non erat, propterea quod eos

hätte. Nur das eine erfuhr ich durch zuverlässige Leute, die mir von allem Nachricht gaben: mehrere Körbe mit sizilischem Geld seien von einem gewissen Senator zu einem römischen Ritter befördert worden; ungefähr zehn dieser Körbe habe man bei dem Senator für meine Wahl zurückgelassen; die Geldausteiler aller Wahlbezirke seien bei Nacht zu Verres bestellt worden[19]. Einer von ihnen, der mir jede Hilfe schuldig zu sein glaubte, kommt noch in derselben Nacht zu mir; er berichtet mir, welche Äußerungen Verres getan hatte: er habe daran erinnert, wie großzügig er sich ihnen schon früher erzeigt habe, bei seiner eigenen Bewerbung um die Prätur sowie bei den letzten Konsul- und Prätorwahlen; darauf habe er ihnen sogleich Geld versprochen, so viel sie wollten, wenn sie meine Wahl zum Ädilen verhinderten. Da hätten die einen gesagt, sie wagten es nicht; andere hätten geantwortet, sie hielten es für unmöglich. Gleichwohl habe sich ein wackerer Freund aus seiner eigenen Sippe gefunden, Q. Verres vom romilischen Bezirk[20], ein Geldausteiler bester Schule, ein Schüler und Freund des Vaters von Verres[21]; der habe versprochen, die Sache gegen Hinterlegung von 500000 Sesterzen zustande zu bringen, und dann seien doch noch einige dagewesen, die ihre Teilnahme zusagten. So standen die Dinge, und deshalb erteilte mir der Mann mit größtem Wohlwollen den Rat, mich ja in acht zu nehmen.

Zur gleichen Zeit – und meine Zeit war sehr beschränkt – wurde ich durch die wichtigsten Dinge in Atem gehalten. Die Wahlen drängten, und gerade hierbei bekämpfte man mich mit großem Geldaufwand; der Prozeß stand vor der Tür, und auch diesem Unternehmen drohten die sizilischen Geldkörbe. Die Furcht vor den Wahlen hinderte mich, in Sachen des Prozesses ohne Scheu vorzugehen; mich mit ganzer Seele der Bewerbung zu widmen, war mir des Prozesses wegen versagt. Schließlich war es auch nicht ratsam, den

intellegere videbam me hoc iudicio districtum atque ob-
ligatum futurum. Atque hoc ipso tempore Siculis de- 25
nuntiatum esse audio primum ab Hortensio, domum ad
illum ut venirent; Siculos in eo sane liberos fuisse, qui
quam ob rem arcesserentur cum intellegerent, non ve-
nisse. Interea comitia nostra, quorum iste se, ut cete-
rorum hoc anno comitiorum, dominum esse arbitrabatur,
haberi coepta sunt. Cursare iste homo potens cum filio
blando et gratioso circum tribus; paternos amicos, hoc est
divisores, appellare omnis et convenire. Quod cum esset
intellectum et animadversum, fecit animo libentissimo
populus Romanus ut, cuius divitiae me de fide deducere
non potuissent, ne eiusdem pecunia de honore deicerer.

Posteaquam illa petitionis magna cura liberatus sum, 26
animo coepi multo magis vacuo ac soluto nihil aliud nisi
de iudicio agere et cogitare. Reperio, iudices, haec ab istis
consilia inita et constituta ut, quacumque opus esset
ratione, res ita duceretur ut apud M. Metellum praeto-
rem causa diceretur. In eo esse haec commoda: primum
M. Metellum amicissimum, deinde Hortensium consu-
lem, neque Hortensium solum, sed etiam Q. Metellum,
qui quam isti sit amicus attendite; dedit enim praeroga-
tivam suae voluntatis eius modi ut isti pro praerogativis
iam reddidisse videatur.

An me taciturum tantis de rebus existimavistis, et me 27
in tanto rei publicae existimationisque meae periculo cui-
quam consulturum potius quam officio et dignitati

Geldausteilern zu drohen, denn wie ich wohl sah, merkten sie, daß mich der Prozeß sehr beschäftigen und in Anspruch nehmen würde[22]. Und genau in dieser Zeit, höre ich, ließ zuerst Hortensius den Siziliern sagen, sie sollten zu ihm in sein Haus kommen; die Sizilier aber, die den Grund der Einladung erkannten, hätten sich als wirklich freie Leute erzeigt und seien nicht erschienen. Inzwischen fingen meine Wahlen an, die Verres ebenso wie die übrigen Wahlen dieses Jahres zu beherrschen glaubte. Der vielvermögende Mann lief mit seinem freundlichen und liebenswürdigen Sohne bei den Wahlbezirken umher; er begrüßte und besuchte die väterlichen Freunde, das heißt die Geldausteiler. Als das bemerkt und erkannt wurde, verhinderte das römische Volk mit der größten Bereitwilligkeit, daß mich das Geld des Mannes von einem Amte ausschloß, dessen Reichtum mich nicht von meiner Pflichttreue hatte abbringen können.

Sobald die große Sorge der Bewerbung von mir genommen war, begann ich viel freier und ruhiger mein Tun und Trachten ganz auf den Prozeß zu richten. Ich entdecke, ihr Richter, daß die Gegner ihren Plan folgendermaßen gefaßt und festgesetzt haben: die Sache sollte auf jede erdenkliche Weise so lange hinausgezögert werden, daß man sich erst vor dem Prätor M. Metellus verantworten müsse. Hiervon versprach man sich folgende Vorteile: erstens habe man an M. Metellus einen sehr guten Freund, zweitens sei Hortensius dann Konsul, und nicht nur Hortensius, sondern auch Q. Metellus – und beachtet wohl, wie eng *der* mit Verres befreundet ist! Er hat nämlich von seiner Gesinnung schon ein Vorzeichen gegeben, in der Weise, daß er dem Verres bereits für die zuerst stimmenden Zenturien gedankt zu haben scheint[23].

Oder habt ihr etwa geglaubt, ich würde zu so wichtigen Dingen schweigen, ich würde in dieser Gefahr für den Staat und meinen Ruf an etwas anderes denken als an meine Pflicht

meae? Arcessit alter consul designatus Siculos; veniunt non nulli, propterea quod L. Metellus esset praetor in Sicilia. Cum iis ita loquitur, "se consulem esse; fratrem suum alterum Siciliam provinciam obtinere, alterum esse quaesiturum de pecuniis repetundis; Verri ne noceri possit multis rationibus esse provisum."

Quid est, quaeso, Metelle, iudicium conrumpere, si 28
hoc non est, testis, praesertim Siculos, timidos homines et adflictos, non solum auctoritate deterrere, sed etiam consulari metu et duorum praetorum potestate? Quid faceres pro innocente homine et propinquo, cum propter hominem perditissimum atque alienissimum de officio ac dignitate decedis, et committis ut quod ille dictitat alicui qui te ignoret verum esse videatur? Nam hoc Ver- 29
rem dicere aiebant, te non fato, ut ceteros ex vestra familia, sed opera sua consulem factum.

Duo igitur consules et quaesitor erunt ex illius voluntate. "Non solum effugiemus", inquit, "hominem in quaerendo nimium diligentem, nimium servientem populi existimationi, M'. Glabrionem; accedet etiam nobis illud. Iudex est M. Caesonius, conlega nostri accusatoris, homo in rebus iudicandis spectatus et cognitus, quem minime expediat esse in eo consilio quod conemur aliqua ratione conrumpere, propterea quod iam antea, cum iudex in Iuniano consilio fuisset, turpissimum illud facinus non solum graviter tulit, sed etiam in medium protulit. Hunc iudicem ex Kalendis Ianuariis non habe-

und mein Ansehen? Der zweite Konsul des kommenden Jahres läßt die Sizilier rufen; einige erscheinen, weil ja L. Metellus Prätor in Sizilien sei. Mit ihnen redet er so: er sei Konsul, einer seiner Brüder verwalte die Provinz Sizilien, der andere werde dem Gerichtshof für Erpressungen vorstehen; daß man dem Verres nicht schaden könne, dafür sei auf vielfache Weise gesorgt.

Was, ich bitte dich, Metellus, heißt rechtswidrig ein Verfahren beeinflussen, wenn nicht dies: Zeugen, noch dazu Sizilier, ängstliche und niedergeschlagene Leute, nicht allein durch persönliches Ansehen, sondern auch durch die Furcht vor dem Konsul und durch die Amtsgewalt zweier Prätoren einzuschüchtern? Was würdest du erst für einen Unschuldigen und dir Nahestehenden tun, wenn du schon wegen eines ganz verworfenen und dir ganz fremden Menschen von Pflicht und Ehre abweichst und nicht verhinderst, daß jemand, der dich nicht kennt, die Äußerungen des Verres für wahr hält? Denn Verres erklärte, so hieß es, du seiest nicht durch das Schicksal, wie die anderen aus deiner Familie, Konsul geworden, sondern durch seine Hilfe[24].

Beide Konsuln also und der Vorsitzende des Gerichtshofes werden ganz nach seinem Wunsche sein. «Nicht allein», sagt Verres, «entgehen wir dann dem allzu gewissenhaften Untersuchungsleiter, dem allzu willigen Diener der Volksmeinung, dem M'. Glabrio; es kommt uns noch anderes zugute. Einer der Richter ist M. Caesonius, ein Amtsgenosse meines Anklägers, in Rechtssachen erprobt und bewährt; es ist gar nicht von Vorteil, daß er in dem Gerichtshof sitzt, den wir auf diese oder jene Weise zu bestechen suchen. Hat er doch schon früher, als er Mitglied des junianischen Gerichtshofs war, jene schändliche Tat nicht nur übel aufgenommen, sondern auch allgemein bekannt gemacht. Ihn werden wir vom 1. Januar an nicht mehr zum Richter haben[25]. Auch

bimus; Q. Manlium et Q. Cornificium, duos severissi- 30
mos atque integerrimos iudices, quod tribuni plebis tum erunt, iudices non habebimus; P. Sulpicius, iudex tristis et integer, magistratum ineat oportet Nonis Decembribus; M. Crepereius ex acerrima illa equestri familia et disciplina, L. Cassius ex familia cum ad ceteras res tum ad iudicandum severissima, Cn. Tremellius, homo summa religione et diligentia, tres hi homines veteres tribuni militares sunt designati; ex Kalendis Ianuariis non iudicabunt. Subsortiemur etiam in M. Metelli locum, quoniam is huic ipsi quaestioni praefuturus est. Ita secundum Kalendas Ianuarias et praetore et prope toto commutato consilio magnas accusatoris minas magnamque exspectationem iudici ad nostrum arbitrium libidinemque eludemus."

Nonae sunt hodie Sextiles; hora VIII convenire coe- 31
pistis; hunc diem iam ne numerant quidem. Decem dies sunt ante ludos votivos, quos Cn. Pompeius facturus est; hi ludi dies quindecim auferent; deinde continuo Romani consequentur. Ita probe XL diebus interpositis tum denique se ad ea quae a nobis dicta erunt responsuros esse arbitrantur; deinde se ducturos et dicendo et excusando facile ad ludos Victoriae; cum his plebeios esse coniunctos, secundum quos aut nulli aut perpauci dies ad agendum futuri sunt: ita defessa ac refrigerata accusatione rem integram ad M. Metellum praetorem esse venturam. Quem ego hominem, si eius fidei diffisus essem, iudicem

Q. Manlius und Q. Cornificius, zwei überaus strenge und lautere Geschworene, werden nicht über uns urteilen, weil sie dann Volkstribunen sind. P. Sulpicius, ein ernster und unbestechlicher Richter, muß am 5. Dezember sein neues Amt antreten. M. Crepereius, aus einer strengen Ritterfamilie mit strengen Grundsätzen stammend, L. Cassius, aus einem Hause, das, wie in anderen Dingen, so gerade in der Rechtspflege unnachgiebig ist, Cn. Tremellius, ein Mann von größter Gewissenhaftigkeit und Sorgfalt: diese drei dem alten Brauch verpflichteten Männer sind zu Militärtribunen gewählt; vom 1. Januar an werden sie nicht mehr Recht sprechen[26]. Auch für M. Metellus müssen wir einen Ersatzmann auslosen; er ist ja dann Vorsitzender eben dieses Gerichtshofs. Folglich können wir nach dem 1. Januar, wenn der Prätor und fast das ganze Richterkollegium gewechselt haben, die heftigen Drohungen des Anklägers und die lebhafte Erwartung, die man an den Prozeß knüpft, nach unserem Wunsch und Belieben vereiteln.»

Heute ist der 5. Sextilis; um die achte Stunde seid ihr zusammengetreten[27]; diesen Tag zählen sie schon gar nicht mehr. Zehn Tage sind es noch bis zu den Votivspielen, die Cn. Pompeius veranstalten wird; diese Spiele beanspruchen fünfzehn Tage. Dann folgen sogleich die Römischen Spiele. Auf diese Weise glauben sie, erst nach beinahe vierzigtägiger Unterbrechung auf das antworten zu müssen, was ich vorbringe; dann lasse sich die Sache durch Reden und Ausflüchte leicht bis zu den Spielen der Victoria hinziehen; daran schlössen sich die Plebejischen Spiele an, nach deren Ablauf überhaupt keine oder nur sehr wenige Tage zur Verhandlung übrigblieben[28]. So werde die Anklage um ihre Kraft und Wirkung gebracht, und die Sache könne ohne Entscheidung an den Prätor M. Metellus gelangen. Diesen Mann aber hätte ich, wenn ich an seiner Rechtlichkeit zweifelte,

non retinuissem; nunc tamen hoc animo sum ut eo iudi- 32
ce quam praetore hanc rem transigi malim, et iurato
suam quam iniurato aliorum tabellas committere.

Nunc ego, iudices, iam vos consulo quid mihi faciendum putetis; id enim consili mihi profecto taciti dabitis quod egomet mihi necessario capiendum intellego. Si utar ad dicendum meo legitimo tempore, mei laboris industriae diligentiaeque capiam fructum, et hac accusatione perficiam ut nemo umquam post hominum memoriam paratior, vigilantior, compositior ad iudicium venisse videatur. Sed in hac laude industriae meae reus ne elabatur summum periculum est. Quid est igitur quod fieri possit? Non obscurum, opinor, neque absconditum.
Fructum istum laudis, qui ex perpetua oratione percipi 33
potuit, in alia tempora reservemus: nunc hominem tabulis, testibus, privatis publicisque litteris auctoritatibusque accusemus. Res omnis mihi tecum erit, Hortensi. Dicam aperte. Si te mecum dicendo ac diluendis criminibus in hac causa contendere putarem, ego quoque in accusando atque in explicandis criminibus operam consumerem: nunc quoniam pugnare contra me instituisti non tam ex tua natura quam ex istius tempore et causa, necesse est istius modi rationi aliquo consilio obsistere.
Tua ratio est ut secundum binos ludos mihi respondere 34

nicht als Richter beibehalten; andererseits ist nunmehr meine Auffassung die, daß ich den Prozeß lieber, während er noch Richter ist, als unter seiner Prätur entschieden wissen möchte; denn ich will eher dem Vereidigten nur die eigene als dem Unvereidigten[29] die Stimmen aller anderen anvertrauen.

Jetzt frage ich euch, ihr Richter: was, glaubt ihr, soll ich tun? Sicherlich wollt ihr mir stillschweigend eben den Rat erteilen, den ich, wie ich wohl sehe, notgedrungen befolgen muß. Wenn ich für meinen Vortrag die mir von Gesetzes wegen zustehende Zeit beanspruche, dann kann ich gewiß die Früchte meiner Mühe, Beharrlichkeit und Sorgfalt ernten und durch diese Anklage dartun, daß seit Menschengedenken nie jemand schlagfertiger, achtsamer und besser gerüstet vor Gericht erschienen ist. Doch bei all dem Lob für meinen Eifer besteht die dringende Gefahr, daß mir der Angeklagte entschlüpft. Was kann man also tun? Nichts, meine ich, was dunkel und verborgen wäre. Den Genuß des Lobes, den ich mir durch einen zusammenhängenden Vortrag verschaffen könnte, will ich mir für ein andermal aufsparen: doch jetzt will ich den Mann mit Hilfe von Rechnungsbüchern, Zeugen, privaten und öffentlichen Schriftstücken und gewichtigen Beweisen anklagen. Hierbei habe ich es allein mit dir zu tun, Hortensius. Ich will offen sprechen. Wenn ich glaubte, du wollest in diesem Prozeß mit deinem Plädoyer und der Widerlegung der Schuldvorwürfe gegen mich streiten, dann würde auch ich auf die Anklagerede und die Erörterung der Vorwürfe Mühe wenden. Nun bist du aber entschlossen, nicht so sehr, wie es deinem Wesen entspricht, sondern wie es die Umstände und die Lage des Verres erfordern, gegen mich zu kämpfen; da ist es unumgänglich, einem derartigen Vorhaben mit irgendeiner Maßregel zu begegnen. Dein Plan sieht vor, daß du erst nach Beendigung zweier Festzeiten anfangen wirst, mir zu antworten, meiner hingegen, daß ich

incipias, mea ut ante primos ludos comperendinem. Ita fiet ut tua ista ratio existimetur astuta, meum hoc consilium necessarium.

Verum illud quod institueram dicere, mihi rem tecum
esse, huius modi est. Ego cum hanc causam Siculorum
rogatu recepissem, idque mihi amplum et praeclarum
existimassem, eos velle meae fidei diligentiaeque pericu-
lum facere qui innocentiae abstinentiaeque fecissent,
tum suscepto negotio maius quiddam mihi proposui, in
quo meam in rem publicam voluntatem populus Roma-
nus perspicere posset. Nam illud mihi nequaquam dig- 35
num industria conatuque meo videbatur, istum a me in
iudicium iam omnium iudicio condemnatum vocari,
nisi ista tua intolerabilis potentia, et ea cupiditas qua
per hosce annos in quibusdam iudiciis usus es, etiam
in istius hominis desperati causa interponeretur. Nunc
vero, quoniam haec te omnis dominatio regnumque
iudiciorum tanto opere de ectat, et sunt homines quos
libidinis infamiaeque suae neque pudeat neque taedeat,
qui quasi de industria in odium offensionemque populi
Romani inruere videantur, hoc me profiteor suscepisse
magnum fortasse onus et mihi periculosum, verum
tamen dignum in quo omnis nervos aetatis industriaeque
meae contenderem.

Quoniam totus ordo paucorum improbitate et auda- 36
cia premitur et urgetur infamia iudiciorum, profiteor
huic generi hominum me inimicum accusatorem, odio-
sum, adsiduum, acerbum adversarium. Hoc mihi sumo,
hoc mihi deposco, quod agam in magistratu, quod agam

noch vor Beginn der ersten Festzeit den Termin für die zweite Verhandlung erwirke. So wird man denn deinen Plan für schlau, meinen Gegenplan jedoch für unumgänglich halten.

Ich sagte soeben, ich hätte es mit dir zu tun. Hiermit verhält es sich so: Ich habe diesen Prozeß auf Bitten der Sizilier übernommen, und ich rechnete es mir als eine hohe Ehre an, daß dieselben Leute meine Zuverlässigkeit und Sorgfalt erproben wollten, die zuvor meine Rechtschaffenheit und selbstlose Handlungsweise erprobt hatten. Da habe ich mir denn bei der Übernahme dieser Sache ein noch höheres Ziel gesteckt, aus dem das römische Volk meine Bereitschaft für den Staat sollte ersehen können. Denn es schiene mir keineswegs meiner Mühe und Anstrengung wert, diesen Mann, der nach allgemeinem Urteil schon gerichtet ist, vor Gericht zu fordern, wenn mir nicht auch deine unerträgliche Macht und Parteilichkeit, wie du sie während der letzten Jahre in verschiedenen Prozessen geübt hast, bei der Sache dieses heillosen Menschen in den Weg träte. Nun aber, da dir diese Tyrannei und schrankenlose Herrschaft über die Gerichte so viel Vergnügen bereitet und da es Leute gibt, die angesichts ihrer Übergriffe und ihres schlechten Rufes nicht Scham noch Ekel verspüren, die sich geradezu mit Vorsatz in den Haß und Unwillen des römischen Volkes zu stürzen scheinen, nunmehr erkläre ich öffentlich: ich habe diese Last auf mich genommen, eine womöglich große und für mich gefährliche Last, die es aber wert ist, daß ich alle Spannkraft meiner Jahre und meiner Leistungsfähigkeit darauf wende.

Da der ganze Stand [30] unter der Skrupellosigkeit und Frechheit von wenigen leidet und der üble Ruf der Gerichte auf ihm drückt, erkläre ich, daß ich für diese Sorte von Leuten ein unnachsichtiger Ankläger, ein haßerfüllter, hartnäckiger und erbitterter Widersacher sein werde. Das nehme ich mir vor, das beanspruche ich; das will ich in meiner Amtszeit,

ex eo loco ex quo me populus Romanus ex Kalendis
Ianuariis secum agere de re publica ac de hominibus im-
probis voluit; hoc munus aedilitatis meae populo Roma-
no amplissimum pulcherrimumque polliceor. Moneo,
praedico, ante denuntio: qui aut deponere aut accipere
aut recipere aut polliceri aut sequestres aut interpretes
corrumpendi iudici solent esse, quique ad hanc rem aut
potentiam aut impudentiam suam professi sunt, abstine-
ant in hoc iudicio manus animosque ab hoc scelere nefa-
rio. Erit tum consul Hortensius cum summo imperio et 37
potestate, ego autem aedilis, hoc est paulo amplius quam
privatus; tamen haec huius modi res est quam me ac-
turum esse polliceor, ita populo Romano grata atque
iucunda, ut ipse consul in hac causa prae me minus
etiam, si fieri possit, quam privatus esse videatur.

Omnia non modo commemorabuntur, sed etiam
expositis certis rebus agentur, quae inter decem annos,
posteaquam iudicia ad senatum translata sunt, in rebus
iudicandis nefarie flagitioseque facta sunt. Cognoscet ex 38
me populus Romanus quid sit quam ob rem, cum eques-
ter ordo iudicaret, annos prope quinquaginta continuos
in nullo iudice ne tenuissima quidem suspicio acceptae
pecuniae ob rem iudicandam constituta sit; quid sit
quod, iudiciis ad senatorium ordinem translatis sublata-
que populi Romani in unum quemque vestrum potes-

will ich von dem Platze aus vollbringen, auf den mich das römische Volk gestellt hat und an dem ich vom 1. Januar an über das öffentliche Wohl und über die verantwortungslosen Mitbürger mit ihm verhandeln soll[31]; dies, versichere ich, ist das größte und schönste Geschenk, das mein Ädilenamt dem römischen Volke darbringen wird. Ich warne, ich erkläre, ich gebe im voraus bekannt: diejenigen, die Gelder zu hinterlegen, anzunehmen, zu verbürgen oder zu versprechen oder sich zu Mittelsmännern oder Unterhändlern bei der Bestechung der Gerichtshöfe herzugeben pflegen[32] und die hierfür ihre Macht oder ihre Unverschämtheit angeboten haben, sie mögen in diesem Verfahren ihre Hände und Gedanken von einem derart ruchlosen Frevel fernhalten. Dann wird Hortensius Konsul sein und die höchste Gewalt und Amtsbefugnis innehaben; ich aber bin dann Ädil, das heißt nicht viel mehr als ein Privatmann. Dennoch ist die Sache, für die ich einzutreten verspreche, von der Art, ist sie dem römischen Volke so erwünscht und willkommen, daß in dieser Angelegenheit im Vergleich zu mir selbst der Konsul wenig bedeuten wird, ja womöglich weniger als ein Privatmann.

Alles soll nicht nur hergesagt, sondern unter Darlegung bestimmter Tatsachen gründlich erörtert werden, was sich in den letzten zehn Jahren, seit die Rechtsprechung auf den Senat übergegangen ist, an schändlichen und entehrenden Vorfällen in der Gerichtspraxis zugetragen hat. Erfahren soll das römische Volk durch mich, was es damit auf sich hat, daß in den nahezu fünfzig Jahren, da dem Ritterstand ununterbrochen die Rechtspflege oblag, auch nicht der leiseste Verdacht auf einen Richter fiel, er habe für einen Urteilsspruch Geld genommen; erfahren soll es, was eine Äußerung des Q. Calidius bedeutet, die er getan hat, nachdem das Gerichtswesen auf den senatorischen Stand übertragen und alle Gewalt des römischen Volkes über einen jeden von euch aufge-

tate, Q. Calidius damnatus dixerit minoris HS triciens
praetorium hominem honeste non posse damnari; quid
sit quod, P. Septimio senatore damnato Q. Hortensio
praetore de pecuniis repetundis, lis aestimata sit eo no-
mine, quod ille ob rem iudicandam pecuniam accepisset.
Quid? quod in C. Herennio, quod in C. Popilio, senato- 39
ribus, qui ambo peculatus damnati sunt, quod in M. Ati-
lio, qui de maiestate damnatus est, hoc planum factum
est, eos pecuniam ob rem iudicandam accepisse, quod
inventi sunt senatores qui C. Verre praetore urbano sor-
tiente exirent in eum reum quem incognita causa con-
demnarent, quod inventus est senator qui, cum iudex
esset, in eodem iudicio et ab reo pecuniam acciperet
quam iudicibus divideret, et ab accusatore ut reum con-
demnaret. Iam vero quo modo ego illam labem ignomi- 40
niam calamitatemque totius ordinis conquerar, hoc fac-
tum esse in hac civitate, cum senatorius ordo iudicaret,
ut discoloribus signis iuratorum hominum sententiae
notarentur? Haec omnia me diligenter severeque ac-
turum esse polliceor.

Quo me tandem animo fore putatis, si quid in hoc ipso iudicio intellexero simili aliqua ratione esse violatum atque commissum? cum praesertim planum facere multis testibus possim C. Verrem in Sicilia multis audientibus saepe dixisse se habere hominem potentem cuius fiducia provinciam spoliaret; neque sibi soli pecuniam quaerere, sed ita triennium illud praeturae Siciliensis distributum habere ut secum praeclare agi diceret si unius

hoben worden war (Calidius sagte nämlich nach seiner Verurteilung, für weniger als drei Millionen Sesterzen dürfe anständigerweise kein ehemaliger Prätor verurteilt werden); erfahren soll es, wie es kommt, daß man damals, als man den Senator P. Septimius unter der Prätur des Q. Hortensius wegen Erpressung verurteilt hatte, die Geldbuße mit der Begründung festsetzte, er habe für einen Urteilsspruch Geld genommen[33]. Wie? Daß man bei C. Herennius und C. Popilius, bei Senatoren, die beide wegen Unterschleifs, daß man bei M. Atilius, der wegen eines Staatsverbrechens verurteilt wurde, klar beweisen konnte, sie hätten für einen Urteilsspruch Geld genommen; daß sich, da C. Verres als Stadtprätor die Geschworenen ausloste, Senatoren fanden, die über den Angeklagten herfielen, um ihn ohne Kenntnis der Sachlage zu verurteilen; daß sich sogar ein Senator fand, der als Richter in demselben Verfahren zuerst vom Angeklagten Geld nahm, damit er es unter die Richter ausstreue, und dann vom Ankläger, damit er den Angeklagten verurteile[34]? Doch wie werde ich erst den Sturz, die Schande und den Niedergang des ganzen Standes beklagen: das sei in diesem Staate vorgekommen, daß, während der Senatorenstand die Gerichtsbarkeit ausübte, die Stimmen der Geschworenen mit verschiedenfarbigen Kennzeichen versehen wurden[35]? Ich verspreche euch: mit alledem will ich mich gründlich und unnachsichtig abgeben.

Wie, glaubt ihr wohl, wird mir erst zumute sein, wenn ich feststellen muß, daß man in diesem Prozesse hier auf ähnliche Weise das Recht verletzt und mißachtet habe? Zumal ich ja durch viele Zeugen beweisen könnte, daß C. Verres in Sizilien vor zahlreichen Zuhörern oft genug erklärt hat: er habe eine mächtige Stütze, auf die er sich verlassen könne, wenn er die Provinz ausplündere; auch trachte er nicht nur für sich nach Geld, er habe vielmehr die drei Jahre seiner sizilischen

anni quaestum in rem suam converteret, alterum patronis et defensoribus traderet, tertium illum uberrimum quaestuosissimumque annum totum iudicibus reservaret.

Ex quo mihi venit in mentem illud dicere, quod apud 41
M'. Glabrionem nuper cum in reiciundis iudicibus commemorassem intellexi vehementer populum Romanum commoveri, me arbitrari fore uti nationes exterae legatos ad populum Romanum mitterent, ut lex de pecuniis repetundis iudiciumque tolleretur; si enim iudicia nulla sint, tantum unum quemque ablaturum putant quantum sibi ac liberis suis satis esse arbitretur; nunc, quod eius modi iudicia sint, tantum unum quemque auferre quantum sibi, patronis, advocatis, praetori, iudicibus satis futurum sit; hoc profecto infinitum esse; se avarissimi hominis cupiditati satis facere posse, nocentissimi victoriae non posse.

O commemoranda iudicia praeclaramque existimatio- 42
nem nostri ordinis, cum socii populi Romani iudicia de pecuniis repetundis fieri nolunt, quae a maioribus nostris sociorum causa comparata sunt! An iste umquam de se bonam spem habuisset, nisi de vobis malam opinionem animo imbibisset? Quo maiore etiam, si fieri potest, apud vos odio esse debet quam est apud populum Romanum, cum in avaritia, scelere, periurio vos sui similis esse arbitretur.

Cui loco, per deos immortalis, iudices, consulite ac 43
providete! Moneo praedicoque id quod intellego, tempus hoc vobis divinitus datum esse ut odio, invidia, infamia,

Prätur so eingeteilt, daß er sehr gut abzuschneiden glaube, wenn er den Gewinn des ersten Jahres für sich verwende, das zweite seinen Anwälten und Beschützern überlasse, das dritte jedoch, das reichste und ergiebigste, ganz für seine Richter aufspare.

Dabei kommt mir in den Sinn, die Äußerung zu wiederholen, die ich neulich vor M'. Glabrio bei der Richterablehnung getan habe; denn ich sah, daß sie auf das römische Volk einen starken Eindruck machte. Ich könne mir denken, erklärte ich, daß die auswärtigen Nationen[36] noch Gesandte an das römische Volk schicken würden, um die Abschaffung des Gesetzes und Gerichtshofs gegen Erpressungen zu erwirken. Wenn es nämlich keine Prozesse mehr gebe, dann werde, meinen sie, ein jeder nur so viel rauben, als er für sich und seine Kinder zu benötigen glaube; doch jetzt, da diese Prozesse bestünden, raffe ein jeder zusammen, was für ihn selbst, für seine Anwälte und Rechtsbeistände, für den Prätor und die Richter ausreichen solle; da gebe es wahrhaftig keine Grenzen; sie vermöchten der Habsucht eines noch so großen Ausbeuters Genüge zu tun, nicht aber dem Siege eines noch so argen Missetäters.

Welch bemerkenswerte Gerichtshöfe und welch herrlicher Ruf unseres Standes, wenn die Bundesgenossen des römischen Volkes keine Prozesse gegen Erpressungen mehr haben wollen, die doch von unseren Vorfahren der Bundesgenossen wegen eingeführt worden sind! Hätte Verres je gute Aussichten für sich erhofft, wenn er nicht, was euch betrifft, von einer schlechten Meinung durchdrungen wäre? Um so mehr muß er – wenn das noch möglich ist – bei euch verhaßt sein als beim römischen Volke, hält er euch doch für ebenso habgierig, skrupellos und eidbrüchig wie sich selbst.

Dieser Lage, bei den unsterblichen Göttern, ihr Richter, wendet eure Einsicht und Vorsorge zu! Ich schärfe euch ein und mache kund, was für mich feststeht: göttliche Fügung

turpitudine totum ordinem liberetis. Nulla in iudiciis severitas, nulla religio, nulla denique iam existimantur esse iudicia. Itaque a populo Romano contemnimur, despicimur; gravi diuturnaque iam flagramus infamia.

Neque enim ullam aliam ob causam populus Romanus 44
tribuniciam potestatem tanto studio requisivit; quam
cum poscebat, verbo illam poscere videbatur, re vera
iudicia poscebat. Neque hoc Q. Catulum, hominem
sapientissimum atque amplissimum, fugit, qui Cn. Pom-
peio, viro fortissimo et clarissimo, de tribunicia potesta-
te referente cum esset sententiam rogatus, hoc initio est
summa cum auctoritate usus, patres conscriptos iudicia
male et flagitiose tueri; quodsi in rebus iudicandis populi
Romani existimationi satis facere voluissent, non tanto
opere homines fuisse tribuniciam potestatem desideratu-
ros. Ipse denique Cn. Pompeius cum primum contionem 45
ad urbem consul designatus habuit, ubi, id quod maxi-
me exspectari videbatur, ostendit se tribuniciam potes-
tatem restituturum, factus est in eo strepitus et grata
contionis admurmuratio. Idem in eadem contione cum
dixisset populatas vexatasque esse provincias, iudicia
autem turpia ac flagitiosa fieri; ei rei se providere ac con-
sulere velle; tum vero non strepitu, sed maximo clamore
suam populus Romanus significavit voluntatem.

hat euch jetzt Gelegenheit gegeben, den ganzen Stand von Haß, Anfeindung, schlechtem Leumund und Schande zu befreien. Man glaubt bei den Gerichten an keine Strenge, keine Skrupel mehr, ja nicht einmal, daß sie noch Gerichte sind. Deshalb werden wir[37] vom römischen Volk verachtet und geringgeschätzt, und auf uns lastet schwere, lang schon dauernde Schmach.

Denn aus keinem anderen Grunde hat das römische Volk mit solcher Heftigkeit die tribunizische Gewalt zurückverlangt; als es sie forderte, schien es dem Wortlaut nach sie selbst zu fordern, doch forderte es in Wahrheit die Gerichtsbarkeit. Das entging auch dem Scharfblick des erlauchten Q. Catulus nicht; als unser tatkräftiger und hochberühmter Cn. Pompeius die Frage der tribunizischen Gewalt vor den Senat brachte und Catulus gebeten wurde, seine Meinung zu äußern, da ließ er gleich zu Anfang die folgenden höchst bedeutsamen Worte vernehmen: es sei ärgerlich und schandbar, wie die versammelten Väter die Gerichtsbarkeit ausübten; wären sie bereit gewesen, bei ihren Urteilssprüchen den Erwartungen des römischen Volkes Genüge zu tun, dann hätten die Leute nicht so lebhaft die tribunizische Gewalt vermißt[38]. Als schließlich Cn. Pompeius selbst in der ersten Versammlung, die er, der künftige Konsul, vor den Toren der Stadt abhielt[39], das ankündigte, was man am meisten von ihm zu erwarten schien, die Wiedereinsetzung der tribunizischen Gewalt, da erhob sich unter den Teilnehmern ein Raunen und beifälliges Gemurmel. Doch als er erst in derselben Versammlung erklärte, man habe die Provinzen ausgeplündert und schwer heimgesucht, das Gerichtswesen werde schändlich und schmachvoll verwaltet, für diesen Mißstand wolle er Rat und Abhilfe schaffen, da bekundete das römische Volk nicht durch ein Raunen, sondern durch lautes Geschrei seine Zustimmung.

Nunc autem homines in speculis sunt; observant quem ad modum sese unus quisque nostrum gerat in retinenda religione conservandisque legibus. Vident adhuc post legem tribuniciam unum senatorem vel tenuissimum esse damnatum; quod tametsi non reprehendunt, tamen magno opere quod laudent non habent; nulla est enim laus ibi esse integrum ubi nemo est qui aut possit aut conetur corrumpere. 46

Hoc est iudicium in quo vos de reo, populus Romanus de vobis iudicabit; in hoc homine statuetur, possitne senatoribus iudicantibus homo nocentissimus pecuniosissimusque damnari. Deinde est eius modi reus in quo homine nihil sit praeter summa peccata maximamque pecuniam, ut, si liberatus sit, nulla alia suspicio nisi ea quae turpissima est residere possit; non gratia, non cognatione, non aliis recte factis, non denique aliquo mediocri vitio tot tantaque eius vitia sublevata esse videbuntur. 47
Postremo ego causam sic agam, iudices, eius modi res, ita notas, ita testatas, ita magnas, ita manifestas proferam, ut nemo a vobis ut istum absolvatis per gratiam conetur contendere. Habeo autem certam viam atque rationem qua omnis illorum conatus investigare et consequi possim; ita res a me agetur ut in eorum consiliis omnibus non modo aures hominum, sed etiam oculi populi Romani interesse videantur. 48

Vos aliquot iam per annos conceptam huic ordini turpitudinem atque infamiam delere ac tollere potestis. Constat inter omnis post haec constituta iudicia, quibus 49

Jetzt aber steht man auf der Lauer; man gibt acht, wie sich ein jeder von uns aufführt, wie er seinen Eid befolgt und die Gesetze handhabt. Man sieht, daß bisher, seit Erlaß des tribunizischen Gesetzes[40], ein einziger, ganz unbedeutender Senator verurteilt worden ist. Das tadelt man zwar nicht, doch hat man auch nicht sonderlich Ursache, es zu loben. Es ist ja nichts Lobenswertes, da uneigennützig zu sein, wo sich niemand findet, der zu bestechen vermöchte oder Anstalten dazu machte.

Doch dies ist ein Prozeß, in dem *ihr* über den Angeklagten, das römische Volk über *euch* zu Gericht sitzt. Bei diesem Menschen wird sich zeigen, ob es möglich ist, daß ein ebenso schuldiger wie reicher Mann von senatorischen Richtern verurteilt wird. Überdies handelt es sich um einen Angeklagten, der nichts aufzuweisen hat als schwerste Verfehlungen und sehr viel Geld; geht er also frei aus, so kann sich kein anderer Verdacht festsetzen als der allerschimpflichste: nicht Ansehen, nicht Verwandtschaft, nicht anderweitige, rechtmäßige Handlungen, ja nicht einmal ein nur gewöhnlicher Fehler wird als Ausgleich für so viele und so schwere Verbrechen gelten. Schließlich werde ich meine Sache so führen, ihr Richter: ich werde solche Tatsachen vorbringen, die so bekannt, so gut bezeugt, so erheblich und so offenkundig sind, daß niemand versuchen soll, durch seinen Einfluß die Freisprechung des Verres von euch zu erwirken. Ich habe auch sichere Mittel und Wege, alle Versuche dieser Leute aufzudecken und zu fassen; ich werde so vorgehen, daß nicht nur die Ohren der Zuhörer, sondern gleichsam auch die Augen des ganzen römischen Volkes Zeugen aller ihrer Anschläge sind.

Es liegt in eurer Macht, die Schmach und Schande, mit der dieser Stand schon seit einigen Jahren behaftet ist, zu tilgen und aus der Welt zu schaffen. Man ist allgemein überzeugt,

nunc utimur, nullum hoc splendore atque hac dignitate
consilium fuisse. Hic si quid erit offensum, omnes ho-
mines non iam ex eodem ordine alios magis idoneos,
quod fieri non potest, sed alium omnino ordinem ad res
iudicandas quaerendum arbitrabuntur.

Quapropter primum ab dis immortalibus, quod spe- 50
rare mihi videor, hoc idem, iudices, opto, ut in hoc iudi-
cio nemo improbus praeter eum qui iam pridem inven-
tus est reperiatur; deinde, si plures improbi fuerint, hoc
vobis, hoc populo Romano, iudices, confirmo, vitam
mehercule mihi prius quam vim perseverantiamque ad
illorum improbitatem persequendam defuturam.

Verum quod ego laboribus periculis inimicitiisque 51
meis tum cum admissum erit dedecus severe me perse-
cuturum esse polliceor, id ne accidat tu tua auctoritate,
sapientia, diligentia, M'. Glabrio, potes providere. Susci-
pe causam iudiciorum; suscipe causam severitatis, inte-
gritatis, fidei, religionis; suscipe causam senatus, ut is hoc
iudicio probatus cum populo Romano et in laude et in
gratia esse possit. Cogita, qui sis, quo loco sis, quid dare
populo Romano, quid reddere maioribus tuis debeas; fac
tibi paternae legis Aciliae veniat in mentem, qua lege po-
pulus Romanus de pecuniis repetundis optimis iudiciis
severissimisque iudicibus usus est. Circumstant te sum- 52
mae auctoritates, quae te oblivisci laudis domesticae non
sinant, quae te dies noctesque commoneant fortissimum
tibi patrem, sapientissimum avum, gravissimum socerum

daß seit Einführung der Gerichtshöfe, die wir jetzt haben, kein Richterrat von so viel Glanz und Ansehen umgeben war. Kommt es hier zu einem Ärgernis, so wird jedermann der Meinung sein, daß man nicht mehr besser Geeignete aus demselben Stande – was unmöglich ist –, sondern überhaupt einen anderen Stand mit der Rechtspflege betrauen müsse[41].

Deshalb, ihr Richter, erflehe ich mir von den unsterblichen Göttern vor allem das, was ich auch erwarten zu dürfen glaube: Möge sich in diesem Prozeß kein Schuft finden außer dem einen, der schon längst entlarvt ist! Und weiter: wenn mehrere Schufte da sind, so versichere ich euch und dem römischen Volke, ihr Richter, daß mir wahrhaftig eher das Leben ausgehen wird als die Zähigkeit und Kraft, diese Schufte zu verfolgen.

Doch wie ich diese Schandtat, falls sie begangen wird, unter Mühen, Gefahren und Anfeindungen unnachsichtig zu verfolgen gelobe, so kannst du, M'. Glabrio, durch dein Ansehen, deine Weisheit und Achtsamkeit dafür sorgen, daß es gar nicht erst hierzu kommt. Mach dich zum Anwalt der Gerichte; mach dich zum Anwalt der Strenge, der Lauterkeit, der Pflichttreue und der Gewissenhaftigkeit; mach dich zum Anwalt des Senates, daß er, in diesem Prozeß sich bewährend, beim römischen Volke wieder zu Ansehen und Gunst gelangen kann. Bedenke, wer du bist, an welcher Stelle du stehst, was du dem römischen Volke zu geben, was du deinen Vorfahren abzustatten verpflichtet bist; rufe dir das Gesetz deines Vaters, das Acilische, ins Gedächtnis, das dem römischen Volke die besten Gerichte und die strengsten Richter über Erpressungen verschafft hat[42]. Du bist von erlauchten Vorbildern umgeben, die dich den Ruhm deiner Familie nicht vergessen lassen, die dich Tag und Nacht daran erinnern, daß du einen ungemein tatkräftigen Vater, einen überaus scharfblickenden Großvater, einen zäh an seinen

fuisse. Quare si Glabrionis patris vim et acrimoniam ceperis ad resistendum hominibus audacissimis, si avi Scaevolae prudentiam ad prospiciendas insidias quae tuae atque horum famae comparantur, si soceri Scauri constantiam, ut ne quis te de vera et certa possit sententia demovere, intelleget populus Romanus integerrimo atque honestissimo praetore delectoque consilio nocenti reo magnitudinem pecuniae plus habuisse momenti ad suspicionem criminis quam ad rationem salutis.

Mihi certum est non committere ut in hac causa 53
praetor nobis consiliumque mutetur. Non patiar rem in id tempus adduci ut quos adhuc servi designatorum consulum non moverunt, cum eos novo exemplo universos arcesserent, eos tum lictores consulum vocent; ut homines miseri, antea socii atque amici populi Romani, nunc servi ac supplices, non modo ius suum fortunasque omnis eorum imperio amittant, verum etiam deplorandi
iuris sui potestatem non habeant. Non sinam profecto 54
causa a me perorata, quadraginta diebus interpositis, tum nobis denique responderi cum accusatio nostra in oblivionem diuturnitatis adducta sit. Non committam ut tum haec res iudicetur, cum haec frequentia totius Italiae Roma discesserit, quae convenit uno tempore undique

Grundsätzen festhaltenden Schwiegervater hattest. Gebrauche also die Tatkraft und Entschiedenheit deines Vaters Glabrio, dich gegen die verwegensten Gesellen zu behaupten, den Scharfblick deines Großvaters Scaèvola, die Nachstellungen zu durchschauen, die deinem und dem Rufe dieser Männer hier bereitet werden, und die Standhaftigkeit deines Schwiegervaters Scaurus, daß niemand dich von deiner wahren und begründeten Überzeugung abbringen kann[43] – dann wird das römische Volk erkennen, daß vor einem unbestechlichen und ehrenhaften Prätor und vor einem auserwählten Gerichtshof die reichen Geldmittel eines strafwürdigen Angeklagten mehr zum Schuldverdacht beigetragen haben als zur Aussicht auf Rettung.

Ich bin entschlossen, nicht zuzulassen, daß wir in diesem Prozeß einen anderen Prätor und andere Geschworene erhalten. Ich werde nicht dulden, daß man die Sache verschleppt, bis die Leute, die sich bislang von den Bediensteten der künftigen Konsuln nicht haben einschüchtern lassen, als man sie – eine unerhörte Maßnahme – allesamt in einem vorlud, demnächst von den Bütteln der amtierenden Konsuln geholt werden; bis die Beklagenswerten, einst Bundesgenossen und Freunde des römischen Volkes, jetzt Sklaven und Schutzflehende, durch die Machtstellung der Gegner nicht nur ihr Recht und ihr ganzes Vermögen einbüßen, sondern selbst um die Möglichkeit gebracht werden, den Verlust ihres Rechts zu beweinen. Ich werde mich entschieden dagegen wehren, daß man mir nach Beendigung meines Plädoyers erst nach einem Aufschub von vierzig Tagen antwortet, wenn meine Anklage durch die Länge der Zeit bereits der Vergessenheit anheimgefallen ist. Ich werde nicht zugeben, daß es in diesem Prozeß erst dann zur Entscheidung kommt, wenn die zahlreichen Bürger aus ganz Italien Rom wieder verlassen haben, die jetzt der Wahlen, der Spiele und

comitiorum ludorum censendique causa. Huius iudici et laudis fructum et offensionis periculum vestrum, laborem sollicitudinemque nostram, scientiam quid agatur, memoriamque quid a quoque dictum sit, omnium puto esse oportere.

Faciam hoc non novum, sed ab iis qui nunc principes 55
nostrae civitatis sunt ante factum, ut testibus utar statim: illud a me novum, iudices, cognoscetis, quod ita testis constituam ut crimen totum explicem, ubi id argumentis atque oratione firmavero, tum testis ad crimen adcommodem, ut nihil inter illam usitatam accusationem atque hanc novam intersit, nisi quod in illa tum cum omnia dicta sunt testes dantur, hic in singulas res dabuntur, ut illis quoque eadem interrogandi facultas argumentandi dicendique sit. Si quis erit qui perpetuam orationem accusationemque desideret, altera actione audiet; nunc id quod facimus – ea ratione, ut malitiae illorum consilio nostro occurramus – necessario fieri intellegat.

Haec primae actionis erit accusatio. Dicimus C. Ver- 56
rem, cum multa libidinose, multa crudeliter in civis Romanos atque socios, multa in deos hominesque nefarie fecerit, tum praeterea quadringentiens sestertium ex Sicilia contra leges abstulisse. Hoc testibus, hoc tabulis

der Vermögensschätzung wegen[44] gleichzeitig von überallher zusammengeströmt sind. In diesem Prozeß muß nach meiner Meinung die Aussicht auf Ruhm und die Gefahr eines Ärgernisses euch, die Sorge und Mühewaltung mir, die Kenntnis dessen, was verhandelt wird, und die Erinnerung an das, was ein jeder gesagt hat, der Allgemeinheit zufallen.

Ich werde kein neues Verfahren anwenden, sondern tun, was diejenigen, die jetzt die ersten Männer in unserem Staate sind, schon früher getan haben: ich werde sofort die Zeugen aufrufen. Doch *eine* Neuerung, ihr Richter, werdet ihr bei mir bemerken: ich will die Zeugen so auftreten lassen, daß ich die Anklage Punkt für Punkt ausbreiten kann. Sobald ich einen Vorwurf durch Erläuterungen und zusammenfassende Worte umschrieben habe, ziehe ich jeweils die hierfür maßgeblichen Zeugen heran. Zwischen der üblichen Art der Anklage und dieser neuen besteht somit nur ein Unterschied: dort werden die Zeugen erst aufgerufen, wenn der ganze Stoff in Vorträgen behandelt ist; hier aber werden sie zu den einzelnen Punkten aufgerufen, mit der Maßgabe, daß auch die Gegenseite in gleicher Weise die Möglichkeit hat, Fragen zu stellen, Schlüsse zu ziehen und sich auszusprechen. Sollte jemand eine zusammenhängende Anklagerede vermissen: er wird sie in der zweiten Verhandlung hören; er muß einsehen, daß unser jetziges Vorgehen, das die Tücke der Gegner durch eine wohlüberlegte Maßnahme zunichte machen soll, aus barer Notwendigkeit entspringt.

Die Anklage in dieser ersten Verhandlung lautet folgendermaßen. Wir behaupten: C. Verres hat nicht nur viele willkürliche, viele grausame Handlungen gegen römische Bürger und gegen Bundesgenossen sowie viele Freveltaten gegen Götter und Menschen verübt; er hat überdies vierzig Millionen Sesterzen widerrechtlich aus Sizilien erpreßt. Das werden wir durch Zeugen, durch private Aufzeichnungen und öffent-

privatis publicisque auctoritatibus ita vobis planum faciemus ut hoc statuatis, etiamsi spatium ad dicendum nostro commodo vacuosque dies habuissemus, tamen oratione longa nihil opus fuisse. Dixi.

liche Urkunden so zwingend beweisen, daß ihr feststellen müßt: es hätte selbst dann, wenn wir zur Genüge über Redezeit und freie Tage geboten hätten, keines ausführlichen Vortrages bedurft. Ich habe gesprochen.

ACTIONIS IN C. VERREM SECUNDAE
LIBER QUARTUS
QUI INSCRIBITUR DE SIGNIS

Venio nunc ad istius, quem ad modum ipse appellat, studium, ut amici eius, morbum et insaniam, ut Siculi, latrocinium; ego quo nomine appellem nescio; rem vobis proponam, vos eam suo non nominis pondere penditote. Genus ipsum prius cognoscite, iudices; deinde fortasse non magno opere quaeretis quo id nomine appellandum putetis. Nego in Sicilia tota, tam locupleti, tam vetere provincia, tot oppidis, tot familiis tam copiosis, ullum argenteum vas, ullum Corinthium aut Deliacum fuisse, ullam gemmam aut margaritam, quicquam ex auro aut ebore factum, signum ullum aeneum, marmoreum, eburneum, nego ullam picturam neque in tabula neque in textili quin conquisierit, inspexerit, quod placitum sit abstulerit. Magnum videor dicere: attendite etiam quem ad modum dicam. Non enim verbi neque criminis augendi causa complector omnia: cum dico nihil istum eius modi rerum in tota provincia reliquisse, Latine me scitote, non accusatorie loqui. Etiam planius: nihil in aedibus cuiusquam, ne in hospitis quidem, nihil in locis communibus, ne in fanis quidem, nihil apud Siculum, nihil apud civem Romanum, denique nihil istum, quod ad oculos animumque acciderit, neque privati neque publici neque profani neque sacri tota in Sicilia reliquisse.

Unde igitur potius incipiam quam ab ea civitate quae tibi una in amore atque in deliciis fuit, aut ex quo potius numero quam ex ipsis laudatoribus tuis? Facilius enim

ZWEITE REDE GEGEN C. VERRES
VIERTES BUCH

Ich komme nun zu dem, was Verres selbst eine Liebhaberei nennt, seine Freunde eine Krankheit und Leidenschaft, die Sizilier ein Raubgewerbe. Wie ich es nennen soll, weiß ich nicht. Ich will euch die Sache vorführen; ihr mögt sie nach ihrem wahren Gewicht, nicht nach dem des Namens abwägen. Laßt euch zunächst über den Tatbestand selbst belehren, ihr Richter. Vielleicht braucht ihr dann nicht mehr viel zu fragen, wie ihr ihn nennen sollt. Ich behaupte: in ganz Sizilien, einer so reichen, so alten Provinz, in so vielen Städten, so vielen Häusern, die so vermögend waren, gab es kein silbernes, kein korinthisches oder delisches Gefäß[1], keinen Edelstein, keine Perle, keine Arbeit aus Gold oder Elfenbein, keine Statue von Erz, Marmor, Elfenbein – ich behaupte: es gab kein Gemälde, weder auf Holz noch auf Leinwand, das er nicht aufgestöbert und besichtigt und, wenn es ihm gefiel, weggenommen hätte. Meine Behauptung scheint kühn; beachtet auch, wie ich sie vorbringe. Denn nicht um Worte zu machen oder um das Verbrechen aufzubauschen, will ich keine Ausnahme zugeben. Wenn ich erkläre, Verres habe in der ganzen Provinz nichts von derlei Dingen zurückgelassen, dann müßt ihr wissen, daß ich lateinisch, nicht nach Advokatenart rede. Noch deutlicher: nichts hat er in jemandes häuslichem Besitz, nicht einmal bei einem Gastfreund, nichts an öffentlicher Stätte, nicht einmal in Tempeln, nichts bei einem Sizilier, nichts bei einem römischen Bürger – kurz, gar nichts, worauf sein Blick und Sinn fiel, weder privates noch staatliches Eigentum, weder ungeweihtes noch geweihtes hat er in ganz Sizilien zurückgelassen.

Womit kann ich nun treffender beginnen als mit der Gemeinde, die vor allen dein Liebling und Abgott war[2], oder mit welcher Gruppe treffender als gerade mit deinen Lobrednern?

perspicietur qualis apud eos fueris qui te oderunt, qui ac-
cusant, qui persequuntur, cum apud tuos Mamertinos in-
veniare improbissima ratione esse praedatus. C. Heius est
Mamertinus – omnes hoc mihi qui Messanam accesse-
runt facile concedunt – omnibus rebus illa in civitate or-
natissimus. Huius domus est vel optima Messanae, no-
tissima quidem certe et nostris hominibus apertissima
maximeque hospitalis. Ea domus ante istius adventum
ornata sic fuit ut urbi quoque esset ornamento; nam ipsa
Messana, quae situ moenibus portuque ornata sit, ab his
rebus quibus iste delectatur sane vacua atque nuda est.
Erat apud Heium sacrarium magna cum dignitate in 4
aedibus a maioribus traditum perantiquum, in quo signa
pulcherrima quattuor summo artificio, summa nobilita-
te, quae non modo istum hominem ingeniosum et intel-
legentem, verum etiam quemvis nostrum, quos iste idio-
tas appellat, delectare possent, unum Cupidinis mar-
moreum Praxiteli; nimirum didici etiam, dum in istum
inquiro, artificum nomina. Idem, opinor, artifex eiusdem
modi Cupidinem fecit illum qui est Thespiis, propter
quem Thespiae visuntur; nam alia visendi causa nulla est.
Atque ille L. Mummius, cum Thespiadas, quae ad aedem
Felicitatis sunt, ceteraque profana ex illo oppido signa
tolleret, hunc marmoreum Cupidinem, quod erat con-
secratus, non attigit.

Verum ut ad illud sacrarium redeam, signum erat hoc 5
quod dico Cupidinis e marmore, ex altera parte Hercu-
les egregie factus ex aere. Is dicebatur esse Myronis, ut

Denn leichter läßt sich ermessen, wie du dich bei denen benommen hast, die dich hassen, dich anklagen, dich verfolgen, wenn sich herausstellt, daß du bei deinen Mamertinern auf die skrupelloseste Weise Beute gemacht hast. Der Mamertiner C. Heius ist – das werden mir alle, die nach Messana gekommen sind, gern zugeben – in jeder Beziehung der angesehenste Mann dieser Stadt. Sein Haus ist wohl das schönste von Messana, jedenfalls das bekannteste, das unseren Leuten stets offensteht und sie mit größter Gastlichkeit aufnimmt. Dieses Haus war vor der Ankunft des Verres so reich an Schmuck, daß es auch eine Zierde der Stadt ausmachte. Denn Messana zeichnet sich zwar im ganzen durch seine Lage, die Mauer, den Hafen aus, ist jedoch von den Dingen, an denen Verres seine Freude hat, ziemlich leer und entblößt. Im Hause des Heius befand sich ein höchst ehrwürdiges, von den Vorfahren ererbtes uraltes Heiligtum; dort standen vier herrliche Statuen, die mit vollendeter Kunst und in edelstem Stile gearbeitet waren – sie konnten nicht nur diesem kunstverständigen Kenner, sondern auch uns allen, die er Laien nennt, Freude machen. Eine davon, aus Marmor, stellte Cupido dar, ein Werk des Praxiteles; während der Untersuchung gegen Verres habe ich mir nämlich auch die Namen der Künstler eingeprägt. Derselbe Künstler hat, glaube ich, den ganz ähnlichen Cupido zu Thespiai geschaffen, dessentwegen man Thespiai besucht; denn einen anderen Grund, den Ort zu besuchen, gibt es nicht. Und als der berühmte L. Mummius die Thespiaden, die neben dem Tempel der Felicitas stehen, und die übrigen ungeweihten Statuen aus der Stadt wegnahm, da hat er diesen Cupido aus Marmor nicht angerührt, weil er geweiht war[3].

Doch um auf das Heiligtum zurückzukommen: die Statue, von der ich rede, stellte Cupido dar, aus Marmor. Auf der anderen Seite stand ein Herkules, vorzüglich aus Erz gearbeitet.

opinor, et certe. Item ante hos deos erant arulae, quae cui-
vis religionem sacrari significare possent. Erant aenea duo
praeterea signa, non maxima verum eximia venustate, vir-
ginali habitu atque vestitu, quae manibus sublatis sacra
quaedam more Atheniensium virginum reposita in capi-
tibus sustinebant; Canephoroe ipsae vocabantur; sed
earum artificem – quem? quemnam? recte admones – Po-
lyclitum esse dicebant. Messanam ut quisque nostrum
venerat, haec visere solebat; omnibus haec ad visendum
patebant cotidie; domus erat non domino magis orna-
mento quam civitati. C. Claudius, cuius aedilitatem mag- 6
nificentissimam scimus fuisse, usus est hoc Cupidine tam
diu dum forum dis immortalibus populoque Romano
habuit ornatum, et, cum hospes esset Heiorum, Mamer-
tini autem populi patronus, ut illis benignis usus est ad
commodandum, sic ipse diligens fuit ad reportandum.
Nuper homines nobilis eius modi, iudices – sed quid dico
“nuper”? immo vero modo ac plane paulo ante vidimus,
qui forum et basilicas non spoliis provinciarum sed orna-
mentis amicorum, commodis hospitum non furtis
nocentium ornarent; qui tamen signa atque ornamenta
sua cuique reddebant, non ablata ex urbibus sociorum at-
que amicorum quadridui causa, per simulationem aedili-
tatis, domum deinde atque ad suas villas auferebant.
Haec omnia quae dixi signa, iudices, ab Heio e sacrario 7
Verres abstulit; nullum, inquam, horum reliquit neque

Hiervon hieß es, er sei ein Werk des Myron[4], glaube ich, und mit Recht. Ferner standen vor diesen Göttern kleine Altäre, die jedem die Heiligkeit der Stätte anzeigen konnten. Außerdem befanden sich dort zwei Bildwerke aus Erz, nicht sehr groß, aber von hervorragender Schönheit, in jungfräulicher Gestalt und Kleidung. Nach Art der athenischen Jungfrauen hielten sie mit erhobenen Händen heilige Gegenstände, die sie auf dem Haupte trugen; man nannte sie Kanephoren. Doch der Künstler – wie hieß er doch, wie? Du erinnerst mich richtig: man sagte, es sei Polyklet[5]. Sowie einer unserer Mitbürger nach Messana kam, pflegte er diese Dinge zu besichtigen; jedem stand täglich der Zutritt dazu offen. Das Haus war ebenso für die Stadt eine Zierde wie für den Besitzer. Wie wir wissen, hat C. Claudius sein Ädilenamt mit großer Pracht begangen[6]; er nahm diesen Cupido so lange in Anspruch, als er das Forum für die unsterblichen Götter und für das römische Volk ausgeschmückt hatte, und da er ein Gastfreund der Heier und Schutzherr der Bevölkerung von Messana war, besaßen sie die Freundlichkeit, ihm das Bildwerk zu leihen, so wie er selbst dafür Sorge trug, daß sie es zurückerhielten. Erst kürzlich, ihr Richter – doch was sage ich kürzlich? Nein, in jüngster Zeit und gerade eben noch haben wir erlebt, wie genauso bekannte Männer das Forum und die Säulenhallen nicht mit dem Raube der Provinzen, sondern mit den Prachtstücken ihrer Freunde und Leihgaben ihrer Gastgeber, und nicht mit dem Diebesgut von Verbrechern ausschmückten. Doch sie gaben die Statuen und Kunstwerke einem jeden Besitzer wieder zurück; sie schafften sie nicht, angeblich auf vier Tage aus Anlaß der Ädilenspiele, aus den Städten der Bundesgenossen und Freunde fort, um sie sodann in ihr Haus und auf ihre Landsitze zu bringen. Alle die genannten Bildwerke, ihr Richter, hat Verres dem Heius aus dem Heiligtum weggenommen; keines davon, sage ich, ließ er zurück und überhaupt nichts

aliud ullum tamen praeter unum pervetus ligneum, Bonam Fortunam, ut opinor; eam iste habere domi suae noluit.

Pro deum hominumque fidem! quid hoc est? quae haec causa est, quae ista impudentia? Quae dico signa, antequam abs te sublata sunt, Messanam cum imperio nemo venit quin viserit. Tot praetores, tot consules in Sicilia cum in pace tum etiam in bello fuerunt, tot homines cuiusque modi – non loquor de integris, innocentibus, religiosis – tot cupidi, tot improbi, tot audaces, quorum nemo sibi tam vehemens, tam potens, tam nobilis visus est qui ex illo sacrario quicquam poscere aut tollere aut attingere auderet: Verres quod ubique erit pulcherrimum auferet? nihil habere cuiquam praeterea licebit? tot domus locupletissimas istius domus una capiet? Idcirco nemo superiorum attigit ut hic tolleret? ideo C. Claudius Pulcher rettulit ut C. Verres posset auferre? At non requirebat ille Cupido lenonis domum ac meretriciam disciplinam; facile illo sacrario patrio continebatur; Heio se a maioribus relictum esse sciebat in hereditate sacrorum, non quaerebat meretricis heredem.

Sed quid ego tam vehementer invehor? verbo uno repellar. 8
"Emi", inquit. Di immortales, praeclaram defensionem! Mercatorem in provinciam cum imperio ac securibus misimus, omnia qui signa, tabulas pictas, omne argentum, aurum, ebur, gemmas coemeret, nihil cui-

außer einem sehr alten Bildwerk aus Holz, einer Göttin des Gütigen Geschicks[7], wie ich glaube; die wollte er nicht in seinem Hause haben.

So wahr mir Götter und Menschen helfen mögen, was soll das heißen? Was ist das für eine Sache, was für eine Unverschämtheit? Bevor du die von mir genannten Statuen wegnahmst, hat niemand, der als Inhaber der höchsten Amtsgewalt nach Messana kam, sie nicht besichtigt. So viele Prätoren, so viele Konsuln sind im Frieden wie auch im Kriege auf Sizilien gewesen, so viele Menschen jeder Art – ich rede nicht von den lauteren, unsträflichen und gewissenhaften Leuten –: so viele habgierige und skrupellose und dreiste Gesellen; doch keiner von ihnen hielt sich für so gewaltig, so mächtig, so hochgestellt, daß er es gewagt hätte, irgend etwas aus diesem Heiligtume zu verlangen oder wegzunehmen oder auch nur anzurühren. Verres aber sollte wegnehmen, was allenthalben das Schönste ist? Niemand sollte außer ihm etwas haben dürfen? Einzig sein Haus sollte in sich fassen, was eine große Zahl der reichsten Häuser enthielt? Hat sich deshalb keiner seiner Vorgänger an diesen Dingen vergriffen, damit er sie wegnähme? Hat C. Claudius Pulcher sie deshalb zurückgegeben, damit C. Verres sie an sich reißen könne? Wahrhaftig, der Cupido trug kein Verlangen nach dem Hause dieses Kupplers und seiner Schule der Unzucht; gern gab er sich mit dem altgewohnten Heiligtum zufrieden; er wußte, daß er dem Heius von den Vorfahren als geheiligtes Erbe hinterlassen war, und fragte nicht nach dem Erben einer Dirne[8].

Doch was fahre ich so heftig drein? Ein Wort wird mich zurücktreiben. «Ich habe sie gekauft», sagt er. Ihr unsterblichen Götter, eine herrliche Rechtfertigung! Einen Handelsmann haben wir mit Oberbefehl und Beilen[9] in die Provinz geschickt; er sollte alle Statuen und Gemälde, alles Silber, Gold, Elfenbein, alle Edelsteine aufkaufen und niemandem etwas

quam relinqueret! Haec enim mihi ad omnia defensio patefieri videtur, emisse. Primum, si id quod vis tibi ego concedam, ut emeris – quoniam in toto hoc genere hac una defensione usurus es –, quaero cuius modi tu iudicia Romae putaris esse, si tibi hoc quemquam concessurum putasti, te in praetura atque imperio tot res tam pretiosas, omnis denique res quae alicuius preti fuerint, tota ex provincia coemisse?

Videte maiorum diligentiam, qui nihildum etiam isti- 9
us modi suspicabantur, verum tamen ea quae parvis in rebus accidere poterant providebant. Neminem qui cum potestate aut legatione in provinciam esset profectus tam amentem fore putaverunt ut emeret argentum, dabatur enim de publico; ut vestem, praebebatur enim legibus; mancipium putarunt, quo et omnes utimur et non praebetur a populo: sanxerunt ne quis emeret nisi in demortui locum. Si qui Romae esset demortuus? immo, si quis ibidem; non enim te instruere domum tuam voluerunt
in provincia, sed illum usum provinciae supplere. Quae 10
fuit causa cur tam diligenter nos in provinciis ab emptionibus removerent? Haec, iudices, quod putabant ereptionem esse, non emptionem, cum venditori suo arbitratu vendere non liceret. In provinciis intellegebant, si is qui esset cum imperio ac potestate quod apud quemque esset emere vellet, idque ei liceret, fore uti quod quisque vellet, sive esset venale sive non esset, quanti vellet auferret.

Dicet aliquis: "Noli isto modo agere cum Verre, noli eius facta ad antiquae religionis rationem exquirere; con-

übriglassen! Denn diese Entschuldigung, scheint mir, steht für alles offen: er habe eingekauft. Erstens – gesetzt, ich ließe deine Behauptung durchgehen, du habest eingekauft (da du doch bei dieser ganzen Angelegenheit die eine Entschuldigung vorbringen willst) – erstens frage ich: was hältst du denn von den Gerichten in Rom, wenn du glaubst, das werde dir jemand zubilligen, daß du als Prätor und höchster Beamter so viele Kostbarkeiten, ja schlechtweg alle Dinge, die einigen Wert hatten, aus der ganzen Provinz aufgekauft hast?

Seht die Gewissenhaftigkeit unserer Vorfahren: sie mutmaßten noch nichts von dieser Art, und trotzdem sorgten sie vor für das, was sich bei geringfügigen Dingen zutragen konnte. Denn niemand, der mit unabhängiger Amtsgewalt oder als Legat[10] in die Provinz gehe, meinten sie, werde so unvernünftig sein, Silber einzukaufen (denn das erhielt er von der öffentlichen Hand) oder Decken (die bekam er von Gesetzes wegen), wohl aber Sklaven, meinten sie; denn die haben wir alle nötig, und wir bekommen sie nicht vom Staate. Sie setzten daher fest, daß niemand einen Sklaven kaufen dürfe, es sei denn statt eines verstorbenen. Wenn in Rom einer gestorben sei? Nein, nur wenn an Ort und Stelle. Denn sie wünschten nicht, daß du in der Provinz dein Haus ausstattetest; du solltest nur deinen Bedarf für die Provinz ergänzen. Was war der Grund, weshalb sie uns so peinlich an Einkäufen in den Provinzen hinderten? Dies, ihr Richter: sie glaubten, es sei Raub, kein Kauf, wenn es dem Verkäufer nicht freistehe, nach eigenem Ermessen zu verkaufen. Sie sahen ein: wenn in den Provinzen der Inhaber des Oberbefehls und der höchsten Amtsgewalt kaufen wollte und dürfte, was ein jeder besitzt, dann würde er, was er nur wollte, es sei käuflich oder nicht, zu dem von ihm gewünschten Preise an sich bringen.

Man mag mir einwenden: «Gehe nicht so gegen Verres vor, prüfe seine Taten nicht mit dem Maßstab einstiger Gewis-

cede ut impune emerit, modo ut bona ratione emerit, nihil pro potestate, nihil ab invito, nihil per iniuriam." Sic agam: si, quod venale habuit Heius, id quanti aestimabat
tanti vendidit, desino quaerere cur emeris. Quid igitur 11
nobis faciendum est? num argumentis utendum in re eius modi? Quaerendum, credo, est Heius iste num aes alienum habuerit, num auctionem fecerit; si fecit, num tanta difficultas eum rei nummariae tenuerit, tanta egestas, tanta vis presserit ut sacrarium suum spoliaret, ut deos patrios venderet. At hominem video auctionem fecisse nullam, vendidisse praeter fructus suos nihil umquam, non modo in aere alieno nullo, sed in suis nummis multis esse et semper fuisse; si haec contra ac dico essent omnia, tamen illum haec, quae tot annos in familia sacrarioque maiorum fuissent, venditurum non fuisse.

"Quid, si magnitudine pecuniae persuasum est ei?" Veri simile non est ut ille homo tam locuples, tam honestus, religioni suae monumentisque maiorum pecuniam
anteponeret. "Sunt ista; verum tamen abducuntur homi- 12
nes non numquam etiam ab institutis suis magnitudine pecuniae." Videamus quanta ista pecunia fuerit quae potuerit Heium, hominem maxime locupletem, minime avarum, ab humanitate, a pietate, ab religione deducere. Ita iussisti, opinor, ipsum in tabulas referre: "Haec omnia signa Praxiteli, Myronis, Polycliti HS sex milibus

senhaftigkeit; gesteh ihm zu, daß er ungestraft habe kaufen können, wenn es nur in ehrlicher Absicht geschah, nicht mit Hilfe der Amtsgewalt, nicht gegen jemandes Willen, nicht auf widerrechtliche Weise.» So will ich denn auch vorgehen. Wenn Heius etwas zum Kaufe anbot, wenn er es zu dem Preis verkaufte, den er veranschlagt hatte, dann will ich nicht mehr fragen, warum du gekauft hast. Was sollen wir also tun? Sollen wir jetzt in einer Sache dieser Art Beweise beibringen? Wir müssen, glaube ich, fragen, ob unser Heius Schulden gehabt, ob er eine Versteigerung durchgeführt hat, und wenn ja, ob er sich in einer solchen Geldverlegenheit befand, ob solche Armut, solche Not ihn bedrängte, daß er sein Heiligtum plündern, daß er die Götter seiner Väter verkaufen mußte. Doch ich sehe, daß der Mann keine Versteigerung durchgeführt, daß er außer seinen Fruchterträgen nie etwas verkauft hat, daß er völlig schuldenfrei ist, ja daß er viel Bargeld besitzt und stets besaß. Auch wenn von alledem, was ich sage, das Gegenteil zuträfe, dann hätte er trotzdem diese Dinge, die sich so viele Jahre im Besitze der Familie und im Heiligtum der Vorfahren befanden, nicht verkauft.

Wie, wenn er sich durch die Höhe des Preises dazu hätte verleiten lassen? Es ist nicht wahrscheinlich, daß ein so vermögender, ein so achtbarer Mann Geld höher eingeschätzt hätte als seine Ehrfurcht vor den Göttern und die Denkmäler der Vorfahren. «Das ist gewiß wahr; trotzdem lassen sich die Menschen bisweilen durch hohe Geldbeträge auch von ihren Grundsätzen abbringen.» Wir wollen sehen, wie hoch der Betrag war, der den Heius, einen sehr vermögenden, keineswegs habgierigen Mann, von seinem Anstandsgefühl, von seiner Ehrfurcht vor den Ahnen und den Göttern abbringen konnte. Du hast, glaube ich, ihm selbst befohlen, folgendes in seine Bücher einzutragen: «Alle die Statuen des Praxiteles, Myron und Polyklet wurden für 6500 Sesterzen an Verres verkauft.»

quingentis Verri vendita." Sic rettulit. Recita. Ex TABULIS. Iuvat me haec praeclara nomina artificum, quae isti ad caelum ferunt, Verris aestimatione sic concidisse. Cupidinem Praxiteli HS MDC! Profecto hinc natum est, "Malo emere quam rogare."

Dicet aliquis: "Quid? tu ista permagno aestimas?" Ego 13
vero ad meam rationem usumque meum non aestimo; verum tamen a vobis ita arbitror spectari oportere, quanti haec eorum iudicio qui studiosi sunt harum rerum aestimentur, quanti venire soleant, quanti haec ipsa, si palam libereque venirent, venire possent, denique ipse Verres quanti aestimet. Numquam enim, si denariis CCCC Cupidinem illum putasset, commisisset ut propter eum in sermonem hominum atque in tantam vituperationem
veniret. Quis vestrum igitur nescit quanti haec aestimen- 14
tur? In auctione signum aeneum non maximum HS $\overline{\text{XL}}$ venire non vidimus? Quid? si velim nominare homines qui aut non minoris aut etiam pluris emerint, nonne possum? Etenim qui modus est in his rebus cupiditatis, idem est aestimationis; difficile est finem facere pretio nisi libidini feceris. Video igitur Heium neque voluntate neque difficultate aliqua temporis nec magnitudine pecuniae adductum esse ut haec signa venderet, teque ista simulatione emptionis vi, metu, imperio, fascibus ab homine eo quem, una cum ceteris sociis, non solum potestati

So trug er es ein. Lies vor, was in den Büchern steht. Es freut mich, daß die berühmten Künstlernamen, die diese Leute[11] bis in den Himmel erheben, nach der Schätzung des Verres so im Werte gefallen sind. Den Cupido des Praxiteles für 1600 Sesterzen! Wahrhaftig, so ist das Sprichwort entstanden: «Ich will lieber kaufen als bitten[12].»

Vielleicht erwidert man mir: «Wie? Schätzest *du* dieses Zeug sehr hoch ein?» Nein, ich schätze sie nach meinen Verhältnissen und meinem Bedarf nicht hoch ein. Gleichwohl müßt ihr, glaube ich, darauf achten, wie hoch diese Dinge nach dem Urteil derer, die sich aus Liebhaberei damit abgeben, eingeschätzt, wie teuer sie verkauft zu werden pflegen, welchen Preis gerade diese Werke erzielen könnten, wenn sie öffentlich und frei zum Kauf ausgeboten würden, endlich, wie hoch Verres selbst sie einschätzt. Wenn er nämlich geglaubt hätte, der Cupido sei nur 400 Denare[13] wert, dann hätte er sich deswegen niemals dem Gerede der Leute und einer solchen Rüge ausgesetzt. Wer von euch weiß nicht, wie hoch diese Dinge im Preise stehen? Haben wir nicht gesehen, daß eine nicht sonderlich große Erzstatue bei einer Versteigerung 40000 Sesterzen erbrachte? Wie? Könnte ich nicht, wenn ich wollte, Leute nennen, die teils für einen nicht geringeren, teils sogar für einen höheren Preis gekauft haben? Denn soweit bei diesen Dingen die Begierde reicht, so weit reicht auch die Wertschätzung. Es ist schwierig, dem Preis eine Grenze zu setzen, wenn man sie nicht auch dem Verlangen setzt. Ich stelle also fest, daß sich Heius weder freiwillig noch durch schwierige Verhältnisse noch durch die Höhe des Preises bestimmen ließ, diese Statuen zu verkaufen, und daß du sie unter dem Schein eines Kaufes durch Druck, Einschüchterung, Gebot und Befehlsgewalt einem Manne entrissen und weggenommen hast, der mitsamt den übrigen Bundesgenossen vom römischen Volke nicht allein deiner Macht-

tuae sed etiam fidei populus Romanus commiserat eri-
puisse atque abstulisse.

Quid mihi tam optandum, iudices, potest esse in hoc 15
crimine quam ut haec eadem dicat ipse Heius? Nihil pro-
fecto; sed ne difficilia optemus. Heius est Mamertinus;
Mamertina civitas istum publice communi consilio sola
laudat; omnibus iste ceteris Siculis odio est, ab his solis
amatur; eius autem legationis quae ad istum laudandum
missa est princeps est Heius – etenim est primus civita-
tis: ne forte, dum publicis mandatis serviat, de privatis
iniuriis reticeat. Haec cum scirem et cogitarem, commi- 16
si tamen, iudices, Heio; produxi prima actione, neque id
tamen ullo periculo feci. Quid enim poterat Heius re-
spondere, si esset improbus, si sui dissimilis? esse illa sig-
na domi suae, non esse apud Verrem? Qui poterat quic-
quam eius modi dicere? Ut homo turpissimus esset im-
pudentissimeque mentiretur, hoc diceret, illa se habuisse
venalia, eaque sese quanti voluerit vendidisse. Homo do-
mi suae nobilissimus, qui vos de religione sua ac dignita-
te vere existimare maxime vellet, primo dixit se istum pu-
blice laudare, quod sibi ita mandatum esset; deinde ne-
que se habuisse illa venalia neque ulla condicione, si
utrum vellet liceret, adduci umquam potuisse ut vende-
ret illa quae in sacrario fuissent a maioribus suis relicta et
tradita.

Quid sedes, Verres? quid exspectas? quid te a Centuri- 17
pina civitate, a Catinensi, ab Halaesina, a Tyndaritana,

vollkommenheit, sondern auch deiner Pflichttreue anvertraut worden war.

Was könnte mir bei dieser Anschuldigung so wünschenswert sein, ihr Richter, als daß Heius selbst sich ebenso äußert? In der Tat, nichts. Doch wir wollen uns nichts allzu Schwieriges wünschen. Heius ist Mamertiner. Die Gemeinde der Mamertiner ist die einzige, die den Verres öffentlich in einem allgemeinen Beschluß belobigt[14]. Bei allen übrigen Siziliern ist er verhaßt; sie allein lieben ihn. Von der Gesandtschaft aber, die man zu seiner Belobigung abgeordnet hat, ist Heius der Leiter; er ist ja der erste Mann der Gemeinde. Vielleicht verschweigt er um der amtlichen Aufträge willen das ihm persönlich zugefügte Unrecht. Obwohl ich das wußte und bedachte, habe ich es trotzdem auf Heius ankommen lassen, ihr Richter; ich habe ihn in der ersten Verhandlung vorgeführt, und zwar ohne jede Gefahr für mich. Denn was konnte Heius antworten, wäre er gewissenlos, wäre er sich selbst unähnlich gewesen? Die Statuen stünden bei ihm zu Hause, nicht bei Verres? Wie konnte er so etwas behaupten? Wäre er der schändlichste Gesell und schamloseste Lügner gewesen, dann hätte er gesagt: er habe sie zum Kauf angeboten und zum gewünschten Preise verkauft. Dieser Mann, der in seiner Heimat in höchstem Ansehen steht, dem sehr daran liegt, daß ihr von seiner Gewissenhaftigkeit und anständigen Gesinnung den richtigen Eindruck erhaltet, er sagte zuerst, er lobe den Verres von Amts wegen, weil er hierzu den Auftrag erhalten habe, und sodann, er habe die Werke nicht zum Kauf angeboten, noch hätte er sich, wäre es ihm freigestellt gewesen, unter irgendeiner Bedingung je bestimmen lassen, die Dinge zu verkaufen, die als Erbe und Hinterlassenschaft seiner Vorfahren in dem Heiligtum gestanden hätten.

Was sitzest du da, Verres? Worauf wartest du noch? Warum sagst du, die Gemeinden Centuripae, Catina, Halaesa, Tyn-

Hennensi, Agyrinensi ceterisque Siciliae civitatibus circumveniri atque opprimi dicis? Tua te altera patria, quem ad modum dicere solebas, Messana circumvenit – tua, inquam, Messana, tuorum adiutrix scelerum, libidinum testis, praedarum ac furtorum receptrix. Adest enim vir amplissimus eius civitatis legatus huius iudici causa domo missus, princeps laudationis tuae, qui te publice laudat – ita enim mandatum atque imperatum est; tametsi rogatus de cybaea tenetis memoria quid responderit: aedificatam publicis operis publice coactis, eique aedificandae publice Mamertinum senatorem praefuisse. Idem ad vos privatim, iudices, confugit; utitur hac lege qua iudicium est, communi arce sociorum. Tametsi lex est de pecuniis repetundis, ille se negat pecuniam repetere, quam ereptam non tanto opere desiderat: sacra se maiorum suorum repetere abs te dicit, deos penatis te patrios
reposcit. Ecqui pudor est, ecquae religio, Verres, ecqui 18
metus? Habitasti apud Heium Messanae, res illum divinas apud eos deos in suo sacrario prope cotidiano facere vidisti; non movetur pecunia, denique quae ornamenti causa fuerunt non requirit; tibi habe Canephoros, deorum simulacra restitue. Quae quia dixit, quia tempore dato modeste apud vos socius amicusque populi Romani questus est, quia religioni suae non modo in dis patriis repetendis sed etiam in ipso testimonio ac iure

daris, Henna, Agyrion[15] und die übrigen Städte Siziliens wollten dich heimtückisch überfallen und zu Boden werfen? Deine zweite Heimat, wie du zu sagen pflegtest, Messana überfällt dich, dein Messana, sage ich, die Gehilfin deiner Verbrechen, die Zeugin deiner Ausschweifungen, der Hort deiner erbeuteten und gestohlenen Schätze. Denn hier steht der angesehenste Mann dieser Gemeinde, wegen deines Prozesses von seiner Heimatstadt als Abgeordneter entsandt, der Wortführer der dir zugedachten Belobigung, der dir von Amts wegen Lob erteilt. Denn so lautet sein Auftrag und Befehl. Indes, ihr erinnert euch, was er geantwortet hat, als man ihn wegen des Lastschiffs fragte: es sei von Gemeinde wegen mit öffentlich angestellten Arbeitskräften gebaut worden, und ein mamertinischer Senator habe von Gemeinde wegen den Bau beaufsichtigt. Derselbe Mann nimmt in eigener Sache zu euch seine Zuflucht, ihr Richter; er beruft sich auf das Gesetz, nach dem hier Recht gesprochen wird, auf die gemeinsame Schutzwehr der Bundesgenossen. Zwar handelt das Gesetz von Ersatzzahlungen in Geld; doch er wünscht nicht, den Geldeswert zu erhalten, einen Raub, der ihn nicht sonderlich bedrückt: die geweihten Bildwerke seiner Vorfahren, sagt er, wolle er von dir zurückerhalten; die väterlichen Hausgötter verlangt er von dir wieder. Hast du noch ein wenig Scham, ein wenig Ehrfurcht vor den Göttern, Verres, ein wenig Scheu? Du hast in Messana bei Heius gewohnt, hast gesehen, wie er in seinem Heiligtum vor diesen Göttern fast täglich seinen Opferdienst verrichtete; nicht das Geld bestimmt ihn, und er verlangt nicht einmal zurück, was nur zum Schmucke diente; behalte die Kanephoren, gib die Götterbilder zurück. Weil er sich so geäußert, weil er als Bundesgenosse und Freund des römischen Volkes bei sich bietender Gelegenheit maßvoll vor euch Klage geführt, weil er sowohl bei der Zurückforderung der ererbten Götter als auch bei seinem Zeugnis und Eide befolgt

iurando proximus fuit, hominem missum ab isto scitote esse Messanam de legatis unum – illum ipsum qui navi istius aedificandae publice praefuit –, qui a senatu peteret ut Heius adficeretur ignominia.

Homo amentissime, quid putasti? impetraturum te? 19
quanti is a civibus suis fieret, quanti auctoritas eius ha-
beretur ignorabas? Verum fac te impetravisse, fac aliquid
gravius in Heium statuisse Mamertinos: quantam putas
auctoritatem laudationis eorum futuram, si in eum quem
constet verum pro testimonio dixisse poenam constitue-
rint? Tametsi quae est ista laudatio, cum laudator inter-
rogatus laedat necesse est? Quid? isti laudatores tui non-
ne testes mei sunt? Heius est laudator: laesit gravissime.
Producam ceteros: reticebunt quae poterunt libenter, di-
cent quae necesse erit ingratiis. Negent isti onerariam na-
vem maximam aedificatam esse Messanae? Negent, si
possunt. Negent ei navi faciundae senatorem Mamerti-
num publice praefuisse? Utinam negent! Sunt etiam ce-
tera; quae malo integra reservare, ut quam minimum
dem illis temporis ad meditandum confirmandumque
periurium. Haec tibi laudatio procedat in numerum? hi 20
te homines auctoritate sua sublevent? qui te neque
debent adiuvare si possint, neque possunt si velint; qui-
bus tu privatim iniurias plurimas contumeliasque impo-
suisti, quo in oppido multas familias totas in perpetuum
infamis tuis stupris flagitiisque fecisti.

At publice commodasti. Non sine magno quidem rei publicae provinciaeque Siciliae detrimento. Tritici modi-

hat, was seine Überzeugung ihm gebot, deshalb, müßt ihr wissen, hat Verres einen der Gesandten nach Messana geschickt, eben den Mann, der von Gemeinde wegen den Bau seines Schiffes beaufsichtigt hat; er sollte beim Gemeinderat beantragen, daß Heius eine Rüge erhalte.

Du Wahnsinnsmensch, was hast du dir dabei gedacht? Du werdest deinen Zweck erreichen? Wußtest du nicht, wieviel er bei seinen Mitbürgern gilt, wie hoch sein Ansehen im Kurs steht? Doch gesetzt, du hättest dein Ziel erreicht, gesetzt, die Mamertiner wären ziemlich hart gegen Heius vorgegangen: welches Gewicht, meinst du, wird man ihrem Lob beimessen, wenn sie dem eine Strafe zuerkennen, der anerkanntermaßen die Wahrheit bezeugt hat? Indes, was ist das für ein Lob, wenn der Lobredner, sobald man ihn befragt, dich belasten muß? Wie? Sind diese Leute, deine Lobredner, nicht meine Zeugen? Heius ist ein Lobredner: er hat dich sehr schwer belastet. Ich will die übrigen vorführen; gern werden sie verschweigen, was sie können, ungern aussagen, was sie müssen. Können sie leugnen, daß sich Verres in Messana ein riesiges Lastschiff hat bauen lassen? Mögen sie's leugnen, wenn sie dazu imstande sind. Können sie leugnen, daß ein mamertinischer Senator von Gemeinde wegen den Bau beaufsichtigt hat? Möchten sie es nur leugnen! Es gibt noch anderes, was ich nicht berühren, sondern lieber aufsparen will, um ihnen möglichst wenig Zeit zum Aushecken und Abschirmen eines Meineids zu lassen. Dieses Lob soll für dich zählen? Diese Leute sollen dir mit ihrem Ansehen helfen? Sie dürfen dich nicht unterstützen, wenn sie können, noch können sie es, wenn sie wollen; du hast einem jeden von ihnen Kränkungen und Mißhandlungen in Menge zugefügt, hast in ihrer Stadt ganze Familien in großer Zahl durch deine Unzucht und deine Schandtaten auf immer entehrt.

Aber der Gemeinde warst du gefällig. Ja; nicht ohne großen Schaden für unseren Staat und für die Provinz Sizilien. Die

um $\overline{\text{LX}}$ empta populo Romano dare debebant et solebant: abs te solo remissum est. Res publica detrimentum fecit quod per te imperi ius in una civitate imminutum est; Siculi, quod ipsum non de summa frumenti detractum est, sed translatum in Centuripinos et Halaesinos, immunis populos, et hoc plus impositum quam ferre possent. Na- 21
vem imperare ex foedere debuisti; remisisti in triennium; militem nullum umquam poposcisti per tot annos.

Fecisti item ut praedones solent; qui cum hostes communes sint omnium, tamen aliquos sibi instituunt amicos, quibus non modo parcant verum etiam praeda quos augeant, et eos maxime qui habent oppidum oportuno loco, quo saepe adeundum sit navibus, nonnumquam etiam necessario. Phaselis illa, quam cepit P. Servilius, non fuerat urbs antea Cilicum atque praedonum; Lycii illam, Graeci homines, incolebant. Sed quod erat eius modi loco atque ita proiecta in altum ut et exeuntes e Cilicia praedones saepe ad eam necessario devenirent, et, cum se ex hisce locis reciperent, eodem deferrentur, adsciverunt sibi illud oppidum piratae primo commercio, deinde etiam societate.

Mamertina civitas improba antea non erat; etiam erat 22
inimica improborum, quae C. Catonis, illius qui consul fuit, impedimenta retinuit. At cuius hominis! Clarissimi ac potentissimi; qui tamen cum consul fuisset, condemnatus est. Ita, C. Cato, duorum hominum clarissimorum

Mamertiner mußten dem römischen Volke 60000 Maß Weizen zu kaufen geben, und hieran pflegten sie sich zu halten; du allein hast ihnen das erlassen[16]. Der Staat erlitt Schaden, weil du die Hoheitsrechte jedenfalls in einer Gemeinde geschmälert hast; die Sizilier, weil das Quantum nicht von der Gesamtmenge des Getreides abgezogen, sondern auf die Centuripiner und Halaesiner, steuerfreie Gemeinden, abgewälzt wurde – denen hast du hiermit mehr auferlegt, als sie zu leisten vermochten. Gemäß dem Bündnisvertrage solltest du den Mamertinern befehlen, ein Schiff zu stellen; du gewährtest ihnen für drei Jahre Dispens. In ebenso vielen Jahren hast du nie einen Soldaten bei ihnen angefordert.

Du hast dasselbe getan, was Räuber zu tun pflegen: die sind zwar die gemeinsamen Feinde aller, doch beschaffen sie sich einige Freunde, die sie nicht nur verschonen, sondern auch mit Beute beschenken, und zwar vor allem Leute, die eine günstig gelegene Stadt bewohnen, die sie oft, zuweilen auch notgedrungen, mit ihren Schiffen anlaufen müssen. Das bekannte Phaselis, das P. Servilius erobert hat, war früher keine Stadt der Kilikier und Seeräuber[17]. Dort wohnten Lykier, Leute von griechischer Abkunft. Doch der Ort hatte eine derartige Lage und erstreckte sich so weit in die See hinaus, daß die Räuber bei der Ausfahrt aus Kilikien oft notgedrungen dort landeten und auch dorthin abgetrieben wurden, wenn sie sich aus unseren Gegenden zurückzogen; daher traten die Räuber in nähere Beziehung zu ihm, zuerst durch Handel, dann auch durch Teilhaberschaft.

Die Gemeinde Messana war früher nicht schlimm; sie war sogar eine Feindin der schlimmen Gesellen: sie hielt das Gepäck des vormaligen Konsuls C. Cato zurück. Doch was für ein Mann war das! Ein hochangesehener und allgewaltiger. Er war Konsul gewesen und wurde trotzdem verurteilt. Ja: C. Cato, der Enkel zweier hochberühmter Männer, des L. Paul-

nepos, L. Pauli et M. Catonis, et P. Africani sororis filius: quo damnato tum, cum severa iudicia fiebant, HS $\overline{\text{VIII}}$ lis aestimata est. Huic Mamertini irati fuerunt, qui maiorem sumptum quam quanti Catonis lis aestimata est in Timarchidi prandium saepe fecerunt.

Verum haec civitas isti praedoni ac piratae Siciliensi 23
Phaselis fuit; huc omnia undique deferebantur, apud istos relinquebantur; quod celari opus erat, habebant sepositum et reconditum; per istos quae volebat clam imponenda, occulte exportanda curabat; navem denique maximam, quam onustam furtis in Italiam mitteret, apud istos faciundam aedificandamque curavit; pro hisce rebus vacatio data est ab isto sumptus, laboris, militae, rerum denique omnium; per triennium soli non modo in Sicilia verum, ut opinio mea fert, his quidem temporibus in omni orbe terrarum vacui, expertes, soluti ac liberi
fuerunt ab omni sumptu, molestia, munere. Hinc illa 24
Verria nata sunt, quod in convivium Sex. Cominium protrahi iussit, in quem scyphum de manu iacere conatus est, quem obtorta gula de convivio in vincla atque in tenebras abripi iussit; hinc illa crux in quam iste civem Romanum multis inspectantibus sustulit, quam non ausus est usquam defigere nisi apud eos quibuscum omnia scelera sua ac latrocinia communicavit.

Laudatum etiam vos quemquam venitis? qua auctoritate? utrum quam apud senatum an quam apud populum
Romanum habere debetis? Ecqua civitas est, non modo 25
in provinciis nostris verum in ultimis nationibus, aut tam potens aut tam libera aut etiam tam immanis ac barbara,

lus und M. Cato, und der Schwestersohn des P. Africanus[18]. Damals, bei seiner Verurteilung, als die Gerichte noch Strenge walten ließen, hat man die Ersatzsumme auf 8000 Sesterzen festgesetzt. Gegen ihn waren die Mamertiner aufgebracht, sie, die oft mehr für ein Frühstück des Timarchides aufwenden mußten, als die Ersatzschuld des Cato betrug.

Diese Stadt nun war für unseren sizilischen Räuber und Piraten ein zweites Phaselis. Dorthin wurde alles von überallher angefahren, bei ihnen gelagert; was es zu verbergen galt, das bewahrten sie in unauffindbaren Verstecken; durch sie ließ Verres, was er wollte, insgeheim verladen und in der Stille wegschaffen; endlich beauftragte er sie, ein riesiges Schiff, das er mit seinem Diebesgut beladen nach Italien schicken wollte, zu bauen und einzurichten. Für diese Bemühungen befreite er sie vom Aufwand, von Hand- und Kriegsdiensten[19], ja schlechtweg von allem; drei Jahre lang waren sie als einzige nicht nur in Sizilien, sondern, wie ich glaube, auf der ganzen Welt (jedenfalls in dieser Zeit) los und ledig, ungebunden und frei von jedem Aufwand, von jeder Last und Abgabe. So kam das berüchtigte Verres-Fest zustande[20]. Während des Festgelages ließ er den Sex. Cominius vor sich schleppen; er versuchte, mit der Hand einen Becher auf ihn zu werfen; er befahl, ihn an der Gurgel zu packen und vom Gelage hinweg in das Dunkel des Kerkers zu werfen. So erklärt sich das Kreuz, an das er vor zahlreichen Zuschauern einen römischen Bürger[21] schlagen ließ; das hat er nur bei denen aufzurichten gewagt, mit denen er bei allen seinen Verbrechen und Raubzügen gemeinsame Sache machte.

Ihr erscheint gar, um jemanden zu belobigen? Mit welchem Anrecht? Mit dem, das ihr beim Senat oder beim römischen Volke haben müßtet? Gibt es irgendeine Gemeinde, nicht in unseren Provinzen, sondern in den entferntesten Gegenden, so mächtig oder so unabhängig oder auch so unmenschlich und

rex denique ecquis est qui senatorem populi Romani tecto ac domo non invitet? qui honos non homini solum habetur, sed primum populo Romano, cuius beneficio nos in hunc ordinem venimus, deinde ordinis auctoritati, quae nisi gravis erit apud socios et exteras nationes, ubi erit imperi nomen et dignitas? Mamertini me publice non invitarunt. Me cum dico, leve est: senatorem populi Romani si non invitarunt, honorem debitum detraxerunt non homini sed ordini. Nam ipsi Tullio patebat domus locupletissima et amplissima Cn. Pompei Basilisci, quo, etiamsi esset invitatus a vobis, tamen devertisset; erat etiam Percenniorum, qui nunc item Pompeii sunt, domus honestissima, quo Lucius frater meus summa illorum voluntate devertit. Senator populi Romani, quod in vobis fuit, in vestro oppido iacuit et pernoctavit in publico. Nulla hoc civitas umquam alia commisit. "Amicum enim nostrum in iudicium vocabas." Tu quid ego privatim negoti geram interpretabere imminuendo honore senatorio?

Verum haec tum queremur si quid de vobis per eum ordinem agetur, qui ordo a vobis adhuc solis contemptus est. In populi Romani quidem conspectum quo ore vos commisistis? nec prius illam crucem, quae etiam nunc civis Romani sanguine redundat, quae fixa est ad portum urbemque vestram, revellistis neque in profundum abiecistis locumque illum omnem expiastis, quam Romam atque in horum conventum adiretis? In Mamertinorum 26

barbarisch, ja gibt es einen König, der nicht einen Senator des römischen Volkes in sein Haus und seinen Wohnsitz einlüde? Man erweist diese Ehre nicht nur der Person, sondern vor allem dem römischen Volke, dessen Gunst uns in diesen Stand gelangen ließ, und sodann dem Ansehen des Standes – denn wenn dies bei den Bundesgenossen und auswärtigen Völkern[22] kein Gewicht hätte, wo bliebe dann der Name und die Geltung unserer Herrschaft? Die Mamertiner haben mich offiziell nicht eingeladen. Wenn ich sage «mich», so liegt nicht viel daran; doch wenn sie einen Senator des römischen Volkes nicht einluden, dann haben sie nicht der Person, sondern dem Stande die geschuldete Ehre vorenthalten. Denn der Person des Tullius stand das reichbemittelte und stattliche Haus des Cn. Pompeius Basiliscus zur Verfügung. Auch wenn er von euch eine Einladung erhalten hätte, wäre er dort abgestiegen. Ferner gab es das hochachtbare Haus der Percennier, die jetzt ebenfalls Pompeier sind[23]; dort ist zu ihrer größten Freude mein Vetter Lucius[24] abgestiegen. Soviel an euch lag, hätte in eurer Stadt ein Senator des römischen Volkes auf der Straße herumlungernd nächtigen müssen. Das hat keine Stadt je über sich gebracht. «Du wolltest ja unseren Freund vor Gericht ziehen.» Ihr wagt es, was ich als Einzelperson treibe, so zu wenden, daß die Ehre der Senatoren geschmälert wird?

Doch hierüber wollen wir uns dann beschweren, wenn sich eben der Stand mit euch befaßt, den bislang niemand als ihr verächtlich gemacht habt. Indes, mit welcher Stirne habt ihr es gewagt, dem römischen Volke vor Augen zu treten? Ohne das Kreuz herauszureißen, das noch jetzt von dem Blute eines römischen Bürgers trieft, das bei eurem Hafen und bei eurer Stadt aufgerichtet ist, ohne es in den Abgrund zu werfen und die ganze Stätte durch Opfer zu entsühnen, bevor ihr euch nach Rom und in diese Versammlung begabt? Auf dem verbündeten und friedlichen Boden der Mamertiner ist ein Denk-

solo foederato atque pacato monumentum istius crudelitatis constitutum est. Vestrane urbs electa est ad quam cum adirent ex Italia crucem civis Romani prius quam quemquam amicum populi Romani viderent? quam vos Reginis, quorum civitati invidetis, itemque incolis vestris, civibus Romanis, ostendere soletis, quo minus sibi adrogent minusque vos despiciant, cum videant ius civitatis illo supplicio esse mactatum.

Verum haec emisse te dicis. Quid? illa Attalica tota Si- 27
cilia nominata ab eodem Heio emere oblitus est? Licuit eodem modo ut signa. Quid enim actum est? an litteris pepercisti? Verum hominem amentem hoc fugit: minus clarum putavit fore quod de armario quam quod de sacrario esset ablatum. At quo modo abstulit? Non possum dicere planius quam ipse apud vos dixit Heius. Cum quaesissem num quid aliud de bonis eius pervenisset ad Verrem, respondit istum ad se misisse ut sibi mitteret Agrigentum peripetasmata. Quaesivi misissetne; respondit, id quod necesse erat, se dicto audientem fuisse praetori, misisse. Rogavi pervenissentne Agrigentum; dixit pervenisse. Quaesivi quem ad modum revertissent; negavit adhuc revertisse. Risus populi atque admiratio omni-
um vestrum facta est. Hic tibi in mentem non venit iu- 28
bere ut haec quoque referret HS VI milibus D se tibi vendidisse? Metuisti ne aes alienum tibi cresceret, si HS VI milibus D tibi constarent ea quae tu facile posses vendere HS ducentis milibus? Fuit tanti, mihi crede; haberes

mal von der Grausamkeit des Verres errichtet. Ist eure Stadt ausersehen, daß, wer von Italien kommt, eher das Kreuz eines römischen Bürgers erblickt als einen Freund des römischen Volkes? Ihr pflegt es ja den Reginern, auf deren Bürgerrecht ihr neidisch seid[25], und ebenso den römischen Bürgern, die bei euch wohnen, zu zeigen, damit sie desto weniger für sich beanspruchen und weniger auf euch herabblicken, wenn sie sehen, wie man das Bürgerrecht mit diesem Marterwerkzeug zunichte gemacht hat.

Indes, du sagst, du habest diese Dinge gekauft. Wie? Die pergamenischen Sofadecken[26], die in ganz Sizilien berühmt waren, hast du die demselben Heius abzukaufen vergessen? Du konntest es ebenso machen wie mit den Statuen. Was ist da passiert? Hast du Papier gespart? Denn daran hat der Wahnsinnsmensch nicht gedacht; er glaubte, es würde nicht so bekannt werden, was er aus dem Schrank, wie was er aus dem Heiligtum wegnähme. Aber wie hat er es genommen? Ich kann es nicht deutlicher sagen, als es Heius selbst vor Gericht gesagt hat. Als ich ihn fragte, ob sonst noch etwas von seinen Sachen an Verres gelangt sei, da antwortete er: Verres habe ihn auffordern lassen, ihm die Sofadecken nach Agrigent zu schicken. Ich fragte, ob er sie hingeschickt habe; die Antwort lautete, wie sie lauten mußte: allerdings habe er dem Prätor gehorcht und sie hingeschickt. Ich fragte, ob sie in Agrigent angekommen seien; er sagte: ja. Ich erkundigte mich, auf welche Weise er sie zurückerhalten habe; er erklärte, bislang habe er sie nicht zurückerhalten. Die Zuhörer lachten, und ihr alle habt euch gewundert. Fiel dir da nicht ein, ihm zu befehlen, er solle auch dies noch eintragen: er habe sie dir für 6500 Sesterzen verkauft? Du hast wohl gefürchtet, deine Schulden möchten zu sehr anwachsen, wenn dich 6500 Sesterzen kostete, was du leicht für 200000 Sesterzen hättest verkaufen können? Es wäre der Mühe wert gewesen, glaub mir; du

quod defenderes; nemo quaereret quanti illa res esset; si modo te posses dicere emisse, facile cui velles tuam causam et factum probares; nunc de peripetasmatis quem ad modum te expedias non habes.

Quid? a Phylarcho Centuripino, homine locupleti ac 29
nobili, phaleras pulcherrime factas, quae regis Hieronis fuisse dicuntur, utrum tandem abstulisti an emisti? In Sicilia quidem cum essem, sic a Centuripinis, sic a ceteris audiebam – non enim parum res erat clara: tam te has phaleras a Phylarcho Centuripino abstulisse dicebant quam alias item nobilis ab Aristo Panhormitano, quam tertias a Cratippo Tyndaritano. Etenim si Phylarchus vendidisset, non ei, posteaquam reus factus es, redditurum te promisisses. Quod quia vidisti pluris scire, cogitasti, si ei reddidisses, te minus habiturum, rem nihilo minus testatam futuram: non reddidisti. Dixit Phylarchus pro testimonio se, quod nosset tuum istum morbum, ut amici tui appellant, cupisse te celare de phaleris; cum abs te appellatus esset, negasse habere sese; apud alium quoque eas habuisse depositas, ne qua invenirentur; tuam tantam fuisse sagacitatem ut eas per illum ipsum inspiceres, ubi erant depositae; tum se deprensum negare non potuisse; ita ab se invito phaleras sublatas gratiis.

Iam, ut haec omnia reperire ac perscrutari solitus sit, 30
iudices, est operae pretium cognoscere. Cibyratae sunt

hättest einen Grund zu deiner Rechtfertigung; niemand würde fragen, wieviel die Sache wert war; wenn du nur vorgeben könntest, sie gekauft zu haben, dann würdest du leicht jedermann deinen Fall und dein Verhalten annehmbar machen. Jetzt weißt du nicht, wie du dich aus den Decken herauswickeln sollst.

Wie? Hast du dem Centuripiner Phylarchos, einem vermögenden und vornehmen Manne, den herrlich gearbeiteten Pferdeschmuck[27], der dem König Hieron gehört haben soll[28], weggenommen oder abgekauft? Ich jedenfalls vernahm es, als ich in Sizilien war, so von den Centuripinern und so auch von den anderen (denn die Sache war nicht wenig bekannt): du habest dem Centuripiner Phylarchos den Pferdeschmuck ebenso abgenommen, sagten sie, wie dem Aristos aus Panormos einen anderen, nicht minder schönen, und wie dem Kratippos aus Tyndaris einen dritten. Wenn dir Phylarchos den seinen verkauft hätte, dann hättest du ihm nicht die Rückgabe versprochen, nachdem die Anklage gegen dich eingereicht war. Weil du indes einsahst, daß mehrere davon wußten, hast du gedacht, daß durch die Rückgabe dein Besitz verringert und die Sache gleichwohl von Zeugen bestätigt werden würde; folglich gabst du den Schmuck nicht zurück. Phylarchos erklärte als Zeuge, er habe, weil er deine Krankheit kannte, wie deine Freunde sich ausdrücken, den Pferdeschmuck vor dir verheimlichen wollen; als du ihn ansprachest, habe er den Besitz abgestritten; auch habe er den Schmuck einem anderen zur Verwahrung gegeben, damit er unauffindbar sei; doch du habest so viel Spürsinn gehabt, daß du ihn mit Hilfe des Mannes besichtigen konntest, der ihn verwahrte; da habe er, nachdem du ihn durchschaut hattest, nicht mehr leugnen können; so sei ihm der Schmuck wider seinen Willen unentgeltlich abgenommen worden.

Jetzt ist es auch der Mühe wert, zu erfahren, ihr Richter, wie er gewöhnlich vorging, dies alles zu entdecken und aufzuspü-

fratres quidam, Tlepolemus et Hiero, quorum alterum fingere opinor e cera solitum esse, alterum esse pictorem. Hosce opinor, Cibyrae cum in suspicionem venissent suis civibus fanum expilasse Apollinis, veritos poenam iudici ac legis domo profugisse. Quod Verrem artifici sui cupidum cognoverant tum, cum iste, id quod ex testibus didicistis, Cibyram cum inanibus syngraphis venerat, domo fugientes ad eum se exsules, cum iste esset in Asia, contulerunt. Habuit eos secum illo tempore et in legationis praedis atque furtis multum illorum opera consilioque usus est. Hi sunt illi quibus in tabulis refert sese 31
Q. Tadius "dedisse iussu istius, Graecis pictoribus". Eos iam bene cognitos et re probatos secum in Siciliam duxit. Quo posteaquam venerunt, mirandum in modum (canis venaticos diceres) ita odorabantur omnia et pervestigabant ut, ubi quidque esset, aliqua ratione invenirent. Aliud minando, aliud pollicendo, aliud per servos, aliud per liberos, per amicum aliud, aliud per inimicum inveniebant; quicquid illis placuerat, perdendum erat. Nihil aliud optabant quorum poscebatur argentum nisi ut id Hieroni et Tlepolemo displiceret.

Verum mehercule hoc, iudices, dicam. Memini Pam- 32
philum Lilybitanum, amicum et hospitem meum, nobilem hominem, mihi narrare, cum iste ab sese hydriam Boethi manu factam, praeclaro opere et grandi pondere, per potestatem abstulisset, se sane tristem et conturba-

ren. Da waren zwei Brüder aus Kibyra[29], Tlepolemos und Hieron; der eine ließ sich, soviel ich weiß, die Herstellung von Wachsfiguren angelegen sein, der andere war Maler. Die sind, glaube ich, als sie in Kibyra bei ihren Mitbürgern in den Verdacht gerieten, sie hätten einen Tempel des Apoll beraubt, aus Furcht vor dem Prozeß und der Strafe des Gesetzes aus ihrer Heimat geflohen. Sie hatten Verres als Liebhaber ihrer Kunst kennengelernt, als der, wie ihr von den Zeugen vernommen habt, mit ungültigen Wechseln nach Kibyra kam; auf der Flucht aus ihrer Heimatstadt begaben sie sich als Verbannte zu ihm, während er noch in Asien war. Seit der Zeit behielt er sie bei sich und benutzte bei den Raubzügen und Diebstählen seines Legatenamtes oft ihre Hilfe und ihren Rat. Das sind die Leute, von denen Q. Tadius in seinen Büchern vermerkt hat, er habe auf Befehl des Verres an griechische Maler Zahlungen geleistet[30]. Verres nahm sie mit sich nach Sizilien, als er sie schon gut kannte und durch die Tat bewährt fand. Dort angekommen, wußten sie auf wunderbare Weise (man möchte sie für Spürhunde halten) alles so zu beschnüffeln und zu durchstöbern, daß sie stets irgendwie herausfanden, wo es etwas gab. Dies entdeckten sie durch Drohungen, das durch Versprechungen, dies durch Sklaven, das durch Freie, durch einen Freund dies und das durch einen Feind; was bei ihnen Gefallen fand, das mußte man aufgeben. Wer um sein Tafelsilber gebeten wurde, der wünschte nur, es möchte Hieron und Tlepolemos nicht zusagen.

Wahrhaftig, ihr Richter, was ich jetzt erzählen will, ist wirklich vorgefallen. Ich erinnere mich, wie Pamphilos aus Lilybaeum, mein Freund und Gastgeber, ein vornehmer Mann, mir erzählte: Verres habe ihm eine von Boethos[31] verfertigte Kanne, ein herrliches Werk und schwer an Gewicht, gewaltsam weggenommen; da sei er recht traurig und verstört nach Hause zurückgekehrt, weil man ihm ein so schönes Gefäß weg-

tum domum revertisse, quod vas eius modi, quod sibi a patre et a maioribus esset relictum, quo solitus esset uti ad festos dies, ad hospitum adventus, a se esset ablatum. "Cum sederem", inquit, "domi tristis, accurrit Venerius; iubet me scyphos sigillatos ad praetorem statim adferre. Permotus sum", inquit; "binos habebam; iubeo promi utrosque, ne quid plus mali nasceretur, et mecum ad praetoris domum ferri. Eo cum venio, praetor quiescebat; fratres illi Cibyratae inambulabant. Qui me ubi viderunt, 'Ubi sunt, Pamphile', inquiunt, 'scyphi?' Ostendo tristis; laudant. Incipio queri me nihil habiturum quod alicuius esset preti si etiam scyphi essent ablati. Tum illi, ubi me conturbatum vident, 'Quid vis nobis dare ut isti abs te ne auferantur?' Ne multa, HS mille me", inquit, "poposcerunt; dixi me daturum. Vocat interea praetor, poscit scyphos." Tum illos coepisse praetori dicere putasse se, id quod audissent, alicuius preti scyphos esse Pamphili; luteum negotium esse, non dignum quod in suo argento Verres haberet. Ait ille idem sibi videri. Ita Pamphilus scyphos optimos aufert.

Et mehercule ego antea, tametsi hoc nescio quid nu- 33
gatorium sciebam esse, ista intellegere, tamen mirari solebam istum in his ipsis rebus aliquem sensum habere, quem scirem nulla in re quicquam simile hominis habere. Tum primum intellexi ad eam rem istos fratres Cibyratas fuisse, ut iste in furando manibus suis oculis illorum uteretur. At ita studiosus est huius praeclarae existimatio-

genommen hatte, das ihm von seinem Vater und seinen Vorfahren hinterlassen worden war, das er an festlichen Tagen und wenn Gäste kamen zu gebrauchen pflegte. «Wie ich betrübt zu Hause saß», fuhr Pamphilos fort, «da kommt ein Venussklave[32] gelaufen. Er befiehlt mir, ich solle sofort meine mit Figuren verzierten Becher zum Prätor bringen. Ich erschrak», sagte er; «ich hatte deren zwei; ich lasse sie beide hervorholen, um nicht noch größeres Unheil heraufzubeschwören, und mir zum Hause des Prätors nachtragen. Wie ich dort ankomme, ruhte der Prätor sich aus; die Brüder aus Kibyra liefen hin und her. Als sie mich erblickten, riefen sie: ‹Wo sind die Becher, Pamphilos?› Ich zeige sie betrübt vor; sie sind sehr zufrieden. Ich breche in Klagen aus; mir bleibe nichts mehr, was einigen Wert habe, wenn man mir auch die Becher nehme. Da fragen sie mich, wie sie meine Bestürzung sehen: ‹Was willst du uns dafür geben, daß man sie dir nicht wegnimmt?› Kurz», sagte Pamphilos, «sie forderten tausend Sesterzen von mir. Ich sagte zu. Unterdessen ruft der Prätor, er verlangt die Becher.» Da hätten sie begonnen, dem Prätor klarzumachen, sie seien nach dem, was sie gehört, der Meinung gewesen, die Becher des Pamphilos taugten etwas; es sei jedoch belangloser Plunder, nicht wert, daß Verres ihn in seinem Tafelsilber habe. Er sagt, er sei derselben Meinung. So kommt Pamphilos mit seinen herrlichen Bechern davon.

Und wahrhaftig, ich wußte zwar, daß es sozusagen eine Kinderei sei, Kenner von derlei Dingen zu sein; trotzdem wunderte ich mich immer wieder, daß gerade Verres hierfür einiges Verständnis haben sollte, von dem mir doch bekannt war, daß er sonst in keiner Beziehung etwas Menschenähnliches an sich hatte. Jetzt erst begriff ich, daß er für diese Aufgabe die Brüder aus Kibyra mit sich führte, um sich bei seinen Diebstählen zwar der eigenen Hände, aber ihrer Augen zu bedienen. Er ist indes dermaßen erpicht auf den herrlichen Ruf,

nis, ut putetur in hisce rebus intellegens esse, ut nuper – videte hominis amentiam: posteaquam est comperendinatus, cum iam pro damnato mortuoque esset, ludis circensibus mane apud L. Sisennam, virum primarium, cum essent triclinia strata argentumque expositum in aedibus, cum pro dignitate L. Sisennae domus esset plena hominum honestissimorum, accessit ad argentum, contemplari unum quidque otiose et considerare coepit. Mirari stultitiam alii, quod in ipso iudicio eius ipsius cupiditatis cuius insimularetur suspicionem augeret, alii amentiam, cui comperendinato, cum tam multi testes dixissent, quicquam illorum veniret in mentem. Pueri autem Sisennae, credo, qui audissent quae in istum testimonia essent dicta, oculos de isto nusquam deicere ne-
que ab argento digitum discedere. Est boni iudicis parvis 34
ex rebus coniecturam facere unius cuiusque et cupiditatis et continentiae. Qui reus, et reus lege comperendinatus, re et opinione hominum paene damnatus, temperare non potuerit maximo conventu quin L. Sisennae argentum tractaret et consideraret, hunc praetorem in provincia quisquam putabit a Siculorum argento cupiditatem aut manus abstinere potuisse?

Verum ut Lilybaeum, unde digressa est oratio, reverta- 35
mur, Diocles est, Pamphili gener, illius a quo hydria ablata est, Popilius cognomine. Ab hoc abaci vasa omnia,

als Kenner von diesen Dingen zu gelten, daß er neulich – seht doch, wie verrückt er ist: nachdem man ihn zur zweiten Verhandlung geladen hatte, als er schon einem Verurteilten und Toten gleich galt, da waren eines Morgens während der Zeit der Zirkusspiele[33] im Hause des L. Sisenna, eines hervorragenden Mannes, die Tafelpolster bereitet und das Silber ausgestellt, und das Haus hatte sich, dem Rang des L. Sisenna entsprechend, mit hochangesehenen Leuten gefüllt; da ging Verres auf das Silber los und begann, jedes einzelne Stück in Muße zu betrachten und zu prüfen. Teils wunderte man sich über seine Torheit: er gab ja während des Prozesses dem Verdacht Nahrung, gerade der Leidenschaft zu frönen, die ihm vorgeworfen wurde; teils über seinen Wahnwitz: kam ihm doch, nachdem die zweite Verhandlung anberaumt war und so viele Zeugen ausgesagt hatten, überhaupt noch so etwas in den Sinn. Doch die Diener des Sisenna – sie hatten wohl gehört, mit was für Zeugenaussagen er belastet worden war – wandten an keiner Stelle die Augen von ihm ab und wichen keinen Fußbreit von dem Silber. Ein guter Richter sollte aus kleinen Dingen seine Schlüsse ziehen, wie es mit den Gelüsten und der Enthaltsamkeit jedes einzelnen steht. Jemand hat es sich als Angeklagter, und zwar als Angeklagter, dem man nach dem Gesetz die zweite Verhandlung anberaumt hat, der nach dem Stand der Dinge und nach allgemeiner Meinung fast schon verurteilt ist, nicht versagen können, inmitten einer zahlreichen Gesellschaft das Silber des L. Sisenna zu betasten und zu betrachten: soll man von diesem Manne glauben, er habe als Prätor in der Provinz seine Gier oder seine Hände von dem Silber der Sizilier fernhalten können?

Doch um auf Lilybaeum, von wo meine Rede ausging, zurückzukommen: dort lebt Diokles mit dem Beinamen Popilius, der Schwiegersohn jenes Pamphilos, der seine Kanne verlor. Dem nahm Verres alle Gefäße von der Anrichte weg, wie

ut exposita fuerunt, abstulit. Dicat se licet emisse; etenim hic propter magnitudinem furti sunt, ut opinor, litterae factae. Iussit Timarchidem aestimare argentum, quo modo qui umquam tenuissime in donationem histrionum aestimavit. Tametsi iam dudum ego erro qui tam multa de tuis emptionibus verba faciam, et quaeram utrum emeris necne et quo modo et quanti emeris, quod verbo transigere possum. Ede mihi scriptum quid argenti in provincia Sicilia pararis, unde quidque aut quanti emeris. Quid fit? Quamquam non debebam ego abs te 36
has litteras poscere; me enim tabulas tuas habere et proferre oportebat. Verum negas te horum annorum aliquot confecisse. Compone hoc quod postulo de argento, de reliquo videro. "Nec scriptum habeo nec possum edere." Quid futurum igitur est? quid existimas hosce iudices facere posse? Domus plena signorum pulcherrimorum iam ante praeturam, multa ad villas tuas posita, multa deposita apud amicos, multa aliis data atque donata; tabulae nullum indicant emptum. Omne argentum ablatum ex Sicilia est, nihil cuiquam quod suum dici vellet relictum. Fingitur improba defensio, praetorem omne id argentum coemisse; tamen id ipsum tabulis demonstrari non potest. Si, quas tabulas profers, in his quae habes quo modo habeas scriptum non est, horum autem temporum cum te plurimas res emisse dicis tabulas omnino nullas profers, nonne te et prolatis et non prolatis tabulis condemnari necesse est?

sie dort ausgestellt waren. Er mag behaupten, er habe sie gekauft; denn hier hat man, glaube ich, wegen der Größe des Diebstahls etwas zu Papier gebracht. Er befahl dem Timarchides, das Silber zu schätzen, so niedrig, wie man nur je geschätzt hat, wenn es sich um Geschenke für Schauspieler handelte[34]. Indes, schon lange begehe ich den Fehler, so ausführlich über deine Käufe zu reden und zu fragen, ob du gekauft hast oder nicht und wie und zu welchem Preise du gekauft hast; dabei kann ich das mit einem Worte abtun. Gib mir ein Verzeichnis, was du an Silber in der Provinz Sizilien angeschafft und bei wem oder für welchen Preis du jedes Stück gekauft hast. Was geschieht? Zwar hätte ich dieses Verzeichnis gar nicht erst von dir verlangen dürfen: ich hätte ja Anspruch darauf, deine Bücher zu besitzen und vorzulegen. Doch du behauptest, du hättest in diesen Jahren[35] gar nicht Buch geführt. Setz also das von mir gewünschte Verzeichnis für das Silber auf; um das übrige will ich mich dann schon selber kümmern. «Ich habe kein Verzeichnis und kann dir auch keins geben.» Was soll nun werden? Was, meinst du, können die Richter hier tun? Dein Haus war schon vor deiner Prätur voll von den schönsten Bildwerken; viele stehen in deinen Landhäusern; viele sind bei Freunden in Verwahrung; viele hast du anderen überlassen und geschenkt – doch deine Bücher zeigen keinerlei Kauf an. Alles Silber ist aus Sizilien entführt; niemandem ist etwas belassen, woran sein Herz hing. Da erfindet man den niederträchtigen Vorwand, der Prätor habe all das Silber aufgekauft. Doch gerade dies läßt sich nicht durch Bücher erweisen. Wenn du irgendwelche Bücher vorlegst, so steht nicht darin, wie du erworben hast, was du besitzest; für die Zeit aber, in der du die meisten Dinge gekauft zu haben erklärst, legst du überhaupt keine Bücher vor: muß man dich nicht in gleicher Weise wegen der Bücher, die du vorgelegt, und wegen derer, die du nicht vorgelegt hast, verurteilen?

Tu a M. Coelio, equite Romano, lectissimo adulescente, quae voluisti Lilybaei abstulisti, tu C. Cacuri, prompti hominis et experientis et in primis gratiosi, supellectilem omnem auferre non dubitasti, tu maximam et pulcherrimam mensam citream a Q. Lutatio Diodoro, qui Q. Catuli beneficio ab L. Sulla civis Romanus factus est, omnibus scientibus Lilybaei abstulisti. Non tibi obicio quod hominem dignissimum tuis moribus, Apollonium, Niconis filium, Drepanitanum, qui nunc A. Clodius vocatur, omni argento optime facto spoliasti ac depeculatus es; taceo. Non enim putat ille sibi iniuriam factam, propterea quod homini iam perdito et collum in laqueum inserenti subvenisti, cum pupillis Drepanitanis bona patria erepta cum illo partitus es; gaudeo etiam si quid ab eo abstulisti, et abs te nihil rectius factum esse dico. A Lysone vero Lilybitano, primo homine, apud quem deversatus es, Apollinis signum ablatum certe non oportuit. Dices te emisse. Scio, HS mille. "Ita opinor." Scio, inquam. "Proferam litteras." Tamen id factum non oportuit. A pupillo Heio, cui C. Marcellus tutor est, a quo pecuniam grandem eripueras, scaphia cum emblematis Lilybaei utrum empta esse dicis an confiteris erepta? 37

Sed quid ego istius in eius modi rebus mediocris iniurias colligo, quae tantum modo in furtis istius et damnis eorum a quibus auferebat versatae esse videantur? Acci- 38

Du hast in Lilybaeum dem M. Coelius, einem römischen Ritter und ausgezeichneten jungen Manne, weggenommen, was dir beliebte; du hast nicht angestanden, dem C. Cacurius, einem rührigen und unternehmenden und besonders beliebten Manne, den gesamten Hausrat wegzunehmen; du hast in Lilybaeum, wie jedermann weiß, dem Q. Lutatius Diodorus, der durch Verwendung des Q. Catulus von L. Sulla das römische Bürgerrecht erhielt[36], einen ungewöhnlich großen und schönen Tisch aus Zitrusholz[37] weggenommen. Ich werfe dir nicht vor, daß du einem Menschen, der ganz zu deinem Charakter paßt, dem Apollonios aus Drepanon[38], dem Sohne des Nikon, der sich jetzt A. Clodius nennt, all sein herrlich gearbeitetes Silber geraubt und entwendet hast. Ich schweige davon; er glaubt nämlich nicht, daß ihm ein Unrecht geschehen sei. Denn du bist ja dem Mann, der schon verloren war und den Hals in die Schlinge stecken wollte, zu Hilfe gekommen, als du das den Mündeln von Drepanon geraubte väterliche Erbe mit ihm teiltest[39]; ich freue mich sogar, daß du ihm etwas abgenommen hast, und meine, du habest nie etwas Besseres getan. Doch dem Lyson aus Lilybaeum, einem sehr vornehmen Manne, bei dem du Quartier nahmst, hättest du wenigstens die Apollostatue nicht wegnehmen sollen. Du wirst sagen, du habest sie gekauft. Ich weiß, für tausend Sesterzen. «So verhält es sich wirklich, möchte ich meinen.» Ich weiß es, sage ich. «Ich werde Urkunden vorlegen.» Trotzdem hätte es nicht geschehen sollen. Doch dem unmündigen Heius aus Lilybaeum, den du um einen hohen Geldbetrag geschröpft hast (sein Vormund ist C. Marcellus[40]) – willst du behaupten, du habest *dem* die Trinkschalen mit den Treibarbeiten abgekauft, oder gibst du zu, daß du sie geraubt hast?

Doch was trage ich derart unbedeutende Rechtsverletzungen des Verres zusammen, bei denen es offenbar nur um seine Diebstähle und den Schaden der Beraubten geht? Vernehmt

pite, si vultis, iudices, rem eius modi ut amentiam singularem et furorem iam, non cupiditatem eius perspicere possitis. Melitensis Diodorus est, qui apud vos antea testimonium dixit. Is Lilybaei multos iam annos habitat, homo et domi nobilis et apud eos quo se contulit propter virtutem splendidus et gratiosus. De hoc Verri dicitur habere eum perbona toreumata, in his pocula quaedam, quae Thericlia nominantur, Mentoris manu summo artificio facta. Quod iste ubi audivit, sic cupiditate inflammatus est non solum inspiciendi verum etiam auferendi ut Diodorum ad se vocaret ac posceret. Ille, qui illa non invitus haberet, respondit Lilybaei se non habere, Melitae apud quendam propinquum suum reliquisse.

Tum iste continuo mittit homines certos Melitam, 39
scribit ad quosdam Melitensis ut ea vasa perquirant, rogat Diodorum ut ad illum propinquum suum det litteras; nihil ei longius videbatur quam dum illud videret argentum. Diodorus, homo frugi ac diligens, qui sua servare vellet, ad propinquum suum scribit ut iis qui a Verre venissent responderet illud argentum se paucis illis diebus misisse Lilybaeum. Ipse interea recedit; abesse a domo paulisper maluit quam praesens illud optime factum argentum amittere. Quod ubi iste audivit, usque eo commotus est ut sine ulla dubitatione insanire omnibus ac furere videretur. Quia non potuerat eripere argentum ipse Diodoro, erepta sibi vasa optime facta dicebat; minitari

jetzt, wenn ihr einverstanden seid, ihr Richter, ein Ereignis, dessen Verlauf euch nicht nur seine Begierde, sondern bereits seinen beispiellosen Wahnwitz und seine Wut erkennen läßt. Diodoros ist aus Melita[41]; er hat bereits als Zeuge vor euch ausgesagt. Schon seit vielen Jahren wohnt er in Lilybaeum; er genießt in seiner Heimat Ansehen und ist auch dort, wo er sich jetzt aufhält, wegen seiner Verdienste geachtet und beliebt. Über ihn wird dem Verres berichtet, er besitze sehr schöne getriebene Arbeiten, darunter bestimmte Becher, die man therikleische nennt, Meisterwerke von der Hand des Mentor[42]. Als er das hörte, entbrannte er so sehr vor Gier, nicht nur, sie zu betrachten, sondern auch, sie an sich zu nehmen, daß er den Diodoros zu sich rief und sie einforderte. Dem war sein Besitz gar nicht unlieb; er antwortete, er habe die Becher nicht in Lilybaeum, sie seien bei einem Verwandten in Melita geblieben.

Da schickt Verres alsbald zuverlässige Leute nach Melita; er schreibt an einige Melitenser, sie sollten sich nach den Gefäßen erkundigen; er bittet Diodoros, er solle seinen Verwandten brieflich benachrichtigen. Nie verging ihm die Zeit langsamer, als bis er das Silber zu sehen bekäme. Diodoros, ein braver und gewissenhafter Mann, war darauf bedacht, seinen Besitz zu erhalten; er schreibt an seinen Verwandten, er solle den Boten des Verres antworten, er habe das Silber wenige Tage zuvor nach Lilybaeum abgeschickt. Er selbst entfernt sich unterdessen; er wollte lieber eine kurze Zeit von Hause abwesend sein, als durch seine Anwesenheit das herrlich gearbeitete Silber verlieren. Als Verres hiervon erfuhr, geriet er derart in Erregung, daß alle Welt fest davon überzeugt war, er habe den Verstand verloren und sei wahnsinnig. Weil es ihm selbst nicht gelungen war, dem Diodoros das Silber zu rauben, erklärte er, Diodoros habe ihm die herrlichen Gefäße geraubt; er drohte dem Abwesenden, er erhob öffentlich ein

absenti Diodoro, vociferari palam, lacrimas interdum vix tenere. Eriphylam accepimus in fabulis ea cupiditate ut, cum vidisset monile, ut opinor, ex auro et gemmis, pulchritudine eius incensa salutem viri proderet. Similis istius cupiditas, hoc etiam acrior atque insanior, quod illa cupiebat id quod viderat, huius libidines non solum oculis sed etiam auribus excitabantur.

Conquiri Diodorum tota provincia iubet: ille ex Sici- 40
lia iam castra commoverat et vasa collegerat. Homo, ut aliquo modo in provinciam illum revocaret, hanc excogitat rationem, si haec ratio potius quam amentia nominanda est. Apponit de suis canibus quendam qui dicat se Diodorum Melitensem rei capitalis reum velle facere. Primo mirum omnibus videri Diodorum reum, hominem quietissimum, ab omni non modo facinoris verum etiam minimi errati suspicione remotissimum; deinde esse perspicuum fieri omnia illa propter argentum. Iste non dubitat iubere nomen referri, et tum primum ut opinor
istum absentis nomen recepisse. Res clara Sicilia tota, 41
propter caelati argenti cupiditatem reos fieri rerum capitalium, neque solum reos fieri, sed etiam absentis.

Diodorus Romae sordidatus circum patronos atque hospites cursare, rem omnibus narrare. Litterae mittuntur isti a patre vehementes, ab amicis item, videret quid ageret de Diodoro, quo progrederetur; rem claram esse et

großes Geschrei und konnte bisweilen kaum seine Tränen zurückhalten. Eriphyle war, wie uns die Fabel berichtet, so begehrlich, daß sie das Leben ihres Gatten verriet, als sie eine Halskette (sie bestand, glaube ich, aus Gold und Edelsteinen) gesehen hatte und von deren Schönheit entbrannt war[43]. So ähnlich war auch die Gier des Verres, nur um so heftiger und rasender noch, als Eriphyle begehrte, was sie gesehen hatte, die Gelüste des Verres aber nicht nur durch die Augen, sondern auch durch die Ohren erregt wurden.

Er läßt in der ganzen Provinz nach Diodoros fahnden. Doch der hatte sein Lager bereits aus Sizilien verlegt und seine Gerätschaften zusammengepackt[44]. Um ihn nun irgendwie in die Provinz zurückzubringen, ersinnt der Mensch folgenden Plan, wenn man das einen Plan und nicht vielmehr eine Wahnsinnstat nennen soll. Er stellt einen seiner Spürhunde an[45]; der sollte sagen, er wolle gegen Diodoros aus Melita wegen eines Kapitalverbrechens Anklage erheben. Zuerst kam das jedermann sonderbar vor: Diodoros als Angeklagter, ein höchst friedfertiger Mensch, der jedem Verdacht nicht nur eines Verbrechens, sondern auch der geringsten Übertretung gänzlich fern stand; doch dann stellte sich heraus, daß dies alles nur wegen des Silbers geschah. Verres befiehlt ohne Zögern, man solle die Klage einreichen, und dies war, glaube ich, der erste Fall, daß er die Klage gegen einen Abwesenden zuließ. In ganz Sizilien verbreitete sich die Nachricht, daß die Gier nach getriebenen Silberarbeiten zu Kapitalprozessen führe, und nicht nur in der üblichen Weise, sondern sogar gegen Abwesende.

Diodoros lief in Trauerkleidern bei seinen Schutzherren und Gastfreunden in Rom umher; er erzählte jedermann von der Sache. Der Vater richtet scharfe Briefe an Verres und ebenso die Freunde: er solle sich gut überlegen, was er mit Diodoros tue, wie weit er es treiben wolle; die Sache sei bekannt und werde sehr übel aufgenommen; er führe sich auf wie ein Wahn-

invidiosam; insanire hominem, periturum hoc uno crimine, nisi cavisset. Iste etiam tum patrem, si non in parentis, at in hominum numero putabat; ad iudicium nondum se satis instruxerat; primus annus erat provinciae, non erat, ut in Sthenio, iam refertus pecunia. Itaque furor eius paululum non pudore, sed metu ac timore repressus est. Condemnare Diodorum non audet absentem, de reis eximit. Diodorus interea praetore isto prope triennium provincia domoque caruit.

Ceteri, non solum Siculi sed etiam cives Romani, hoc 42
statuerant, quoniam iste tantum cupiditate progrederetur, nihil esse quod quisquam putaret se, quod isti paulo magis placeret, conservare aut domi retinere posse; postea vero quam intellexerunt isti virum fortem, quem summe provincia exspectabat, Q. Arrium, non succedere, statuerunt nihil se tam clausum neque tam reconditum posse habere quod non istius cupiditati apertissimum promptissimumque esset.

Tum iste ab equite Romano splendido et gratioso, Cn. Calidio, cuius filium sciebat senatorem populi Romani et iudicem esse, eculeos argenteos nobilis, qui Q. Maximi
fuerant, aufert. Imprudens huc incidi, iudices; emit 43
enim, non abstulit; nollem dixisse; iactabit se et in his equitabit eculeis. "Emi, pecuniam solvi." Credo. "Etiam tabulae proferentur." Est tanti; cedo tabulas. Dilue sane

sinniger; dies eine Verbrechen werde ihn zu Fall bringen, wenn er sich nicht in acht nehme. Verres betrachtete damals noch seinen Vater wenn auch nicht als Vater, so doch als Menschen; er hatte sich noch nicht genügend für einen Prozeß vorbereitet; es war das erste Jahr in der Provinz; noch hatte er nicht, wie bei Sthenius, Geld in Hülle und Fülle[46]. So wurde denn seine Wut zwar nicht durch Schamgefühl, wohl aber durch Furcht und Angst ein wenig gedämpft. Er wagt es nicht, Diodoros in Abwesenheit zu verurteilen; er streicht ihn aus der Liste der Angeklagten. Diodoros mußte unterdessen während der Prätur des Verres, fast drei Jahre lang, die Provinz und sein Haus meiden.

Alle anderen, nicht nur die Sizilier, sondern auch die römischen Bürger, waren jetzt überzeugt: da Verres in seiner Gier so weit gehe, dürfe niemand glauben, er könne einen Gegenstand, an dem dieser Mensch auch nur einiges Gefallen finde, retten oder bei sich zu Hause behalten; nachdem sie aber erfahren hatten, daß der tüchtige Q. Arrius, den die Provinz sehnlichst erwartete, nicht sein Nachfolger werde[47], da stand für sie fest, man könne nichts so gut verschlossen und versteckt halten, daß es für seine Begierde nicht frei zugänglich und mühelos erreichbar sei.

Dann nimmt er dem angesehenen und beliebten römischen Ritter Cn. Calidius, dessen Sohn, wie er wußte, Senator des römischen Volkes und Richter ist, wertvolle silberne Pferdchen[48] weg, die dem Q. Maximus gehört hatten. Ich habe mich versehentlich so ausgedrückt, ihr Richter; er hat sie nämlich gekauft, nicht weggenommen. Ich wollte, ich hätte das nicht gesagt; jetzt wird er sich in die Brust werfen und auf diesen Pferdchen herumreiten. «Ich habe sie gekauft, habe Geld dafür bezahlt.» Gewiß. «Ich werde auch die Belege vorweisen.» Das ist der Mühe wert; bitte zeig mir die Belege. Du magst immerhin den Vorwurf wegen des Calidius entkräften,

crimen hoc Calidianum, dum ego tabulas aspicere pos-
sim. Verum tamen quid erat quod Calidius Romae que-
reretur se, cum tot annos in Sicilia negotiaretur, a te so-
lo ita esse contemptum, ita despectum ut etiam una cum
ceteris Siculis despoliaretur? Si emeras, quid erat quod
confirmabat se abs te argentum esse repetiturum, si id
tibi sua voluntate vendiderat? Tu porro posses facere ut
Cn. Calidio non redderes? praesertim cum is L. Sisenna,
defensore tuo, tam familiariter uteretur, et cum ceteris
familiaribus Sisennae reddidisses. Denique non opinor 44
negaturum esse te homini honesto, sed non gratiosiori
quam Cn. Calidius est, L. Curidio, te argentum per Po-
tamonem, amicum tuum, reddidisse. Qui quidem cete-
rorum causam apud te difficiliorem fecit. Nam cum te
compluribus confirmasses redditurum, posteaquam Cu-
ridius pro testimonio dixit te sibi reddidisse, finem red-
dendi fecisti, quod intellexisti praeda te de manibus emis-
sa testimonium tamen effugere non posse.

Cn. Calidio, equiti Romano, per omnis alios praetores
licuit habere argentum bene factum, licuit posse domes-
ticis copiis, cum magistratum aut aliquem superiorem in-
vitasset, ornare et apparare convivium. Multi domi Cn.
Calidi cum potestate atque imperio fuerunt: nemo in-
ventus est tam amens qui illud argentum tam praeclarum
ac tam nobile eriperet, nemo tam audax qui posceret, ne-
mo tam impudens qui postularet ut venderet. Superbum 45
est enim, iudices, et non ferendum dicere praetorem in
provincia homini honesto, locupleti, splendido, "Vende

wenn ich nur die Belege zu sehen bekomme. Doch wie erklärt sich, daß sich Calidius in Rom beschwerte, er, der seit so vielen Jahren in Sizilien Handel treibe, sei von dir allein so geringschätzig, so anmaßend behandelt worden, daß man ihn ebenso wie die Sizilier ausgeplündert habe? Wenn du sie gekauft hattest, warum versicherte er, er werde sein Silber von dir zurückverlangen – wenn er es doch freiwillig verkauft hatte? Doch du hast es dann über dich gebracht, dem Cn. Calidius nichts zurückzugeben? Zumal er doch mit L. Sisenna, deinem Verteidiger, so eng befreundet war und du Sisennas übrigen Freunden das Ihrige zurückgegeben hast. Schließlich wirst du, glaube ich, nicht leugnen, daß du dem angesehenen L. Curidius, der jedoch nicht beliebter ist als Cn. Calidius, durch Vermittlung deines Freundes Potamo[49] sein Silber zurückgegeben hast. Der hat freilich die Lage der übrigen bei dir verschlechtert. Denn du hattest ja mehreren die Rückgabe zugesichert; doch nachdem Curidius als Zeuge ausgesagt hatte, du habest ihm das Seine zurückerstattet, da hörtest du mit der Rückerstattung auf. Du sahst nämlich ein, daß du deine Beute aus der Hand geben würdest und gleichwohl dem Zeugnis nicht entrinnen könntest.

Alle übrigen Prätoren ließen zu, daß der römische Ritter Cn. Calidius sein schön gearbeitetes Silber behielt; sie ließen zu, daß er, wenn er einen Oberbeamten oder sonst eine Persönlichkeit von Rang einlud, das Gastmahl mit den Schätzen seines Hauses schmücken und ausstatten konnte. Viele Inhaber der höchsten Amtsgewalt und des Oberbefehls waren im Hause des Cn. Calidius; niemand erwies sich als so wahnwitzig, daß er ihm so herrliche und so wertvolle Silbersachen wegnahm, niemand als so dreist, daß er sie ihm abverlangte, niemand als so schamlos, daß er ihn zum Verkauf aufforderte. Denn es ist eine Anmaßung, ihr Richter, und unerträglich, daß ein Prätor in der Provinz einem ehrenhaften, vermögenden

mihi vasa caelata"; hoc est enim dicere, "Non es dignus tu qui habeas quae tam bene facta sunt, meae dignitatis ista sunt." Tu dignior, Verres, quam Calidius? qui, ut non conferam vitam neque existimationem tuam cum illius – neque enim est conferenda; hoc ipsum conferam quo tu te superiorem fingis; quod HS $\overline{\text{CCC}}$ divisoribus ut praetor renuntiarere dedisti, trecenta accusatori ne tibi odiosus esset, ea re contemnis equestrem ordinem et despicis? ea re tibi indignum visum est quicquam, quod tibi placeret, Calidium potius habere quam te?

Iactat se iam dudum de Calidio, narrat omnibus emis- 46
se se. Num etiam de L. Papinio, viro primario, locupleti honestoque equite Romano, turibulum emisti? qui pro testimonio dixit te, cum inspiciendum poposcisses, evulso emblemate remisisse; ut intellegatis in homine intellegentiam esse non avaritiam, artifici cupidum non argenti fuisse. Nec solum in Papinio fuit hac abstinentia; tenuit hoc institutum in turibulis omnibus quaecumque in Sicilia fuerunt. Incredibile est autem quam multa et quam praeclara fuerint. Credo tum cum Sicilia florebat opibus et copiis magna artificia fuisse in ea insula. Nam domus erat ante istum praetorem nulla paulo locupletior qua in domo haec non essent, etiamsi praeterea nihil esset argenti, patella grandis cum sigillis ac simulacris deorum, patera qua mulieres ad res divinas uterentur, turibulum

und angesehenen Manne sagt: «Verkauf mir die Gefäße mit den Treibarbeiten.» Denn das heißt so viel wie: «Du verdienst nicht, so schön gearbeitete Dinge zu besitzen; das kommt nur meiner Stellung zu.» Du verdienst es eher, Verres, als Calidius? Der – doch ich will dein Leben und deinen Ruf nicht mit dem seinigen vergleichen; denn hier verbietet sich jeder Vergleich; ich will nur auf das hinweisen, worin du einen Vorzug zu haben vermeinst: weil du 300000 Sesterzen an die Geldausteiler gezahlt hast, um zum Prätor gewählt zu werden, und 300000 an den Ankläger, daß er dir keine Schwierigkeiten mache[50], deswegen behandelst du den Ritterstand mit Geringschätzung und Verachtung? Deswegen hieltest du es für unwürdig, daß Calidius etwas, was dir gefiel, eher besitzen sollte als du?

Schon lange weiß er sich wegen des Calidius nicht genugzutun; er erzählt jedermann, er habe die Sachen gekauft. Hast du etwa auch dem L. Papinius, einem vortrefflichen, begüterten und ehrenhaften römischen Ritter, das Weihrauchgefäß abgekauft? Der hat als Zeuge ausgesagt, du habest es zur Ansicht verlangt, die eingelegten Reliefs herausgerissen und es dann zurückgeschickt; hieraus könnt ihr ersehen, daß Kennerschaft, nicht Habgier in dem Menschen steckt, daß er das Kunstwerk, nicht das Silber haben wollte. Nicht nur bei Papinius bewies er so viel Zurückhaltung. Er befolgte diesen Grundsatz bei allen Weihrauchgefäßen, die es in Sizilien gab. Es ist jedoch unglaublich, wie viele und wie herrliche vorhanden waren. Einst, als Sizilien noch in der Blüte seiner Macht und seines Reichtums stand, haben sich, glaube ich, große Kunstschätze auf der Insel befunden. Denn es gab dort vor der Prätur des Verres kein einigermaßen vermögendes Haus, das nicht, wenn es auch sonst nichts an Silber besaß, folgende Dinge gehabt hätte: eine große Schüssel mit Figuren und Götterbildern, eine Schale, die die Frauen beim Opfern gebrauch-

– haec autem omnia antiquo opere et summo artificio facta, ut hoc liceret suspicari, fuisse aliquando apud Siculos peraeque pro portione cetera, sed, quibus multa fortuna ademisset, tamen apud eos remansisse ea quae religio retinuisset.

Dixi, iudices, multa fuisse fere apud omnis Siculos: ego 47
idem confirmo nunc ne unum quidem esse. Quid hoc est? quod hoc monstrum, quod prodigium in provinciam misimus? Nonne vobis id egisse videtur ut non unius libidinem, non suos oculos, sed omnium cupidissimorum insanias, cum Romam revertisset, expleret? Qui simul atque in oppidum quodpiam venerat, immittebantur illi continuo Cibyratici canes, qui investigabant et perscrutabantur omnia. Si quod erat grande vas et maius opus inventum, laeti adferebant; si minus eius modi quidpiam venari potuerant, illa quidem certe pro lepusculis capiebantur, patellae, paterae, turibula. Hic quos putatis fletus mulierum, quas lamentationes fieri solitas esse in hisce rebus? quae forsitan vobis parvae esse videantur, sed magnum et acerbum dolorem commovent, mulierculis praesertim, cum eripiuntur e manibus ea quibus ad res divinas uti consuerunt, quae a suis acceperunt, quae in familia semper fuerunt.

Hic nolite exspectare dum ego haec crimina agam 48
ostiatim, ab Aeschylo Tyndaritano istum pateram abstulisse, a Thrasone item Tyndaritano patellam, a Nymphodoro Agrigentino turibulum. Cum testis ex Sicilia dabo,

ten, und ein Weihrauchgefäß. Dies alles aber war von alter Arbeit und mit größter Kunst ausgeführt, so daß man vermuten konnte, bei den Siziliern sei einst auch das übrige Gerät von ganz ähnlicher Beschaffenheit gewesen; immerhin sei ihnen, die das Schicksal um vieles ärmer gemacht hat, wenigstens das geblieben, was die Ehrfurcht vor den Göttern erhalten habe.

Ich sagte, ihr Richter, daß sich bei fast allen Siziliern vielerlei befunden hat; nunmehr versichere ich auch, daß es jetzt kein einziges Stück mehr dort gibt. Was hat das zu bedeuten? Was für ein Ungeheuer, was für ein Scheusal haben wir in die Provinz entsandt? Was meint ihr: er war doch gewiß darauf erpicht, nicht nur die Laune eines einzelnen, nicht nur seine eigenen Augen, sondern die rasende Gier aller Habsüchtigen zu sättigen, wenn er nach Rom zurückkehre? Denn sobald er in irgendeiner Stadt eingetroffen war, ließ er sofort die Spürhunde aus Kibyra los, die alles beschnüffelten und durchstöberten. Wenn sie ein großes Gefäß, ein Werk von einiger Bedeutung gefunden hatten, brachten sie es freudig herbei; doch wenn es ihnen nicht gelungen war, etwas Derartiges zu erjagen, so fingen sie wenigstens diese Dinge wie kleine Hasen: Schüsseln, Schalen und Weihrauchgefäße. Was für Weibertränen, meint ihr, was für Wehklagen hat es hierbei immer wieder gegeben? Euch mag das geringfügig erscheinen; doch großen und heftigen Schmerz ruft es zumal bei den Frauen hervor, wenn man ihnen die Dinge aus den Händen reißt, die sie beim Opferdienst zu gebrauchen pflegten, die sie von den Ihren empfangen hatten, die sich stets im Besitz der Familie befanden.

Erwartet jetzt nicht von mir, daß ich meinen Anschuldigungen von Tür zu Tür nachgehe: wie er dem Aischylos aus Tyndaris eine Schale weggenommen hat, dem Thrason, ebenfalls aus Tyndaris, eine Schüssel, dem Nymphodoros aus Agri-

quem volet ille eligat quem ego interrogem de patellis, pateris, turibulis: non modo oppidum nullum, sed ne domus quidem ulla paulo locupletior expers huius iniuriae reperietur. Qui cum in convivium venisset, si quicquam caelati aspexerat, manus abstinere, iudices, non poterat. Cn. Pompeius est, Philo qui fuit, Tyndaritanus. Is cenam isti dabat apud villam in Tyndaritano. Fecit quod Siculi non audebant; ille, civis Romanus quod erat, impunius id se facturum putavit; adposuit patellam in qua sigilla erant egregia. Iste continuo ut vidit, non dubitavit illud insigne penatium hospitaliumque deorum ex hospitali mensa tollere, sed tamen, quod ante de istius abstinentia dixeram, sigillis avulsis reliquum argentum sine ulla ava-
ritia reddidit. Quid? Eupolemo Calactino, homini nobi- 49
li, Lucullorum hospiti ac perfamiliari, qui nunc apud exercitum cum L. Lucullo est, non idem fecit? Cenabat apud eum; argentum ille ceterum purum adposuerat, ne purus ipse relinqueretur, duo pocula non magna, verum tamen cum emblemate. Hic tamquam festivum acroama, ne sine corollario de convivio discederet, ibidem convivis spectantibus emblemata evellenda curavit.

Neque ego nunc istius facta omnia enumerare conor, neque opus est nec fieri ullo modo potest: tantum unius cuiusque de varia improbitate generis indicia apud vos et exempla profero. Neque enim ita se gessit in his rebus tamquam rationem aliquando esset redditurus, sed prorsus ita quasi aut reus numquam esset futurus, aut, quo

gent ein Weihrauchgefäß. Wenn ich die Zeugen aus Sizilien vorführe, dann mag er nach Belieben einen auswählen, daß ich ihn über die Schüsseln, Schalen und Weihrauchgefäße befrage: keine Stadt wird sich finden, ja nicht einmal ein einigermaßen vermögendes Haus, das von diesem Unrecht verschont geblieben wäre. Denn wenn er zu einem Gastmahl kam und etwas in getriebener Arbeit erblickte, dann konnte er seine Hände nicht bezwingen, ihr Richter. Cn. Pompeius, einst Philon mit Namen[51], ist aus Tyndaris. Der gab ihm in seinem Landhaus bei Tyndaris ein Essen. Er tat, was die Sizilier nicht wagten; er glaubte, als römischer Bürger könne er es ziemlich ohne Schaden tun: er ließ eine Schüssel auftragen, an der sich herrliche Figuren befanden. Sobald Verres sie sah, nahm er ohne Zögern die Zierde der Haus und Gäste beschützenden Götter von der gastlichen Tafel weg; doch dann, wie ich schon soeben hinsichtlich seiner Enthaltsamkeit bemerkt habe, riß er nur die Figuren ab und gab das übrige Silber ohne eine Spur von Habgier zurück. Wie? Hat er nicht dem Eupolemos aus Kalakte, einem vornehmen Gastfreund und engen Vertrauten der Luculler, der sich jetzt mit L. Lucullus bei der Truppe befindet, dasselbe angetan[52]? Er speiste bei ihm; der hatte sonst nur blankes Silber gedeckt, damit er selbst nicht blank zurückbliebe; immerhin waren zwei nicht sonderlich große Becher mit eingelegter Arbeit verziert. Verres wollte, als sei er ein Festsänger, nicht unbelohnt von der Tafel scheiden; er ließ an Ort und Stelle und unter den Augen der Gäste die Reliefbänder herausreißen.

Ich will jetzt nicht versuchen, alle seine Untaten aufzuzählen; das ist weder nötig noch überhaupt möglich. Ich will euch nur von den einzelnen Arten seiner vielseitigen Skrupellosigkeit Proben und Beispiele vorführen. Denn er hat sich hierbei nicht so betragen, als müsse er dereinst Rechenschaft ablegen, sondern ganz und gar so, als ob man ihn niemals an-

plura abstulisset, eo minore periculo in iudicium venturus esset; qui haec quae dico iam non occulte, non per amicos atque interpretes, sed palam de loco superiore ageret pro imperio et potestate.

Catinam cum venisset, oppidum locuples, honestum, 50
copiosum, Dionysiarchum ad se proagorum, hoc est summum magistratum, vocari iubet; ei palam imperat ut omne argentum quod apud quemque esset Catinae conquirendum curaret et ad se adferendum. Phylarchum Centuripinum, primum hominem genere, virtute, pecunia, non hoc idem iuratum dicere audistis, sibi istum negotium dedisse atque imperasse ut Centuripinis, in civitate totius Siciliae multo maxima et locupletissima, omne argentum conquireret et ad se comportari iuberet? Agyrio similiter istius imperio vasa Corinthia per Apollodorum, quem testem audistis, Syracusas deportata sunt.

Illa vero optima, quod, cum Haluntium venisset prae- 51
tor laboriosus et diligens, ipse in oppidum noluit accedere, quod erat difficili ascensu atque arduo, Archagathum Haluntinum, hominem non solum domi, sed tota Sicilia in primis nobilem, vocari iussit. Ei negotium dedit ut, quidquid Halunti esset argenti caelati aut si quid etiam Corinthiorum, id omne statim ad mare ex oppido deportaretur. Escendit in oppidum Archagathus. Homo nobilis, qui a suis amari et diligi vellet, ferebat graviter illam sibi ab isto provinciam datam, nec quid faceret

klagen werde oder als ob er mit um so geringerer Gefahr vor Gericht erscheine, je mehr er geraubt habe. Denn er vollführte, was ich hier mitteile, nicht mehr im Verborgenen, nicht mehr durch Freunde und Mittelspersonen, sondern öffentlich vom Richterstuhl herab, als Träger der Befehlsgewalt und Amtsbefugnis.

Als er nach Catina gekommen war, in eine reiche, achtbare und mit allem wohlversehene Stadt, da ließ er Dionysiarchos, den Proagoros, das heißt den höchsten städtischen Beamten, zu sich kommen. Er gibt ihm öffentlich den Befehl, er solle alles Silber, das sich bei wem auch immer in Catina befinde, zusammensuchen und zu ihm bringen lassen. Habt ihr nicht den Phylarchos aus Centuripae, einen durch Abkunft, Leistung und Vermögen hervorragenden Mann, unter Eid genau dasselbe aussagen hören: Verres habe ihm den Auftrag und Befehl erteilt, er solle in Centuripae, der bei weitem größten und reichsten Gemeinde ganz Siziliens, alles Silber zusammensuchen und zu ihm bringen lassen? In ähnlicher Weise mußte Apollodoros, dessen Zeugnis ihr vernommen habt, auf Befehl des Verres die korinthischen Gefäße von Agyrion nach Syrakus herüberschaffen.

Doch folgendes ist das beste. Als der arbeitsame und gewissenhafte Prätor in die Gegend von Haluntion[53] gekommen war, da mochte er sich nicht selbst in die Stadt begeben, weil der Weg hinauf schwierig und steil war; er ließ daher den Haluntiner Archagathos zu sich rufen, einen nicht nur in seiner Heimatstadt, sondern in ganz Sizilien hochangesehenen Mann. Dem gab er den Auftrag, alles, was sich an Silbersachen mit getriebener Arbeit oder auch an korinthischen Gefäßen in Haluntion befinde, sofort aus der Stadt ans Meer herabbringen zu lassen. Archagathos stieg in die Stadt hinauf. Der vornehme Mann, dem viel an der Liebe und Achtung seiner Landsleute lag, war tief betroffen, daß Verres ihm diese Aufgabe übertra-

habebat; pronuntiat quid sibi imperatum esset; iubet omnis proferre quod haberent. Metus erat summus; ipse enim tyrannus non discedebat longius; Archagathum et argentum in lectica cubans ad mare infra oppidum exspectabat. Quem concursum in oppido factum putatis, 52
quem clamorem, quem porro fletum mulierum? qui videret equum Troianum introductum, urbem captam diceret. Efferri sine thecis vasa, extorqueri alia de manibus mulierum, ecfringi multorum foris, revelli claustra. Quid enim putatis? Scuta si quando conquiruntur a privatis in bello ac tumultu, tamen homines inviti dant, etsi ad salutem communem dari sentiunt, ne quem putetis sine maximo dolore argentum caelatum domo, quod alter eriperet, protulisse. Omnia deferuntur. Cibyratae fratres vocantur; pauca improbant; quae probarant, iis crustae aut emblemata detrahebantur. Sic Haluntini excussis deliciis cum argento puro domum revertuntur.

Quod umquam, iudices, huiusce modi everriculum 53
ulla in provincia fuit? Avertere aliquid de publico quam obscurissime per magistratum solebant; etiam cum aliquid a privato non numquam, occulte auferebant, et ii tamen condemnabantur. Et si quaeritis, ut ipse de me detraham, illos ego accusatores puto fuisse qui eius modi hominum furta odore aut aliquo leviter presso vestigio persequebantur. Nam nos quidem quid facimus in

gen hatte, und er wußte nicht, was er tun sollte. Er macht bekannt, was man ihm befohlen hatte; er läßt alle herbeibringen, was sie besaßen. Man schwebte in äußerster Furcht; denn der Tyrann selber wich keinen Schritt; in der Sänfte liegend, wartete er am Meere unterhalb der Stadt auf Archagathos und das Silber. Welches Getümmel, glaubt ihr, gab es da in der Stadt, welches Geschrei, und weiter, welch Wehklagen der Frauen? Wer das sah, konnte sagen, man habe das trojanische Pferd hereingeholt, die Stadt sei erobert. Man trug die Gefäße ohne ihre Behältnisse auf die Straße, riß andere den Frauen aus den Händen, zerschmetterte vielen die Türen und brach die Schlösser auf. Denn was meint ihr wohl? Wenn bei Krieg und Aufruhr von Privatpersonen Schilde eingefordert werden, dann liefern die Leute sie doch ungern ab, obwohl sie einsehen, daß die Ablieferung dem gemeinen Besten dient; glaubt also nicht, daß irgend jemand ohne schweren Kummer sein mit getriebener Arbeit versehenes Silber für den Raub eines Fremden aus dem Haus hervorgeholt habe. Man schafft alles hinunter. Die Brüder aus Kibyra werden gerufen; sie mißbilligen nur weniges; von den Stücken, die sie billigen, reißt man die Zierstreifen und die Reliefs ab. So kehren die Haluntiner nach Entfernung des Schmucks mit dem blanken Silber nach Hause zurück.

Wo hat es je in einer Provinz einen solchen Kehrbesen[54] gegeben, ihr Richter? Es kam schon immer vor, daß man in größter Verborgenheit durch einen städtischen Beamten ein Stück öffentlichen Eigentums an sich brachte; auch wenn man gelegentlich einer Privatperson etwas abnahm, so tat man es insgeheim, und trotzdem wurden diese Leute verurteilt. Und wenn ihr mich fragt (wobei ich selbst mein Verdienst herabsetze): das sind, glaube ich, wahrhaft Ankläger gewesen, die den Diebereien solcher Leute nur mit Hilfe der Witterung oder einer flüchtigen Spur nachgingen. Denn wir, was leisten

Verre, quem in luto volutatum totius corporis vestigiis invenimus? Permagnum est in eum dicere aliquid qui praeteriens, lectica paulisper deposita, non per praestigias sed palam per potestatem uno imperio ostiatim totum oppidum compilaverit. Ac tamen, ut posset dicere se emisse, Archagatho imperat ut illis aliquid, quorum argentum fuerat, nummulorum dicis causa daret. Invenit Archagathus paucos qui vellent accipere; iis dedit. Eos nummos tamen iste Archagatho non reddidit. Voluit Romae repetere Archagathus; Cn. Lentulus Marcellinus dissuasit, sicut ipsum dicere audistis. Recita. ARCHAGATHI ET LENTULI TESTIMONIUM.

Et ne forte hominem existimetis hanc tantam vim em- 54
blematum sine causa coacervare voluisse, videte quanti vos, quanti existimationem populi Romani, quanti leges et iudicia, quanti testis Siculos negotiatoresque fecerit. Posteaquam tantam multitudinem collegerat emblematum ut ne unum quidem cuiquam reliquisset, instituit officinam Syracusis in regia maximam. Palam artifices omnis, caelatores ac vascularios, convocari iubet, et ipse suos compluris habebat. Eos concludit, magnam hominum multitudinem. Mensis octo continuos his opus non defuit, cum vas nullum fieret nisi aureum. Tum illa, ex patellis et turibulis quae evellerat, ita scite in aureis poculis inligabat, ita apte in scaphiis aureis includebat, ut ea ad illam rem nata esse diceres; ipse tamen praetor, qui

denn wir im Falle des Verres, der sich im Schlamme gesielt hat und den wir an den Spuren seines ganzen Körpers erkannten[55]? Welch ein großes Kunststück, gegen den etwas vorzubringen, der im Vorbeiziehen, während eines kurzen Aufenthaltes seiner Sänfte, nicht durch Lug und Trug, sondern öffentlich, kraft seiner Amtsgewalt, mit einem Machtwort eine ganze Stadt von Tür zu Tür ausgeplündert hat! Um aber trotzdem behaupten zu können, er habe die Sachen gekauft, befiehlt er dem Archagathos, er solle den ehemaligen Besitzern des Silbers zum Scheine etwas Geld geben. Archagathos fand nur wenige, die es annehmen wollten; denen gab er es. Verres indessen hat dem Archagathos diesen Betrag nicht ersetzt. Archagathos wollte ihn in Rom einklagen; Cn. Lentulus Marcellinus[56] riet ihm davon ab, wie ihr ihn selbst habt sagen hören. Lies die Zeugnisse des Archagathos und des Lentulus vor.

Und damit ihr nicht etwa meint, unser Mann habe eine solche Menge von Reliefeinlagen sinnlos anhäufen wollen, so seht, wie er euch, wie er die Meinung des römischen Volkes, wie er die Gesetze und Gerichte, wie er die Zeugnisse der Sizilier und der Kaufleute eingeschätzt hat. Er hatte eine derart große Masse von Reliefeinlagen gesammelt, daß niemandem auch nur ein Stück übrigblieb; da richtete er im Königspalast zu Syrakus eine riesige Werkstätte ein. Öffentlich läßt er alle Ziselierkünstler und Gefäßbildner zusammenrufen; er hatte auch selbst einige in seinem Gefolge. Die sperrt er ein, eine große Menge Leute. Acht Monate lang fehlte es ihnen nicht an Arbeit, obwohl nur goldene Gefäße angefertigt wurden. Da ließ er die Dinge, die er von den Schüsseln und Weihrauchgefäßen abgerissen hatte, so geschickt an den goldenen Bechern anbringen, so passend in die goldenen Trinkgefäße einfügen, daß man meinen mochte, sie seien von Anfang an dafür bestimmt gewesen. Der Prätor selbst aber, dessen Wachsamkeit, wie er sagt, Sizilien den Frieden erhalten

sua vigilantia pacem in Sicilia dicit fuisse, in hac officina
maiorem partem diei cum tunica pulla sedere solebat et
pallio.

Haec ego, iudices, non auderem proferre, ni vererer ne 55
forte plura de isto ab aliis in sermone quam a me in
iudicio vos audisse diceretis. Quis enim est qui de hac
officina, qui de vasis aureis, qui de istius pallio non
audierit? Quem voles e conventu Syracusano virum bo-
num nominato; producam; nemo erit quin hoc se audis-
se aut vidisse dicat.

O tempora, o mores! Nihil nimium vetus proferam. 56
Sunt vestrum aliquam multi qui L. Pisonem cognorint,
huius L. Pisonis, qui praetor fuit, patrem. Ei cum esset in
Hispania praetor, qua in provincia occisus est, nescio quo
pacto, dum armis exercetur, anulus aureus quem habebat
fractus et comminutus est. Cum vellet sibi anulum face-
re, aurificem iussit vocari in forum ad sellam Cordubae
et palam appendit aurum; hominem in foro iubet sellam
ponere et facere anulum omnibus praesentibus. Nimium
fortasse dicet aliquis hunc diligentem; hactenus repre-
hendet, si qui volet, nihil amplius. Verum fuit ei conce-
dendum; filius enim L. Pisonis erat, eius qui primus de
pecuniis repetundis legem tulit. Ridiculum est me nunc 57
de Verre dicere, cum de Pisone Frugi dixerim; verum ta-
men quantum intersit videte. Iste cum aliquot abacorum
faceret vasa aurea, non laboravit quid non modo in Sici-

hat, pflegte den größten Teil des Tages in dieser Werkstatt zu sitzen, mit einer dunklen Tunica und einem griechischen Umhang bekleidet[57].

Ich würde dies gar nicht vorzubringen wagen, ihr Richter, wenn ich nicht fürchtete, ihr könntet sagen, daß ihr über Verres mehr von anderen im Gespräche als von mir vor Gericht vernommen hättet. Denn wem wäre nicht etwas über diese Werkstatt, über die goldenen Gefäße, über den Umhang des Verres zu Ohren gekommen? Nenne mir, wen du willst, von den römischen Bürgern in Syrakus, irgendeinen rechtschaffenen Mann: ich will ihn vorführen; keiner wird behaupten, er habe nichts davon gehört oder gesehen.

Welche Zeiten, welche Sitten! Ich will nichts anführen, was allzu weit zurückliegt. Nicht wenige von euch haben wohl noch den L. Piso gekannt, den Vater unseres L. Piso, des ehemaligen Prätors. Als der alte Piso Statthalter in der Provinz Spanien war, wo er auch sein Leben verloren hat, da wurde ihm, ich weiß nicht wie, während einer Waffenübung der goldene Ring, den er trug, zerbrochen und in Stücke geschlagen. Da er einen neuen Ring angefertigt haben wollte, ließ er einen Goldschmied auf den Markt von Corduba vor seinen Stuhl rufen und wog ihm öffentlich das Gold zu. Er befiehlt dem Manne, seinen Schemel auf dem Markt aufzustellen und den Ring vor aller Augen anzufertigen. Einige werden wohl sagen, er habe es allzu genau genommen; insoweit mag man ihn tadeln, wenn man will, doch weiter nicht. Man muß vielmehr Nachsicht mit ihm haben; er war ja der Sohn des L. Piso, des Mannes, der zuerst ein Gesetz über Erpressungen erlassen hat[58]. Es ist lächerlich, daß ich jetzt von Verres rede, nachdem ich über Piso Frugi geredet habe. Indes, beachtet den Unterschied! Als Verres für eine Reihe von Prunktischen goldene Gefäße anfertigen ließ, da war ihm gleichgültig, was man nicht nur in Sizilien, sondern auch in Rom vor Gericht von

lia verum etiam Romae in iudicio audiret: ille in auri semuncia totam Hispaniam scire voluit unde praetori anulus fieret. Nimirum ut hic nomen suum comprobavit, sic ille cognomen.

Nullo modo possum omnia istius facta aut memoria consequi aut oratione complecti: genera ipsa cupio breviter attingere, ut hic modo me commonuit Pisonis anulus quod totum effluxerat. Quam multis istum putatis hominibus honestis de digitis anulos aureos abstulisse? Numquam dubitavit, quotienscumque alicuius aut gemma aut anulo delectatus est. Incredibile dicam, sed ita clarum ut ipsum negaturum non arbitrer. Cum Valentio, 58
eius interpreti, epistula Agrigento adlata esset, casu signum iste animadvertit in cretula. Placuit ei; quaesivit unde esset epistula; respondit Agrigento. Iste litteras ad quos solebat misit, ut is anulus ad se primo quoque tempore adferretur. Ita litteris istius patri familias, L. Titio, civi Romano, anulus de digito detractus est.

Illa vero eius cupiditas incredibilis est. Nam ut in singula conclavia, quae iste non modo Romae sed in omnibus villis habet, tricenos lectos optime stratos cum ceteris ornamentis convivi quaereret, nimium multa comparare videretur; nulla domus in Sicilia locuples fuit ubi iste non textrinum instituerit. Mulier est Segestana per- 59
dives et nobilis, Lamia nomine. Per triennium isti plena domo telarum stragulam vestem confecit, nihil nisi conchylio tinctum; Attalus, homo pecuniosus, Neti, Lyso Lilybaei, Critolaus Aetnae, Syracusis Aeschrio, Cleo-

ihm sagen würde; doch Piso wünschte bei einer halben Unze Goldes, daß ganz Spanien wisse, woraus sich der Prätor einen Ring machen ließ. Freilich, Verres hat seinen Namen bestätigt, und ebenso Piso seinen Beinamen[59].

Es ist mir ganz unmöglich, die Missetaten des Verres vollständig im Gedächtnis zu behalten oder in meinem Vortrag unterzubringen. Ich will nur deren Arten kurz berühren, wie mich denn soeben der Ring des Piso an etwas erinnert hat, was mir gänzlich entfallen war. Wie vielen ehrenhaften Leuten, glaubt ihr, hat er wohl den Goldring vom Finger gezogen? Nie zeigte er Skrupel, sooft er an dem geschnittenen Stein oder dem Ring eines anderen Gefallen fand. Unglaublich ist, was ich jetzt sagen will, doch so bekannt, daß er selbst, meine ich, nicht widersprechen wird. Als sein Dolmetscher Valentius einen Brief aus Agrigent erhielt, da bemerkte er zufällig auf dem Siegellack das Siegel. Es gefiel ihm; er fragte, woher der Brief komme. Die Antwort lautete: aus Agrigent. Verres wandte sich brieflich an die üblichen Leute, man solle ihm den Ring so bald wie möglich bringen: So wurde auf sein Schreiben hin dem Familienvater L. Titius, einem römischen Bürger, der Ring vom Finger gezogen.

Doch auch der folgende Beweis seiner Habgier ist ganz unglaublich. Denn gesetzt, er hätte sich für jedes Speisezimmer, das er nicht nur in Rom, sondern auch in allen Landhäusern besitzt, dreißig gut gepolsterte Sofas mitsamt dem übrigen Zubehör für Gastmähler besorgt, dann würde man doch wohl meinen, er habe sich zu viel angeschafft. Es gab in Sizilien kein bemitteltes Haus, wo er nicht eine Webstube eingerichtet hätte. In Segesta lebt eine sehr reiche und angesehene Frau namens Lamia. Die stellte drei Jahre lang in ihrem mit Stoffen gefüllten Hause Sofadecken für ihn her; alles war mit Purpur gefärbt. Ebenso Attalos, ein reicher Mann in Netum, Lyson in Lilybaeum, Kritolaos in Ätna, zu Syrakus Aischrion, Kleo-

menes, Theomnastus, Helori Archonidas – dies me citius defecerit quam nomina. "Ipse dabat purpuram, tantum operam amici." Credo; iam enim non libet omnia criminari; quasi vero hoc mihi non satis sit ad crimen, habuisse tam multum quod daret, voluisse deportare tam multa, hoc denique, quod concedit, amicorum operis es-
se in huiusce modi rebus usum. Iam vero lectos aeratos 60
et candelabra aenea num cui praeter istum Syracusis per triennium facta esse existimatis? "Emebat." Credo; sed tantum vos certiores, iudices, facio quid iste in provincia praetor egerit, ne cui forte neglegens nimium fuisse videatur neque se satis, cum potestatem habuerit, instruxisse et ornasse.

Venio nunc non iam ad furtum, non ad avaritiam, non ad cupiditatem, sed ad eius modi facinus in quo omnia nefaria contineri mihi atque inesse videantur; in quo di immortales violati, existimatio atque auctoritas nominis populi Romani imminuta, hospitium spoliatum ac proditum, abalienati scelere istius a nobis omnes reges amicissimi, nationesque quae in eorum regno ac dicione
sunt. Nam reges Syriae, regis Antiochi filios pueros, sci- 61
tis Romae nuper fuisse; qui venerant non propter Syriae regnum, nam id sine controversia obtinebant ut a patre et a maioribus acceperant, sed regnum Aegypti ad se et ad Selenem, matrem suam, pertinere arbitrabantur. Ii posteaquam temporibus rei publicae exclusi per senatum agere quae voluerant non potuerunt, in Syriam in regnum patrium profecti sunt. Eorum alter, qui Antiochus

menes und Theomnastos, zu Heloros Archonidas[60]. Die Zeit würde mir eher ausgehen als die Namen. «Er lieferte selbst den Purpur, und die Freunde nur die Arbeitskräfte.» Gewiß; denn ich will ihm schon gar nicht mehr alles zum Vorwurf machen – als ob es mir nicht für einen Vorwurf genügte, daß er so viel zu liefern vermochte, so viel mitnehmen wollte, und schließlich, was er selbst zugibt, daß er die Arbeitskräfte seiner Freunde für derartige Dinge verwendet hat. Und gar die bronzenen Sofagestelle und die Leuchter aus Erz: meint ihr, daß man sie in Syrakus drei Jahre lang für sonst jemanden als für ihn angefertigt habe? «Er hat sie gekauft.» Gewiß; ich will euch ja nur mitteilen, ihr Richter, was er als Prätor in seiner Provinz getrieben hat; niemand soll glauben, er sei allzu unbedacht gewesen und habe sich, obwohl er die Macht dazu besaß, nicht gehörig versorgt und ausgestattet.

Ich komme jetzt auf etwas, was kein Diebstahl, keine Habgier, keine Begehrlichkeit mehr ist, sondern eine solche Schandtat, daß mir jede Art von Frevel darin einbegriffen und enthalten zu sein scheint – dieses Verbrechen des Verres hat die unsterblichen Götter beleidigt, dem Namen des römischen Volkes, seinem Ruf und Ansehen Abbruch getan, das Gastrecht geschändet und verraten und alle die eng mit uns befreundeten Könige sowie die Völkerschaften, die in deren Reichen und Gebieten leben, von uns abspenstig gemacht. Die syrischen Könige nämlich, die jungen Söhne des Königs Antiochos, sind, wie ihr wißt, neulich in Rom gewesen. Sie erschienen nicht wegen der syrischen Herrschaft (denn die kam ihnen unstreitig zu, wie sie vom Vater und von den Vorfahren auf sie übergegangen war); sie glaubten vielmehr, auch das Königreich Ägypten für sich und ihre Mutter Selene beanspruchen zu dürfen. Als sie, von den politischen Verhältnissen gehindert, dem Senat ihr Begehr nicht hatten vortragen können, reisten sie nach Syrien in ihr väterliches Reich zu-

vocatur, iter per Siciliam facere voluit, itaque isto praetore venit Syracusas.

Hic Verres hereditatem sibi venisse arbitratus est, quod 62
in eius regnum ac manus venerat is quem iste et audierat multa secum praeclara habere et suspicabatur. Mittit homini munera satis large haec ad usum domesticum, olei, vini quod visum est, etiam tritici quod satis esset, de suis decumis. Deinde ipsum regem ad cenam vocavit. Exornat ample magnificeque triclinium; exponit ea, quibus abundabat, plurima et pulcherrima vasa argentea – nam haec aurea nondum fecerat; omnibus curat rebus instructum et paratum ut sit convivium. Quid multa? rex ita discessit ut et istum copiose ornatum et se honorifice acceptum arbitraretur.

Vocat ad cenam deinde ipse praetorem; exponit suas copias omnis, multum argentum, non pauca etiam pocula ex auro, quae, ut mos est regius et maxime in Syria, gemmis erant distincta clarissimis. Erat etiam vas vinarium, ex una gemma pergrandi trulla excavata, manubrio aureo, de qua, credo, satis idoneum satis gravem testem,
Q. Minucium, dicere audistis. Iste unum quodque vas in 63
manus sumere, laudare, mirari: rex gaudere praetori populi Romani satis iucundum et gratum illud esse convivium. Posteaquam inde discessum est, cogitare nihil iste aliud, quod ipsa res declaravit, nisi quem ad modum regem ex provincia spoliatum expilatumque dimitteret. Mittit rogatum vasa ea quae pulcherrima apud eum

rück. Der eine von ihnen, Antiochos mit Namen, beschloß, seinen Weg über Sizilien zu nehmen. Und so kam er während der Prätur des Verres nach Syrakus[61].

Da glaubte Verres, ihm sei eine Erbschaft zugefallen, weil *der* Mann in sein Reich und in seine Gewalt gekommen war, der, wie er vernommen hatte und mutmaßte, viele herrliche Dinge mit sich führte. Er sendet ihm in reichlichem Maße Geschenke für den Hausbedarf: Öl und Wein, soviel er für angemessen hielt, auch Weizen zur Genüge, den er von seinem Zehnten nahm. Dann lud er den König selbst zur Tafel. Er läßt den Speisesaal reich und üppig schmücken; er stellt aus, was er im Überfluß besaß, sehr viele Silbergefäße von größter Schönheit (denn die goldenen hatte er noch nicht anfertigen lassen); er trägt Sorge, daß das Mahl mit allem wohl versehen und ausgestattet sei. Wozu viele Worte? Der König schied mit der Überzeugung, daß es Verres an nichts fehle und man ihn selbst ehrenvoll empfangen habe.

Darauf lädt er den Prätor zur Tafel; auch er stellt alle seine Schätze aus, viel Silber, ferner nicht wenige Becher aus Gold, die, wie es bei den Königen, und zumal in Syrien, Sitte ist, mit herrlichen Edelsteinen verziert waren. Hierunter befand sich eine Schöpfkelle für den Wein, mit einem goldenen Griff, aus einem einzigen sehr großen Edelstein geschnitten; ihr habt darüber die Aussage des Q. Minucius vernommen, eines, wie ich glaube, genügend tauglichen, genügend glaubwürdigen Zeugen. Verres nahm jedes einzelne Gefäß in die Hand, er lobte, er bewunderte es. Der König freute sich, daß dem Prätor des römischen Volkes das Mahl genugsam behagte und Vergnügen machte. Nachdem man sich verabschiedet hatte, dachte Verres, wie die Ereignisse selbst bewiesen, an nichts anderes, als wie er den König beraubt und ausgeplündert aus der Provinz weisen könne. Er bittet sich durch einen Boten die schönsten Gefäße aus, die er bei ihm gesehen hatte; er sagt, er

viderat; ait se suis caelatoribus velle ostendere. Rex, qui illum non nosset, sine ulla suspicione libentissime dedit. Mittit etiam trullam gemmeam rogatum; velle se eam diligentius considerare. Ea quoque ei mittitur.

Nunc reliquum, iudices, attendite, de quo et vos audis- 64
tis et populus Romanus non nunc primum audiet et in exteris nationibus usque ad ultimas terras pervagatum est. Candelabrum e gemmis clarissimis opere mirabili perfectum reges ii, quos dico, Romam cum attulissent, ut in Capitolio ponerent, quod nondum perfectum templum offenderant, neque ponere potuerunt neque vulgo ostendere ac proferre voluerunt, ut et magnificentius videretur cum suo tempore in cella Iovis Optimi Maximi poneretur, et clarius cum pulchritudo eius recens ad oculos hominum atque integra perveniret: statuerunt id secum in Syriam reportare ut, cum audissent simulacrum Iovis Optimi Maximi dedicatum, legatos mitterent qui cum ceteris rebus illud quoque eximium ac pulcherrimum donum in Capitolium adferrent.

Pervenit res ad istius auris nescio quo modo; nam rex 65
id celatum voluerat, non quo quicquam metueret aut suspicaretur, sed ut ne multi illud ante praeciperent oculis quam populus Romanus. Iste petit a rege et eum pluribus verbis rogat ut id ad se mittat; cupere se dicit inspicere neque se aliis videndi potestatem esse facturum. Antiochus, qui animo et puerili esset et regio, nihil de istius improbitate suspicatus est; imperat suis ut id in

wolle sie seinen Ziseleuren zeigen. Der König, der ihn nicht kannte, gab sie ihm ohne jeden Argwohn mit der größten Bereitwilligkeit. Verres läßt auch um die Schöpfkelle aus Edelstein bitten; er wolle sie sich genauer ansehen. Auch sie wird ihm zugesandt.

Achtet jetzt auf das Weitere, ihr Richter; ihr habt schon davon gehört, und auch das römische Volk wird jetzt nicht zum ersten Male davon erfahren, und bei den auswärtigen Völkerschaften hat sich die Kunde bis zu den entlegensten Ländern verbreitet. Die genannten Könige hatten einen Leuchter mit den schönsten Edelsteinen, ein Wunderwerk der Vollkommenheit, nach Rom mitgebracht, um ihn im Kapitol aufzustellen. Da sie den Tempel noch unvollendet antrafen[62], konnten sie den Leuchter nicht aufstellen, noch wollten sie ihn jedermann zeigen und vorführen; er sollte um so prachtvoller wirken, wenn er zu geeigneter Zeit in der Halle des gütigen und allmächtigen Jupiter aufgestellt würde, und um so glänzender, wenn seine Schönheit frisch und neu die Augen der Leute träfe. Sie beschlossen, ihn wieder mit sich nach Syrien zu nehmen; sie wollten, sobald sie erfahren hätten, daß das Bildnis des gütigen und allmächtigen Jupiter geweiht sei, Abgeordnete entsenden, die außer anderen Dingen auch dieses hervorragende und wunderschöne Geschenk ins Kapitol bringen sollten.

Dem Verres kam die Sache, ich weiß nicht wie, zu Ohren. Denn der König hatte sie geheimhalten wollen, nicht weil er etwas befürchtete oder argwöhnte, sondern damit nur wenige den Leuchter eher zu sehen bekämen als das römische Volk. Verres verlangt vom König und bittet ihn mit vielen Worten, er möge ihm das Werk schicken; er wolle es, sagte er, betrachten und werde es sonst niemanden sehen lassen. Antiochos, von teils knabenhaftem, teils königlichem Sinn, ahnte nichts von der Skrupellosigkeit des Verres; er befiehlt seinen Die-

praetorium involutum quam occultissime deferrent. Quo posteaquam attulerunt involucrisque reiectis constituerunt, clamare iste coepit dignam rem esse regno Syriae, dignam regio munere, dignam Capitolio. Etenim erat eo splendore qui ex clarissimis et pulcherrimis gemmis esse debebat, ea varietate operum ut ars certare videretur cum copia, ea magnitudine ut intellegi posset non ad hominum apparatum sed ad amplissimi templi ornatum esse factum. Cum satis iam perspexisse videretur, tollere incipiunt ut referrent. Iste ait se velle illud etiam atque etiam considerare; nequaquam se esse satiatum; iubet illos discedere et candelabrum relinquere. Sic illi tum inanes ad Antiochum revertuntur.

Rex primo nihil metuere, nihil suspicari; dies unus, 66
alter, plures; non referri. Tum mittit, si videatur, ut reddat. Iubet iste posterius ad se reverti. Mirum illi videri; mittit iterum; non redditur. Ipse hominem appellat, rogat ut reddat. Os hominis insignemque impudentiam cognoscite. Quod sciret, quod ex ipso rege audisset in Capitolio esse ponendum, quod Iovi Optimo Maximo, quod populo Romano servari videret, id sibi ut donaret rogare et vehementissime petere coepit. Cum ille se et religione Iovis Capitolini et hominum existimatione impe-

nern, den Leuchter eingewickelt so heimlich wie möglich zum Sitze des Prätors zu bringen. Als sie ihn dorthin getragen und nach Entfernung der Hüllen aufgestellt hatten, brach Verres in den Ruf aus: das sei ein Stück, würdig des syrischen Reiches, würdig, das Geschenk eines Königs zu sein, würdig des Kapitols. Denn es zeigte sich in einem Glanze, wie ihn die hellsten und schönsten Edelsteine ausstrahlen mußten, in einer Mannigfaltigkeit der Ausführung, daß die Kunst mit dem Reichtum zu wetteifern schien, in einer Größe, daß man wohl begreifen konnte, es sei nicht zu menschlichem Prunk, sondern zum Schmuck des ehrwürdigsten Tempels bestimmt. Als man glaubte, Verres habe den Leuchter lange genug besichtigt, machte man Anstalten, ihn wegzunehmen und zurückzutragen. Doch er sagt, er wolle ihn wieder und wieder betrachten; er habe sich noch keineswegs satt gesehen; er befiehlt den Dienern, sich zu entfernen und den Leuchter bei ihm zu lassen. So kehren sie denn mit leeren Händen zu Antiochos zurück.

Der König hegte zunächst keine Furcht, keinen Argwohn. Ein Tag, ein zweiter, mehrere vergingen: nichts von einer Rückgabe. Dann ein Bote: wenn es ihm recht sei, möge er den Leuchter zurückgeben. Verres befiehlt, man solle sich ein anderes Mal wieder bei ihm einfinden. Das befremdet den König; abermals ein Bote; der Leuchter wird nicht zurückgegeben. Er wendet sich selbst an den Mann; er bittet um die Rückgabe. Achtet wohl auf die Stirn und die beispiellose Unverschämtheit des Burschen. Er wußte, er hatte vom König selbst vernommen, daß der Leuchter im Kapitol aufgestellt werden sollte, er sah, daß er für den gütigen und allmächtigen Jupiter, daß er für das römische Volk bestimmt war, und doch begann er, zu bitten und mit dem größten Nachdruck zu verlangen, der König möge ihm das Stück schenken. Als der sagte, daß ihn die Ehrfurcht vor dem kapitolinischen Jupiter

diri diceret, quod multae nationes testes essent illius operis ac muneris, iste homini minari acerrime coepit. Ubi videt eum nihilo magis minis quam precibus permoveri, repente hominem de provincia iubet ante noctem decedere; ait se comperisse ex eius regno piratas ad Siciliam esse venturos.

Rex maximo conventu Syracusis in foro, ne quis forte 67
me in crimine obscuro versari atque adfingere aliquid suspicione hominum arbitretur – in foro, inquam, Syracusis flens ac deos hominesque contestans clamare coepit candelabrum factum e gemmis, quod in Capitolium missurus esset, quod in templo clarissimo populo Romano monumentum suae societatis amicitiaeque esse voluisset, id sibi C. Verrem abstulisse; de ceteris operibus ex auro et gemmis quae sua penes illum essent se non laborare, hoc sibi eripi miserum esse et indignum. Id etsi antea iam mente et cogitatione sua fratrisque sui consecratum esset, tamen tum se in illo conventu civium Romanorum dare donare dicare consecrare Iovi Optimo Maximo, testemque ipsum Iovem suae voluntatis ac religionis adhibere.

Quae vox, quae latera, quae vires huius unius criminis querimoniam possunt sustinere? Rex Antiochus, qui Romae ante oculos omnium nostrum biennium fere comitatu regio atque ornatu fuisset, is cum amicus et socius populi Romani esset, amicissimo patre, avo, maioribus,

und die Rücksicht auf die öffentliche Meinung daran hinderten, weil viele Völkerschaften Zeugen dieses Werkes und Geschenkes seien, da begann er, dem Manne in der heftigsten Weise zu drohen. Wie er sieht, daß er ihn ebensowenig durch Drohungen wie durch Bitten umstimmen kann, befiehlt er ihm plötzlich, die Provinz vor Einbruch der Nacht zu verlassen; er behauptet, er habe erfahren, daß aus seinem Reiche Seeräuber auf Sizilien zusteuerten.

Der König hob an, inmitten einer zahlreichen Versammlung auf dem Marktplatz von Syrakus – niemand soll glauben, daß ich mich mit einer verborgenen Missetat befasse und nach bloßen Mutmaßungen etwas hinzudichte – auf dem Marktplatz von Syrakus, sage ich, hob er an, unter Tränen die Götter und Menschen zu Zeugen anzurufen und laut zu beteuern: den aus Edelsteinen gefertigten Leuchter, den er ins Kapitol habe senden wollen, der für den berühmtesten Tempel bestimmt und dem römischen Volk als Wahrzeichen seiner Bündnerschaft und Freundschaft zugedacht sei, den habe C. Verres ihm weggenommen; auf die übrigen Kunstwerke aus Gold und Edelsteinen, die ihm gehörten und sich jetzt bei Verres befänden, komme es ihm nicht an; doch daß man ihm diesen Leuchter entreiße, sei erbärmlich und empörend. Zwar hätten er und sein Bruder ihn schon ehedem im Geist und in Gedanken zum Weihgeschenk bestimmt; gleichwohl wolle er ihn nunmehr vor den versammelten römischen Bürgern dem gütigen und allmächtigen Jupiter geben, schenken, widmen und weihen, und er rufe Jupiter selbst zum Zeugen seiner gottesfürchtigen Absicht an.

Welche Stimme, welche Lunge, welche Kraft reicht aus, dieses eine Verbrechen gebührend zu beklagen? König Antiochos hatte fast zwei Jahre lang mit königlicher Begleitung und Hofhaltung vor unser aller Augen in Rom geweilt, und er, der Freund und Bundesgenosse des römischen Volkes, der Sohn,

antiquissimis et clarissimis regibus, opulentissimo et maximo regno, praeceps provincia populi Romani exturbatus est. Quem ad modum hoc accepturas nationes ex- 68
teras, quem ad modum huius tui facti famam in regna aliorum atque in ultimas terras perventuram putasti, cum audirent a praetore populi Romani in provincia violatum regem, spoliatum hospitem, eiectum socium populi Romani atque amicum? Nomen vestrum populique Romani odio atque acerbitati scitote nationibus exteris, iudices, futurum, si istius haec tanta iniuria impunita discesserit. Sic omnes arbitrabuntur, praesertim cum haec fama de nostrorum hominum avaritia et cupiditate percrebruerit, non istius solius hoc esse facinus, sed eorum etiam qui adprobarint. Multi reges, multae liberae civitates, multi privati opulenti ac potentes habent profecto in animo Capitolium sic ornare ut templi dignitas imperique nostri nomen desiderat; qui si intellexerint interverso hoc regali dono graviter vos tulisse, grata fore vobis populoque Romano sua studia ac dona arbitrabuntur; sin hoc vos in rege tam nobili, re tam eximia, iniuria tam acerba neglexisse audient, non erunt tam amentes ut operam curam pecuniam impendant in eas res quas vobis gratas fore non arbitrentur.

Hoc loco, Q. Catule, te appello; loquor enim de tuo 69
clarissimo pulcherrimoque monumento. Non iudicis so-

Enkel und Abkömmling innig mit uns befreundeter Männer, der Sproß eines uralten und erlauchten Königshauses, der Herrscher über ein wohlhabendes und ausgedehntes Reich, er wurde jählings aus einer Provinz des römischen Volkes vertrieben. Wie, meintest du, würden die auswärtigen Völkerschaften dies aufnehmen, wie die Kunde von deiner Untat sich in anderen Reichen und in den entlegensten Ländern verbreiten, wenn man vernähme, daß ein Prätor des römischen Volkes in seiner Provinz einen König herabgewürdigt, einen Gastfreund beraubt, einen Bundesgenossen und Freund des römischen Volkes davongejagt habe? Euer und des römischen Volkes Name, das müßt ihr wissen, ihr Richter, wird den auswärtigen Völkerschaften verhaßt und widerwärtig sein, wenn Verres mit dieser schweren Missetat ungestraft davonkommt. Dann werden sie alle meinen, zumal sich ja die Kunde von der Habsucht und Begehrlichkeit unserer Leute weit verbreitet hat: dies sei nicht allein die Tat des Verres, sondern auch derer, die sie gebilligt hätten. Viele Könige, viele unabhängige Gemeinden, viele vermögende und einflußreiche Privatleute haben gewiß die Absicht, das Kapitol so auszuschmücken, wie es die Würde des Tempels und der Name unserer Herrschaft erheischen. Wenn die erfahren, daß die Unterschlagung der königlichen Gabe eure Entrüstung hervorgerufen hat, dann werden sie glauben, daß ihr Eifer und ihre Geschenke euch und dem römischen Volke willkommen seien; doch wenn sie hören, ihr hättet euch bei einem so angesehenen Könige, einem so erlesenen Werke, einem so bitteren Unrecht gleichgültig gezeigt, dann werden sie nicht so unvernünftig sein, ihre Mühe, ihre Sorge und ihr Geld für Dinge aufzuwenden, die euch, wie sie annehmen müssen, gar nicht willkommen sind.

Hier wende ich mich an dich, Q. Catulus; denn ich spreche von deinem hochberühmten und herrlichen Bauwerk. Bei die-

lum severitatem in hoc crimine, sed prope inimici atque
accusatoris vim suscipere debes. Tuus enim honos illo
templo senatus populique Romani beneficio, tui nomi-
nis aeterna memoria simul cum templo illo consecratur;
tibi haec cura suscipienda, tibi haec opera sumenda est,
ut Capitolium, quem ad modum magnificentius est re-
stitutum, sic copiosius ornatum sit quam fuit, ut illa
flamma divinitus exstitisse videatur, non quae deleret Io-
vis Optimi Maximi templum, sed quae praeclarius mag-
nificentiusque deposceret. Audisti Q. Minucium dicere 70
domi suae deversatum esse Antiochum regem Syracusis;
se illud scire ad istum esse delatum, se scire non reddi-
tum; audisti et audies homines e conventu Syracusano
qui ita dicant, sese audientibus illud Iovi Optimo Maxi-
mo dicatum esse ab rege Antiocho et consecratum. Si
iudex non esses et haec ad te delata res esset, te potissi-
mum hoc persequi, te petere, te agere oporteret. Quare
non dubito quo animo iudex huius criminis esse debeas,
qui apud alium iudicem multo acrior quam ego sum ac-
tor accusatorque esse deberes.

Vobis autem, iudices, quid hoc indignius aut quid mi- 71
nus ferendum videri potest? Verresne habebit domi suae
candelabrum Iovis e gemmis auroque perfectum? cuius
fulgore conlucere atque inlustrari Iovis Optimi Maximi
templum oportebat, id apud istum in eius modi convi-
viis constituetur, quae domesticis stupris flagitiisque fla-

sem Verbrechen mußt du nicht allein die Strenge des Richters, sondern fast die Heftigkeit eines feindseligen Anklägers walten lassen. Denn durch die Gunst des Senats und des römischen Volkes[63] ist deine Ehre mit diesem Tempel verbunden, wird deines Namens ewiges Andenken zugleich mit ihm geweiht; du mußt diese Sorge auf dich nehmen, du dich dieser Mühe unterziehen, daß das Kapitol, wie es prächtiger wiederhergestellt ist, so auch reicher ausgeschmückt werde als je zuvor; man soll meinen, göttliche Fügung habe den Brand verursacht, nicht um den Tempel des gütigen und allmächtigen Jupiter zu vernichten, sondern um ein schöneres und großartigeres Gebäude zu begehren. Du hast den Q. Minucius aussagen hören, König Antiochos habe in seinem Hause zu Syrakus Quartier genommen; er wisse, daß der Leuchter dem Verres gebracht, er wisse, daß er nicht zurückgegeben worden sei; du hast sie gehört und wirst sie hören, die Leute von der Versammlung in Syrakus, die da erklären, König Antiochos habe den Leuchter in ihrer Anwesenheit dem gütigen und allmächtigen Jupiter gewidmet und geweiht. Wenn du nicht Richter wärest und man diese Sache vor dich brächte, dann müßtest gerade du sie verfolgen, sie anhängig machen, sie betreiben. Ich zweifle daher nicht, wie du, da du Richter bist, über diesen Frevel denken mußt; du wärest ja sonst verpflichtet, als Sachwalter und Ankläger vor einem anderen Richter noch viel schärfer aufzutreten als ich.

Ihr aber, ihr Richter, könnt ihr euch etwas vorstellen, was empörender oder unerträglicher wäre als dies? Verres soll in seinem Hause den Leuchter des Jupiter besitzen, ein aus Edelsteinen und Gold gefertigtes Werk? Sein Leuchten war bestimmt, den Tempel des gütigen und allmächtigen Jupiter erglänzen und erstrahlen zu lassen – und dieses Werk soll bei Verres für jene Gelage aufgestellt werden, die von der Unzucht und Schändlichkeit seines Hauses entflammt sind? In der

grabunt? in istius lenonis turpissimi domo simul cum ceteris Chelidonis hereditariis ornamentis Capitoli ornamenta ponentur? Quid huic sacri umquam fore aut quid religiosi fuisse putatis qui nunc tanto scelere se obstrictum esse non sentiat, qui in iudicium veniat ubi ne precari quidem Iovem Optimum Maximum atque ab eo auxilium petere more omnium possit? a quo etiam di immortales sua repetunt in eo iudicio quod hominibus ad suas res repetendas est constitutum. Miramur Athenis Minervam, Deli Apollinem, Iunonem Sami, Pergae Dianam, multos praeterea ab isto deos tota Asia Graeciaque violatos, qui a Capitolio manus abstinere non potuerit? Quod privati homines de suis pecuniis ornant ornaturique sunt, id C. Verres ab regibus ornari non passus est.

Itaque hoc nefario scelere concepto nihil postea tota in Sicilia neque sacri neque religiosi duxit esse; ita sese in ea provincia per triennium gessit ut ab isto non solum hominibus verum etiam dis immortalibus bellum indictum putaretur. 72

Segesta est oppidum pervetus in Sicilia, iudices, quod ab Aenea fugiente a Troia atque in haec loca veniente conditum esse demonstrant. Itaque Segestani non solum perpetua societate atque amicitia, verum etiam cognatione se cum populo Romano coniunctos esse arbitrantur. Hoc quondam oppidum, cum illa civitas cum Poenis suo nomine ac sua sponte bellaret, a Carthaginiensibus vi captum atque deletum est, omniaque quae ornamento urbi esse possent Carthaginem sunt ex illo loco deportata. Fuit apud Segestanos ex aere Dianae simulacrum, cum

Wohnung dieses verworfenen Kupplers soll sich zugleich mit den übrigen Schmuckgegenständen, den Erbstücken der Chelidon[64], der Schmuck des Kapitols befinden? Was, meint ihr wohl, wird dieser Mensch je für heilig halten, oder was hielt er für ehrwürdig, der jetzt nicht empfindet, in welchen Frevel er sich verstrickt hat, der vor Gericht erscheint und dort nicht einmal, wie es allgemeiner Brauch ist, zum gütigen und allmächtigen Jupiter beten und Hilfe von ihm erflehen kann? Von dem auch die unsterblichen Götter ihr Eigentum zurückfordern, und zwar vor dem Gericht, das für die Menschen zur Rückforderung des ihrigen eingerichtet ist? Wundern wir uns noch, daß er in Athen Minerva, auf Delos Apoll, Juno auf Samos, in Perge Diana und noch viele andere Götter in ganz Asien und Griechenland gekränkt hat[65], er, der seine Hand nicht vom Kapitol zurückzuhalten vermochte? Den Tempel, den Privatpersonen auf eigene Rechnung ausstatten und noch ausstatten werden, den haben, weil Verres es so wollte, selbst Könige nicht ausstatten dürfen.

Daher galt ihm, nachdem er diesen abscheulichen Frevel verübt hatte, in ganz Sizilien nichts mehr für heilig und ehrwürdig; er führte sich in dieser Provinz drei Jahre lang so auf, daß man glauben mußte, er habe nicht nur den Menschen, sondern auch den unsterblichen Göttern den Krieg erklärt.

Segesta ist eine uralte sizilische Stadt, ihr Richter; es heißt, Äneas habe sie gegründet, als er auf seiner Flucht aus Troja in diese Gegend kam. Daher glauben die Segestaner, dem römischen Volke nicht nur als unwandelbare Bündner und Freunde, sondern auch als Verwandte nahezustehen[66]. Diese Stadt wurde einst, als die Bürger auf eigene Faust und aus eigenem Entschluß gegen Karthago Krieg führten, von den Karthagern im Sturme erobert und zerstört, und man brachte von dort alles nach Karthago, womit man eine Stadt schmücken konnte. Die Segestaner besaßen ein ehernes Bildnis der Diana,

summa atque antiquissima praeditum religione tum singulari opere artificioque perfectum. Hoc translatum Carthaginem locum tantum hominesque mutarat, religionem quidem pristinam conservabat; nam propter eximiam pulchritudinem etiam hostibus digna quam sanctissime colerent videbatur.

Aliquot saeculis post P. Scipio bello Punico tertio Car- 73
thaginem cepit; qua in victoria – videte hominis virtutem et diligentiam, ut et domesticis praeclarissimae virtutis exemplis gaudeatis et eo maiore odio dignam istius incredibilem audaciam iudicetis – convocatis Siculis omnibus, quod diutissime saepissimeque Siciliam vexatam a Carthaginiensibus esse cognorat, iubet omnia conquiri; pollicetur sibi magnae curae fore ut omnia civitatibus, quae cuiusque fuissent, restituerentur. Tum illa quae quondam erant Himera sublata, de quibus antea dixi, Thermitanis sunt reddita, tum alia Gelensibus, alia Agrigentinis, in quibus etiam ille nobilis taurus, quem crudelissimus omnium tyrannorum Phalaris habuisse dicitur, quo vivos supplici causa demittere homines et subicere flammam solebat. Quem taurum cum Scipio redderet Agrigentinis, dixisse dicitur aequum esse illos cogitare utrum esset Agrigentinis utilius, suisne servire anne populo Romano obtemperare, cum idem monumentum et domesticae crudelitatis et nostrae mansuetudinis haberent.

Illo tempore Segestanis maxima cum cura haec ipsa 74
Diana, de qua dicimus, redditur; reportatur Segestam; in suis antiquis sedibus summa cum gratulatione civium et

das man seit ältester Zeit in höchsten Ehren hielt und das überdies mit einzigartiger Kunst und Geschicklichkeit ausgeführt war. Dieses Werk tauschte, nach Karthago gebracht, nur den Ort und die Menschen, behauptete jedoch seine frühere Heiligkeit. Denn wegen seiner erlesenen Schönheit schien es auch den Feinden der höchsten Verehrung würdig.

Einige Jahrhunderte später hat P. Scipio im dritten punischen Kriege Karthago erobert[67]. Nach seinem Siege – erseht daraus den Anstand und die Gewissenhaftigkeit dieses Mannes: ihr sollt euch teils über unsere eigenen Beispiele glänzendster Lauterkeit freuen, teils aber die unglaubliche Verwegenheit des Verres für desto verabscheuungswürdiger halten – beschied Scipio alle Sizilier zu sich, weil er wußte, daß die Karthager Sizilien sehr lange und sehr oft heimgesucht hatten. Er befiehlt ihnen, allem nachzuspüren; er verspricht, er wolle sich angelegentlich darum kümmern, daß jede Gemeinde ihr Eigentum zurückerhalte. Damals wurden die Dinge, die Himera einst eingebüßt hatte (ich sprach schon früher davon[68]), den Thermitanern zurückgegeben, und andere den Bewohnern von Gela, andere denen von Agrigent, darunter auch der berüchtigte Stier, den Phalaris, der grausamste aller Tyrannen, besessen haben soll: er pflegte zur Strafe lebendige Menschen hineinzusperren und Feuer darunter anzulegen[69]. Als Scipio den Agrigentinern diesen Stier zurückgab, da soll er gesagt haben: es sei recht und billig, daß sie darüber nachdächten, was vorteilhafter für sie sei, Sklaven der eigenen Leute zu sein oder dem römischen Volk zu gehorchen, da sie ja doch in dem gleichen Gegenstand ein Denkmal der eigenen Grausamkeit und unserer Milde besäßen.

Damals wird auch den Segestanern mit der größten Gewissenhaftigkeit eben die Diana, von der wir hier reden, zurückerstattet; man bringt sie nach Segesta zurück, man stellt sie zur größten Genugtuung und Freude der Bürger wieder an

laetitia reponitur. Haec erat posita Segestae sane excelsa in basi, in qua grandibus litteris P. Africani nomen erat incisum eumque Carthagine capta restituisse perscriptum. Colebatur a civibus, ab omnibus advenis visebatur; cum quaestor essem, nihil mihi ab illis est demonstratum prius. Erat admodum amplum et excelsum signum cum stola; verum tamen inerat in illa magnitudine aetas atque habitus virginalis; sagittae pendebant ab umero, sinistra manu retinebat arcum, dextra ardentem facem praeferebat.

Hanc cum iste sacrorum omnium et religionum hostis 75
praedoque vidisset, quasi illa ipsa face percussus esset, ita
flagrare cupiditate atque amentia coepit; imperat magis-
tratibus ut eam demoliantur et sibi dent; nihil sibi gra-
tius ostendit futurum. Illi vero dicere sibi id nefas esse,
seseque cum summa religione tum summo metu legum
et iudiciorum teneri. Iste tum petere ab illis, tum mina-
ri, tum spem, tum metum ostendere. Opponebant illi
nomen interdum P. Africani; populi Romani illud esse di-
cebant; nihil se in eo potestatis habere quod imperator
clarissimus urbe hostium capta monumentum victoriae
populi Romani esse voluisset. Cum iste nihilo remissius 76
atque etiam multo vehementius instaret cotidie, res agi-
tur in senatu: vehementer ab omnibus reclamatur. Itaque
illo tempore ac primo istius adventu pernegatur. Postea,
quidquid erat oneris in nautis remigibusque exigendis, in

ihrem alten Platze auf. Sie stand nun in Segesta auf einem ziemlich hohen Sockel, auf dem mit großen Buchstaben der Name des P. Africanus eingehauen war und überdies geschrieben stand, daß er sie nach der Eroberung Karthagos zurückerstattet habe. Die Einheimischen verehrten, alle Fremden besuchten sie. Als ich Quästor war[70], führte man mich zuallererst zu ihr. Es war eine sehr große und stattliche Darstellung, mit einem langen Gewande. Doch trotz ihrer Größe zeigte sie das Alter und die Haltung einer Jungfrau. Die Pfeile hingen von der Schulter herab; in der linken Hand hielt sie den Bogen, und mit der rechten streckte sie eine brennende Fackel vor.

Als der Feind und Räuber alles Heiligen und Ehrwürdigen sie erblickte, da entbrannte er, wie wenn er von eben jener Fackel getroffen wäre, in wahnsinniger Gier; er befiehlt den städtischen Beamten, das Bildnis loszumachen und ihm zu geben; er bedeutet ihnen, daß man ihm keinen größeren Gefallen erweisen könne. Doch sie erklärten, das sei ihnen streng untersagt und sie würden teils durch den schärfsten Gewissenszwang, teils durch äußerste Furcht vor den Gesetzen und Gerichten daran gehindert. Da bedachte sie Verres bald mit Bitten, bald mit Drohungen; er stellte ihnen bald Hoffnung, bald Schrecken in Aussicht. Sie aber beriefen sich des öfteren auf den Namen des P. Africanus; sie sagten, das Bildnis gehöre dem römischen Volke; sie dürften nicht über einen Gegenstand verfügen, den der berühmteste Feldherr nach der Eroberung der feindlichen Stadt zum Erinnerungszeichen an den Sieg des römischen Volkes bestimmt habe. Da Verres um nichts nachgiebiger wurde und sogar mit jedem Tage weit heftiger in sie drang, kommt die Angelegenheit vor den Gemeinderat. Allgemein erhebt sich scharfer Widerspruch. So weist man ihn damals bei seinem ersten Aufenthalte beharrlich ab. Daraufhin nötigte er den Segestanern vorzugsweise jede Art von Belastungen auf, durch Einfordern von Seeleuten

frumento imperando, Segestanis praeter ceteros imponebat, aliquanto amplius quam ferre possent. Praeterea magistratus eorum evocabat, optimum quemque et nobilissimum ad se arcessebat, circum omnia provinciae fora rapiebat, singillatim uni cuique calamitati fore se denuntiabat, universis se funditus eversurum esse illam civitatem minabatur. Itaque aliquando multis malis magnoque metu victi Segestani praetoris imperio parendum esse decreverunt. Magno cum luctu et gemitu totius civitatis, multis cum lacrimis et lamentationibus virorum mulierumque omnium simulacrum Dianae tollendum locatur.

Videte quanta religio fuerit. Apud Segestanos repertum esse, iudices, scitote neminem, neque liberum neque servum, neque civem neque peregrinum, qui illud signum auderet attingere; barbaros quosdam Lilybaeo scitote adductos esse operarios; ii denique illud ignari totius negoti ac religionis mercede accepta sustulerunt. Quod cum ex oppido exportabatur, quem conventum mulierum factum esse arbitramini, quem fletum maiorum natu? quorum non nulli etiam illum diem memoria tenebant cum illa eadem Diana Segestam Carthagine revecta victoriam populi Romani reditu suo nuntiasset. Quam dissimilis hic dies illi tempori videbatur! Tum imperator populi Romani, vir clarissimus, deos patrios reportabat Segestanis ex urbe hostium recuperatos: nunc ex urbe sociorum praetor eiusdem populi turpissimus atque impurissimus eosdem illos deos nefario scelere auferebat. Quid hoc tota Sicilia est clarius, quam omnis Segestae 77

und Ruderern, durch Anordnen von Getreidelieferungen, und er verlangte erheblich mehr, als sie zu leisten vermochten. Außerdem lud er ihre Beamten vor, beschied er alle tüchtigen und angesehenen Leute zu sich, schleppte er sie von einem Marktplatz der Provinz zum anderen, kündigte er jedem einzelnen an, er werde ihn ins Verderben stürzen, drohte er allen insgesamt, er wolle ihre Stadt von Grund auf vernichten. Und so entschieden denn schließlich die Segestaner, von dem vielen Unheil und von großer Furcht bezwungen, man müsse sich dem Befehl des Prätors fügen. Unter großem Jammer und Seufzen der gesamten Bürgerschaft, unter vielen Tränen und Klagen aller Männer und Frauen wird die Beseitigung des Dianabildes ausgeschrieben.

Seht, wie groß die Ehrfurcht war. Ihr müßt nämlich wissen, Richter: bei den Segestanern fand sich niemand, kein Freier und kein Sklave, kein Bürger und kein Fremder, der das Bildnis zu berühren gewagt hätte. Aus Lilybaeum hat man, müßt ihr wissen, einige ausländische Arbeiter[71] herbeigeholt. Die ahnten nichts von der Sache und kannten keine Scheu; sie beseitigten endlich das Bildnis gegen baren Lohn. Als es nun aus der Stadt geschafft wurde, welch Gedränge der Frauen, glaubt ihr, hat es da gegeben, welch Gejammer der älteren Leute? Einige von ihnen erinnerten sich sogar noch jenes Tages, an dem eben diese Diana, von Karthago nach Segesta zurückgebracht, durch ihre Heimkehr den Sieg des römischen Volkes verkündet hatte. Wie ungleich nahm sich die Gegenwart vor der Vergangenheit aus! Damals brachte der berühmteste Feldherr des römischen Volkes den Segestanern die angestammten, aus der Stadt der Feinde wiedergewonnenen Götter zurück; jetzt nahm der schändlichste und gewissenloseste Prätor desselben Volkes in verruchtem Frevelmut dieselben Götter aus der Stadt der Bundesgenossen weg. Was ist in ganz Sizilien besser bekannt, als daß alle Frauen und Mädchen von

matronas et virgines convenisse cum Diana exportaretur ex oppido, unxisse unguentis, complesse coronis et floribus, ture, odoribus incensis usque ad agri finis prosecutas esse?

Hanc tu tantam religionem si tum in imperio propter cupiditatem atque audaciam non pertimescebas, ne nunc quidem in tanto tuo liberorumque tuorum periculo perhorrescis? Quem tibi aut hominem invitis dis immortalibus aut vero deum tantis eorum religionibus violatis auxilio futurum putas? Tibi illa Diana in pace atque in otio religionem nullam attulit? quae cum duas urbis in quibus locata fuerat captas incensasque vidisset, bis ex duorum bellorum flamma ferroque servata est; quae Carthaginiensium victoria loco mutato religionem tamen non amisit, P. Africani virtute religionem simul cum loco recuperavit. Quo quidem scelere suscepto cum inanis esset basis et in ea P. Africani nomen incisum, res indigna atque intoleranda videbatur omnibus non solum religiones esse violatas, verum etiam P. Africani, viri fortissimi, rerum gestarum gloriam, memoriam virtutis, monumenta victoriae C. Verrem sustulisse. Quod cum isti renuntiaretur de basi ac litteris, existimavit homines in oblivionem totius negoti esse venturos si etiam basim tamquam indicem sui sceleris sustulisset. Itaque tollendam istius imperio locaverunt; quae vobis locatio ex publicis litteris Segestanorum priore actione recitata est. 78 79

Segesta zusammenströmten, während man die Diana aus der Stadt schaffte, daß sie das Bild mit Salben bestrichen, mit Kränzen und Blumen behängten, mit Weihrauch und brennenden Wohlgerüchen bis an die Grenze ihres Gebietes begleiteten?

Wenn dir dieses Maß an frommer Verehrung damals, während der Statthalterschaft, wegen deiner Gier und Unverschämtheit keine Furcht einflößte, empfindest du nicht einmal jetzt ein Schaudern, da dir und deinen Kindern so große Gefahr droht? Welcher Mensch, meinst du, wird dir gegen den Willen der unsterblichen Götter beistehen, oder gar welcher Gott, nachdem du dich so schwer gegen die Ehrfurcht vor dem Heiligen versündigt hast? Dich hat jene Diana in der Zeit des Friedens und der Ruhe nicht mit frommer Scheu erfüllt? Sie hat die Eroberung und Einäscherung der beiden Städte gesehen, in denen sie aufgestellt war, und doch wurde sie zweimal, in zwei Kriegen, vor Feuer und Schwert bewahrt; sie wechselte nach dem Siege der Karthager den Ort und büßte doch ihre Heiligkeit nicht ein; sie gewann durch das Verdienst des P. Africanus zugleich mit dem Ort ihre einstige Heiligkeit zurück. Als nach diesem Frevel der Sockel leer dastand, auf dem der Name des P. Africanus eingehauen war, da schien es jedermann empörend und unerträglich, daß C. Verres nicht nur die Ehrfurcht vor dem Göttlichen verletzt, sondern auch das Ruhmeszeichen der Taten, die der heldenhafte P. Africanus vollbracht, die Erinnerung an seine Leistung, das Denkmal seines Sieges beseitigt habe. Als man ihm von dem Sockel und der Inschrift berichtete, da glaubte er, bei den Leuten werde die ganze Sache in Vergessenheit geraten, wenn er auch den Sockel, gleichsam den Zeugen seines Frevels, beseitige. So schrieb man denn auf seinen Befehl den Abbruch des Sockels aus. Der Vertrag wurde euch in der ersten Verhandlung aus den amtlichen Urkunden der Segestaner vorgelesen.

Te nunc, P. Scipio, te, inquam, lectissimum ornatissi-
mumque adulescentem, appello, abs te officium tuum
debitum generi et nomini requiro et flagito. Cur pro isto,
qui laudem honoremque familiae vestrae depeculatus est,
pugnas, cur eum defensum esse vis, cur ego tuas partis
suscipio, cur tuum munus sustineo, cur M. Tullius P.
Africani monumenta requirit, P. Scipio eum qui illa sus-
tulit defendit? Cum mos a maioribus traditus sit, ut mo-
numenta maiorum ita suorum quisque defendat ut ea ne
ornari quidem nomine aliorum sinat, tu isti aderis, qui
non obstruxit aliqua ex parte monumento P. Scipionis
sed id funditus delevit ac sustulit? Quisnam igitur, per 80
deos immortalis, tuebitur P. Scipionis memoriam mor-
tui, quis monumenta atque indicia virtutis, si tu ea re-
linquis aut deseris, nec solum spoliata illa pateris sed
etiam eorum spoliatorem vexatoremque defendis?

Adsunt Segestani, clientes tui, socii populi Romani atque amici; certiorem te faciunt P. Africanum Carthagine deleta simulacrum Dianae maioribus suis restituisse, idque apud Segestanos eius imperatoris nomine positum ac dedicatum fuisse; hoc Verrem demoliendum et asportandum nomenque omnino P. Scipionis delendum tollendumque curasse; orant te atque obsecrant ut sibi religionem, generi tuo laudem gloriamque restituas, ut, quod per P. Africanum ex urbe hostium recuperarint, id per te ex praedonis domo conservare possint. Quid aut tu his respondere honeste potes aut illi facere, nisi ut te ac fidem tuam implorent? Adsunt et implorant.

An dich wende ich mich jetzt, P. Scipio[72], an dich, sage ich, den vortrefflichsten und achtbarsten jungen Mann; von dir heische und fordere ich den Dienst, den du deinem Geschlecht und Namen schuldig bist. Warum kämpfst *du* für den Mann, der den Ruhm und die Ehre eurer Familie geraubt hat, warum willst *du* ihn verteidigt wissen, warum nehme *ich* deine Aufgabe wahr, warum trage *ich* deine Last, warum fragt ein M. Tullius nach den Erinnerungszeichen des P. Africanus, verteidigt ein P. Scipio den Mann, der sie beseitigt hat? Wie die von den Vorfahren überkommene Sitte gebietet, soll ein jeder die Denkmäler seiner Ahnen so unterhalten, daß er sie nicht einmal von anderer Seite ausschmücken läßt – und du willst dem Manne beistehen, der ein Denkmal des P. Scipio nicht etwa nur teilweise zugebaut, sondern von Grund auf zerstört und beseitigt hat? Wer wird denn, ihr unsterblichen Götter, die Erinnerung an den verstorbenen P. Scipio, wer die Denkmäler und Zeichen seiner Verdienste schützen, wenn du dich von ihnen abwendest und sie preisgibst und nicht nur ihren Raub duldest, sondern gar für ihren Räuber und Zerstörer eintrittst?

Anwesend sind die Segestaner, deine Schutzbefohlenen, die Bundesgenossen und Freunde des römischen Volkes; sie berichten dir, daß P. Africanus nach der Zerstörung Karthagos ihren Vorfahren das Bildnis der Diana zurückerstattet hat, daß es bei den Segestanern im Namen dieses Feldherrn aufgestellt und geweiht wurde, daß Verres es losbrechen und wegschaffen und den Namen des P. Scipio völlig austilgen und beseitigen ließ; sie bitten und beschwören dich: erwirb ihnen das geheiligte Bildnis, deinem Geschlechte aber Ansehen und Ruhm zurück; sie möchten, was sie durch P. Africanus aus der Stadt der Feinde wiedererhielten, durch dich aus dem Hause des Räubers gerettet haben. Was kannst du ihnen mit Anstand antworten, oder was können sie tun, als dich und deinen Schutz anrufen? Sie sind da und rufen dich an.

Potes domesticae laudis amplitudinem, Scipio, tueri, potes; omnia sunt in te quae aut fortuna hominibus aut natura largitur; non praecerpo fructum offici tui, non alienam mihi laudem appeto, non est pudoris mei P. Scipione, florentissimo adulescente, vivo et incolumi me propugnatorem monumentorum P. Scipionis defensoremque profiteri. Quam ob rem si suscipis domesticae 81
laudis patrocinium, me non solum silere de vestris monumentis oportebit, sed etiam laetari P. Africani eius modi fortunam esse mortui ut eius honos ab iis qui ex eadem familia sint defendatur, neque ullum adventicium auxilium requiratur. Sin istius amicitia te impedit, si hoc quod ego abs te postulo minus ad officium tuum pertinere arbitrabere, succedam ego vicarius tuo muneri, suscipiam partis quas alienas esse arbitrabar.

Deinde ista praeclara nobilitas desinat queri populum Romanum hominibus novis industriis libenter honores mandare semperque mandasse. Non est querendum in hac civitate, quae propter virtutem omnibus nationibus imperat, virtutem plurimum posse. Sit apud alios imago P. Africani, ornentur alii mortui virtute ac nomine; talis ille vir fuit, ita de populo Romano meritus est ut non uni familiae sed universae civitati commendatus esse debeat. Est aliqua mea pars virilis, quod eius civitatis sum quam ille amplam inlustrem claramque reddidit, praecipue

Du kannst den Ruhm deines Hauses in seinem Glanze erhalten, Scipio, wahrhaftig: in dir ist alles vereinigt, was das Glück oder die Natur dem Menschen schenkt; ich nehme dir nicht weg, was dein Pflichteifer durchsetzen könnte; ich maße mir kein Lob an, das einem anderen zukommt; meine Zurückhaltung erlaubt mir nicht, mich zum Vorkämpfer und Verteidiger der von P. Scipio hinterlassenen Denkmäler aufzuwerfen, solange P. Scipio, ein in der Blüte seiner Jahre stehender junger Mann, lebt und bei guter Gesundheit ist. Wenn du dich also zum Anwalt für den Ruhm deines Hauses machst, dann werde ich nicht nur von euren Denkmälern zu schweigen, sondern mich auch zu freuen haben: ist doch dem verstorbenen P. Africanus das Glück zuteil geworden, daß Angehörige derselben Familie seine Ehre schützen und keine anderweitige Hilfe vonnöten ist. Wenn dir jedoch deine Freundschaft mit Verres im Wege steht, wenn du glaubst, die Forderung, die ich an dich richte, lasse sich nicht mit deiner Pflicht vereinbaren, dann will ich als Stellvertreter deine Obliegenheit wahrnehmen, will mich einer Sache unterziehen, die ich für die Aufgabe eines anderen hielt.

Doch dann soll sich unser herrlicher Adel nicht mehr darüber beschweren, daß das römische Volk unadligen und strebsamen Leuten gerne Ämter überträgt und stets übertragen hat. Es ist unsinnig zu bedauern, daß in unserer Bürgerschaft, die wegen ihrer Tüchtigkeit allen Völkern gebietet, die Tüchtigkeit am meisten gilt. Mag sich die Porträtmaske des P. Africanus bei anderen befinden[73], mögen andere sich mit dem erlauchten Namen des Verstorbenen zieren: der Mann war so bedeutend, seine Verdienste um das römische Volk sind so groß, daß er nicht nur bei einer Familie, sondern bei der gesamten Bürgerschaft in Ansehen stehen muß. Hieran habe auch ich meinen Anteil, weil ich dem Staate angehöre, den er groß, bedeutend und berühmt gemacht hat, und besonders, weil auch

quod in his rebus pro mea parte versor quarum ille princeps fuit, aequitate, industria, temperantia, defensione miserorum, odio improborum; quae cognatio studiorum et artium prope modum non minus est coniuncta quam ista qua vos delectamini generis et nominis.

Repeto abs te, Verres, monumentum P. Africani. Cau- 82
sam Siculorum quam suscepi relinquo, iudicium de pecuniis repetundis ne sit hoc tempore, Segestanorum iniuriae neglegantur: basis P. Scipionis restituatur, nomen invicti imperatoris incidatur, signum pulcherrimum Carthagine captum reponatur. Haec abs te non Siculorum defensor, non tuus accusator, non Segestani postulant, sed is qui laudem gloriamque P. Africani tuendam conservandamque suscepit. Non vereor ne hoc officium meum P. Servilio iudici non probem, qui cum res maximas gesserit monumentaque suarum rerum gestarum cum maxime constituat atque in iis elaboret profecto volet haec non solum suis posteris verum etiam omnibus viris fortibus et bonis civibus defendenda, non spolianda improbis tradere. Non vereor ne tibi, Q. Catule, displiceat, cuius amplissimum orbi terrarum clarissimumque monumentum est, quam plurimos esse custodes monumentorum et putare omnis bonos alienae gloriae defensionem ad officium suum pertinere. Equidem 83
ceteris istius furtis atque flagitiis ita moveor ut ea reprehendenda tantum putem; hic vero tanto dolore adficior ut nihil mihi indignius, nihil minus ferendum esse videatur. Verres Africani monumentis domum suam plenam

ich, soviel ich kann, die Grundsätze handhabe, durch die er sich hervorgetan hat: gerecht, arbeitsam und uneigennützig zu sein, für die Bedrängten einzutreten und die Frevler zu verabscheuen. Diese Verwandtschaft der Einstellung und Handlungsweise ist fast ebenso eng wie jene, an der ihr eure Freude habt, das Band der Abkunft und des Namens.

Ich fordere dich auf, Verres, das Denkmal des P. Africanus zurückzugeben. Von der Sache der Sizilier, die ich übernommen habe, wende ich mich ab; die Verhandlung wegen der Erpressungen mag jetzt ruhen, die Kränkungen der Segestaner mögen beiseite bleiben: der Sockel des P. Scipio muß wiedererrichtet, der Name des unbesiegten Feldherrn eingehauen, das herrliche, in Karthago errungene Bildnis an seinen Platz zurückgestellt werden. Das verlangt von dir nicht der Verteidiger der Sizilier, nicht dein Ankläger, nicht die Bürgerschaft von Segesta, sondern derjenige, der es übernommen hat, Ansehen und Ruhm des P. Africanus zu schützen und zu erhalten. Ich fürchte nicht, daß der Richter P. Servilius[74] meinen Pflichteifer mißbilligt: nachdem er die größten Leistungen vollbracht hat, erbaut er gerade jetzt die Denkmäler seiner Taten und geht ganz darin auf; er will sie schwerlich allein seinen Nachkommen, sondern überhaupt allen tüchtigen Männern und rechtschaffenen Mitbürgern zum Schutze, nicht aber den Schurken zum Raube überantwortet wissen. Ich fürchte nicht, daß es dir, Q. Catulus, mißfällt (dein ist ja das ehrwürdigste und berühmteste Denkmal der Welt[75]), wenn sich möglichst viele der Denkmäler annehmen und alle Rechtschaffenen die Verteidigung fremden Ruhmes für ihre Pflicht halten. Die übrigen Diebereien und Schandtaten des Verres verdrießen mich nur insoweit, als ich sie für tadelnswert erachte; doch hier trifft mich der Schmerz so heftig, daß mir nichts empörender, nichts unerträglicher vorkommt. Ein Verres schmückt mit den Denkmälern des Africanus sein

stupri, plenam flagiti, plenam dedecoris ornabit? Verres
temperantissimi sanctissimique viri monumentum, Di-
anae simulacrum virginis, in ea domo conlocabit in qua
semper meretricum lenonumque flagitia versantur?

At hoc solum Africani monumentum violasti. Quid? 84
a Tyndaritanis non eiusdem Scipionis beneficio positum
simulacrum Mercuri pulcherrime factum sustulisti? At
quem ad modum, di immortales! quam audacter, quam
libidinose, quam impudenter! Audistis nuper dicere le-
gatos Tyndaritanos, homines honestissimos ac principes
civitatis, Mercurium, qui sacris anniversariis apud eos ac
summa religione coleretur, quem P. Africanus Carthagi-
ne capta Tyndaritanis non solum suae victoriae sed etiam
illorum fidei societatisque monumentum atque indicium
dedisset, huius vi scelere imperioque esse sublatum.

Qui ut primum in illud oppidum venit, statim, tam-
quam ita fieri non solum oporteret sed etiam necesse es-
set, tamquam hoc senatus mandasset populusque Roma-
nus iussisset, ita continuo signum ut demolirentur et
Messanam deportarent imperavit. Quod cum illis qui 85
aderant indignum, qui audiebant incredibile videretur,
non est ab isto primo illo adventu perseveratum. Disce-
dens mandat proagoro Sopatro, cuius verba audistis, ut
demoliatur; cum recusaret, vehementer minatur et statim
ex illo oppido proficiscitur. Refert rem ille ad senatum;
vehementer undique reclamatur. Ne multa, iterum iste
ad illos aliquanto post venit, quaerit continuo de signo.

Haus, das von Unzucht, von Lastern, von Schändlichkeiten erfüllt ist? Ein Verres stellt das Andenken an den uneigennützigsten und lautersten Mann, das Bildnis der jungfräulichen Diana, in dem Hause auf, in dem seit jeher die Zuchtlosigkeiten von Dirnen und Kupplern ihre Stätte haben?

Doch du hast ja nur dieses Denkmal des Africanus entweiht. Wie? Hast du nicht den Bewohnern von Tyndaris[76] ein herrlich gearbeitetes Bildnis des Merkur weggenommen, zu dessen Aufstellung derselbe Scipio verholfen hatte? Und auf welche Weise, ihr unsterblichen Götter! Wie dreist, wie willkürlich, wie schamlos! Ihr habt neulich die Gesandten aus Tyndaris, hochangesehene und maßgebliche Männer der Gemeinde, aussagen hören: den Merkur, der bei ihnen durch ein alljährliches Fest und mit der größten Hingabe verehrt werde, den habe P. Africanus nach der Einnahme von Karthago den Bewohnern von Tyndaris nicht nur als Denkmal seines Sieges, sondern auch als Zeichen ihrer treuen Bündnerschaft geschenkt; doch die Gewaltsamkeit, der Frevelmut und das Machtwort des Verres hätten ihn beseitigt.

Sobald er nämlich in die Stadt kam, befahl er sofort, man solle das Bildnis losmachen und nach Messana bringen – als ob es sich nicht allein so gehörte, sondern sogar unumgänglich wäre, als ob ihm das der Senat aufgetragen und das römische Volk befohlen hätte. Da dies den Anwesenden empörend, denen, die davon hörten, unglaublich schien, bestand Verres während des ersten Aufenthaltes nicht weiter auf seiner Forderung. Doch wie er abreist, beauftragt er den Vorsteher Sopatros, dessen Worte ihr vernommen habt, er solle das Bildnis losmachen; als der sich weigert, stößt er heftige Drohungen aus und verläßt sofort die Stadt. Sopatros bringt die Sache vor den Gemeinderat; allerseits wird nachdrücklich Einspruch erhoben. Kurz, nach einiger Zeit kommt Verres abermals zu den Leuten; er fragt sofort nach dem Bildnis. Man antwortet ihm,

Respondetur ei senatum non permittere; poenam capitis constitutam, si iniussu senatus quisquam attigisset; simul religio commemoratur. Tum iste, "Quam mihi religionem narras, quam poenam, quem senatum? vivum te non relinquam; moriere virgis nisi mihi signum traditur." Sopater iterum flens ad senatum rem defert, istius cupiditatem minasque demonstrat. Senatus Sopatro responsum nullum dat, sed commotus perturbatusque discedit. Ille praetoris arcessitus nuntio rem demonstrat, negat ullo modo fieri posse. Atque haec – nihil enim praetermittendum de istius impudentia videtur – agebantur in conventu palam de sella ac de loco superiore.

Erat hiems summa, tempestas, ut ipsum Sopatrum di- 86
cere audistis, perfrigida, imber maximus, cum iste imperat lictoribus ut Sopatrum de porticu, in qua ipse sedebat, praecipitem in forum deiciant nudumque constituant. Vix erat hoc plane imperatum cum illum spoliatum stipatumque lictoribus videres. Omnes id fore putabant ut miser atque innocens virgis caederetur; fefellit hic homines opinio. Virgis iste caederet sine causa socium populi Romani atque amicum? Non usque eo est improbus; non omnia sunt in uno vitia; numquam fuit crudelis. Leniter hominem clementerque accepit. Equestres sunt medio in foro Marcellorum statuae, sicut fere ceteris in oppidis Siciliae; in quibus iste C. Marcelli statuam delegit, cuius officia in illam civitatem totamque

der Rat verweigere die Zustimmung; die Todesstrafe drohe jedem, der sich ohne Auftrag des Rates an der Statue vergreife; zugleich beruft man sich auf ihre Heiligkeit. Darauf Verres: «Was erzählst du mir da von Heiligkeit, von Strafe, vom Rat? Du kommst mir nicht lebend davon; du sollst unter Geißelhieben sterben, wenn ich nicht das Bildnis erhalte.» Weinend bringt Sopatros die Sache noch einmal vor den Rat; er berichtet von der Gier und den Drohungen des Verres. Der Rat gibt dem Sopatros keinen Bescheid, sondern geht erschüttert und verwirrt auseinander. Sopatros, vom Boten des Verres vorgeladen, teilt ihm den Stand der Dinge mit; er sagt, die Sache sei gänzlich undurchführbar. Und dies – denn man muß, scheint mir, sein schamloses Vorgehen unverkürzt mitteilen – wurde in öffentlicher Versammlung vom Amtssitz und von erhabener Stätte aus verhandelt.

Es war tiefster Winter, die Witterung, wie ihr von Sopatros selbst vernommen habt, sehr kalt, und es regnete heftig, als Verres den Bütteln befahl, sie sollten Sopatros von der Säulenhalle, in der er selbst seinen Sitz hatte, kopfüber auf den Marktplatz hinabstoßen und entblößt dort aufstellen. Kaum war der Befehl ganz erteilt, und schon sah man ihn entkleidet und von den Bütteln umringt. Alle glaubten, es sei beabsichtigt, den unglücklichen und schuldlosen Mann mit Ruten auszupeitschen; doch mit dieser Vermutung täuschten sich die Leute. Verres hätte ohne Grund einen Bundesgenossen und Freund des römischen Volkes mit Ruten auspeitschen lassen? Nicht so weit geht seine Skrupellosigkeit; nicht alle Bosheiten sind in einem Manne vereinigt; niemals war er grausam. Sanft und milde behandelte er den Mann. Mitten auf dem Marktplatz stehen Reiterstatuen der Marceller, wie gewöhnlich auch in den anderen Städten Siziliens. Unter ihnen wählte Verres das Standbild des C. Marcellus aus, der sich in jüngster Zeit sehr große Verdienste um diese Gemeinde und um die

provinciam recentissima erant et maxima; in ea Sopatrum, hominem cum domi nobilem tum summo magistratu praeditum, divaricari ac deligari iubet. Quo crucia- 87
tu sit adfectus venire in mentem necesse est omnibus, cum esset vinctus nudus in aere, in imbri, in frigore. Neque tamen finis huic iniuriae crudelitatique fiebat donec populus atque universa multitudo, atrocitate rei misericordiaque commota, senatum clamore coegit ut isti simulacrum illud Mercuri polliceretur. Clamabant fore ut ipsi se di immortales ulciscerentur; hominem interea perire innocentem non oportere. Tum frequens senatus ad istum venit, pollicetur signum. Ita Sopater de statua C. Marcelli, cum iam paene obriguisset, vix vivus aufertur.

Non possum disposite istum accusare, si cupiam: opus est non solum ingenio verum etiam artificio quodam singulari. Unum hoc crimen videtur esse et a me pro uno 88
ponitur, de Mercurio Tyndaritano; plura sunt, sed ea quo pacto distinguere ac separare possim nescio. Est pecuniarum captarum, quod signum ab sociis pecuniae magnae sustulit; est peculatus, quod publicum populi Romani signum de praeda hostium captum, positum imperatoris nostri nomine, non dubitavit auferre; est maiestatis, quod imperi nostri, gloriae, rerum gestarum monumenta evertere atque asportare ausus est; est sceleris, quod religiones maximas violavit; est crudelitatis, quod in homi-

ganze Provinz erworben hatte[77]. An diesem Standbild läßt er Sopatros, einen in seiner Heimat angesehenen Mann, der dort das höchste Amt innehatte, mit ausgestreckten Gliedern festbinden. Welche Qualen er litt, muß jedermann sich vorstellen können: er stand ja nackt an das Erz gefesselt, im Regen, in der Kälte. Und doch endete diese Mißhandlung und Grausamkeit nicht eher, als bis das Volk in ganzer Zahl, über die Abscheulichkeit des Vorganges empört und von Mitleid getrieben, den Rat durch sein Geschrei nötigte, dem Verres das Bildnis des Merkur zuzusichern. Sie riefen, die unsterblichen Götter würden sich selber rächen; unterdessen brauche kein unschuldiger Mensch sein Leben zu verlieren. Da erscheinen zahlreiche Ratsmitglieder bei Verres; sie versprechen ihm das Bildnis. So wird Sopatros, der fast schon erfroren war, halbtot von dem Standbild des C. Marcellus losgebunden.

Ich kann den Verres nicht in gehöriger Ordnung anklagen – auch wenn ich wollte. Hierzu bedürfte es nicht nur der Begabung, sondern auch einer ganz besonderen Kunstfertigkeit. Die Sache mit dem Merkur von Tyndaris scheint ein einziges Verbrechen zu sein und wird von mir als *ein* Verbrechen hingestellt; es sind indes mehrere, ich weiß jedoch nicht, wie ich sie unterscheiden und auseinanderhalten soll. Denn es liegt Erpressung vor, weil Verres den Bundesgenossen ein wertvolles Bildnis weggenommen hat; es liegt Unterschlagung vor, weil er ohne Bedenken ein Standbild an sich brachte, das dem römischen Volk gehört (es stammte aus der feindlichen Beute und war im Namen unseres Feldherrn aufgestellt worden); es liegt ein Staatsverbrechen vor, weil er es wagte, die Denkmäler unserer Herrschaft und unserer ruhmreichen Taten zu beseitigen und wegzuschaffen; es liegt ein Frevel vor, weil er die heiligsten Ordnungen der Götterverehrung verletzte; es liegt Grausamkeit vor, weil er sich gegen einen unschuldigen Menschen, gegen euren Bundesgenossen und

nem innocentem, in socium vestrum atque amicum, novum et singulare supplici genus excogitavit.

Illud vero quid sit iam non queo dicere, quo nomine 89
appellem nescio, quod in C. Marcelli statua. Quid est hoc? patronusne quod erat? Quid tum? quo id spectat? utrum ea res ad opem an ad calamitatem clientium atque hospitum valere debebat? an ut hoc ostenderes, contra vim tuam in patronis praesidi nihil esse? Quis non hoc intellegeret, in improbi praesentis imperio maiorem esse vim quam in bonorum absentium patrocinio? An vero ex hoc illa tua singularis significatur insolentia, superbia, contumacia? Detrahere videlicet aliquid te de amplitudine Marcellorum putasti. Itaque nunc Siculorum Marcelli non sunt patroni, Verres in eorum locum substitutus est. Quam in te tantam virtutem esse aut dignitatem 90
arbitratus es ut conarere clientelam tam splendidae, tam inlustris provinciae traducere ad te, auferre a certissimis antiquissimisque patronis? Tu ista nequitia, stultitia, inertia non modo totius Siciliae, sed unius tenuissimi Siculi clientelam tueri potes? tibi Marcelli statua pro patibulo in clientis Marcellorum fuit? tu ex illius honore in eos ipsos qui honorem illi habuerant supplicia quaerebas? Quid postea? quid tandem tuis statuis fore arbitrabare? an vero id quod accidit? Nam Tyndaritani statuam istius, quam sibi propter Marcellos altiore etiam basi poni iusserat, deturbarunt simul ac successum isti audierunt.

Freund, eine neue und beispiellose Art der Bestrafung ausgedacht hat.

Doch was es *hiermit* auf sich hat, kann ich gar nicht sagen; ich weiß auch nicht, wie ich es nennen soll: daß er das Standbild des C. Marcellus benutzte. Was soll das bedeuten? Weil Marcellus der Schutzherr war? Was dann? Was ist hiermit bezweckt? Sollte dieser Umstand dem Wohle oder dem Verderben der Schutzbefohlenen und Gastfreunde dienen? Oder wolltest du zeigen, daß es gegen deine Gewalt bei den Schutzherren keinerlei Hilfe gibt? Wer sollte nicht einsehen, daß der Befehl eines anwesenden Schurken mehr Macht hat als der Schutz von Rechtschaffenen, die abwesend sind? Oder gibt sich hierin gar dein beispielloser Hochmut, Geltungsdrang und Dünkel zu erkennen? Offenbar hast du geglaubt, den Glanz der Marceller beeinträchtigen zu können. Und so sind jetzt die Marceller nicht mehr die Schutzherren der Sizilier; Verres ist an ihre Stelle getreten. Welches Verdienst oder welches Ansehen glaubtest du dir zuschreiben zu können, daß du dich unterstandest, die Schutzherrschaft über eine so herrliche, so bedeutende Provinz auf dich zu übertragen und sie den getreuesten und ältesten Schutzherren wegzunehmen? Kannst du bei deiner Nichtsnutzigkeit, Unvernunft und Trägheit die Schutzherrschaft über einen einzigen noch so geringen Sizilier, um nicht zu sagen über ganz Sizilien, wahrnehmen? Dir hat das Standbild des Marcellus als Marterwerkzeug für die Schutzbefohlenen der Marceller gedient? Du wolltest aus der ihm erzeigten Ehre eine Folter für die machen, die ihm diese Ehre erzeigt hatten? Was dann? Was, glaubtest du, werde schließlich mit *deinen* Standbildern geschehen? Etwa, was sich wirklich zugetragen hat? Denn die Bewohner von Tyndaris haben sein Standbild, das er sich wegen der Marceller auf einem noch höheren Sockel hatte errichten lassen, umgestürzt, sobald sie erfuhren, daß sein Nachfolger einge-

Dedit igitur tibi nunc fortuna Siculorum C. Marcellum iudicem, ut, cuius ad statuam Siculi te praetore alligabantur, eius religioni te ipsum devinctum adstrictumque dedamus.

Ac primo, iudices, hoc signum Mercuri dicebat iste 91
Tyndaritanos M. Marcello huic Aesernino vendidisse, atque hoc sua causa etiam M. Marcellum ipsum sperabat esse dicturum; quod mihi numquam veri simile visum est, adulescentem illo loco natum, patronum Siciliae, nomen suum isti ad translationem criminis commodaturum. Verum tamen ita mihi res tota provisa atque praecauta est ut, si maxime esset inventus qui in se suscipere istius culpam crimenque cuperet, tamen is proficere nihil posset. Eos enim deduxi testis et eas litteras deportavi ut
de istius facto dubium esse nemini possit. Publicae lit- 92
terae sunt deportatum Mercurium esse Messanam sumptu publico; dicunt quanti; praefuisse huic negotio publice legatum Poleam. Quid? is ubi est? Praesto est, testis est. Proagori Sopatri iussu. Quis est hic? Qui ad statuam adstrictus est. Quid? is ubi est? Vidistis hominem et verba eius audistis. Demoliendum curavit Demetrius gymnasiarchus, quod is ei loco praeerat. Quid? hoc nos dicimus? Immo vero ipse praesens. Romae nuper ipsum istum esse pollicitum sese id signum legatis redditurum si eius rei testificatio tolleretur cautumque esset eos testimonium non esse dicturos – dixit hoc apud vos Zosippus, et

troffen sei. So hat denn jetzt das gütige Geschick der Sizilier den C. Marcellus zu deinem Richter bestellt; wir können daher der Gewissenhaftigkeit des Mannes, an dessen Standbild die Sizilier unter deiner Prätur gefesselt wurden, dich selbst gefesselt und gebunden übergeben.

Und zuerst behauptete Verres, ihr Richter, die Bürger von Tyndaris hätten das Bildnis des Merkur dem hier anwesenden M. Marcellus Aeserninus[78] verkauft, und er hoffte, daß sich um seinetwillen auch M. Marcellus selbst so äußern werde. Doch ich habe es nie für wahrscheinlich gehalten, daß ein so hochgestellter junger Mann, einer der Schutzherren Siziliens, dem Verres seinen Namen leihen werde, um einen Vorwurf von ihm abzulenken. Gleichwohl habe ich in der ganzen Sache gehörig achtgegeben und vorgesorgt: auch wenn sich wirklich jemand fände, der die Schuld und das Verbrechen des Verres auf sich nehmen wollte, so könnte er trotzdem nichts ausrichten. Denn ich habe solche Zeugen und Urkunden beigebracht, daß niemand über seine Tat im Zweifel sein kann. Amtliche Schriftstücke besagen, der Merkur sei auf Gemeindekosten nach Messana gebracht worden; sie besagen auch, für welchen Preis; die Aufsicht bei dieser Sache habe von Amts wegen der Bevollmächtigte Poleas geführt. Wie? Wo ist dieser Mann? Er ist anwesend, er ist Zeuge. Auf Befehl des Vorstehers Sopatros. Wer ist das? Der Mann, der an das Standbild gefesselt war. Wie? Wo ist der? Ihr habt den Mann gesehen und seine Worte gehört. Das Losmachen der Statue besorgte der Gymnasiarch[79] Demetrios, weil der für diesen Platz verantwortlich war. Wie? Behaupten *wir* das? Nein, er selbst, der hier zugegen ist. Verres persönlich habe den Gesandten unlängst in Rom versprochen, er wolle ihnen das Bildnis zurückgeben, wenn der Zeugenbeweis für diese Sache unterdrückt würde und Sicherheit geleistet sei, daß sie kein Zeugnis ablegen würden – so erklärten sich vor euch Zosippos und

Ismenias, homines nobilissimi et principes Tyndaritanae civitatis.

Quid? Agrigento nonne eiusdem P. Scipionis monu- 93
mentum, signum Apollinis pulcherrimum, cuius in femore litteris minutis argenteis nomen Myronis erat inscriptum, ex Aesculapi religiosissimo fano sustulisti? Quod quidem, iudices, cum iste clam fecisset, cum ad suum scelus illud furtumque nefarium quosdam homines improbos duces atque adiutores adhibuisset, vehementer commota civitas est. Uno enim tempore Agrigentini beneficium Africani, religionem domesticam, ornamentum urbis, iudicium victoriae, testimonium societatis requirebant. Itaque ab iis qui principes in ea civitate erant praecipitur et negotium datur quaestoribus et aedilibus ut noctu vigilias agerent ad aedis sacras. Etenim iste Agrigenti – credo propter multitudinem illorum hominum atque virtutem, et quod cives Romani, viri fortes atque honesti, permulti in illo oppido coniunctissimo animo cum ipsis Agrigentinis vivunt ac negotiantur – non audebat palam poscere aut tollere quae placebant.

Herculis templum est apud Agrigentinos non longe a 94
foro, sane sanctum apud illos et religiosum. Ibi est ex aere simulacrum ipsius Herculis, quo non facile dixerim quicquam me vidisse pulchrius – tametsi non tam multum in istis rebus intellego quam multa vidi – usque eo, iudices, ut rictum eius ac mentum paulo sit attritius, quod in precibus et gratulationibus non solum id venerari verum etiam osculari solent. Ad hoc templum, cum esset iste Agrigenti, duce Timarchide repente nocte intempesta

Ismenias, hochangesehene und maßgebliche Männer der Gemeinde Tyndaris.

Wie? Hast du nicht in Agrigent ein Denkmal desselben P. Scipio aus dem hochheiligen Tempel des Äskulap weggenommen, ein herrliches Standbild des Apoll, auf dessen Schenkel in winzigen silbernen Buchstaben der Name des Myron[80] geschrieben stand? Als er das, ihr Richter, insgeheim bewerkstelligt, als er bei seinem Verbrechen und frevelhaften Diebstahl einige gewissenlose Leute als Bandenführer und Helfer verwendet hatte, da geriet die Gemeinde in heftige Erregung. Denn gleichzeitig mußten die Agrigentiner den Gunstbeweis des Africanus, das einheimische Kultbild, den Schmuck ihrer Stadt, das Zeichen des Sieges, das Zeugnis der Bundesgenossenschaft entbehren. Die Stadtoberhäupter erteilten daher den Quästoren und Ädilen[81] den bindenden Auftrag, nachts bei den Tempeln Wachen aufzustellen. Denn in Agrigent wagte Verres nicht, in aller Öffentlichkeit zu fordern und wegzunehmen, was ihm gefiel – ich glaube, wegen der Vielzahl der Bewohner und wegen ihres Mutes, und weil in dieser Stadt sehr viele römische Bürger, tüchtige und achtbare Männer, in größter Eintracht mit den Agrigentinern leben und Handel treiben.

In Agrigent steht nicht weit vom Marktplatz ein Herkulestempel, der den Bewohnern für überaus heilig und ehrwürdig gilt. Dort befindet sich eine Erzstatue des Herkules selbst; ich könnte nicht leicht behaupten, je etwas Schöneres erblickt zu haben (allerdings verstehe ich mich nicht sonderlich auf diese Dinge, ich habe aber vielerlei zu sehen bekommen). Nur sind die Mundöffnung und das Kinn ein wenig abgenutzt, ihr Richter, weil man das Bild bei Bitt- und Dankgebeten nicht nur zu verehren, sondern auch zu küssen pflegt. Bei diesem Tempel fand, als Verres in Agrigent weilte, unter der Führung des Timarchides plötzlich in stürmischer Nacht ein Auflauf

servorum armatorum fit concursus atque impetus. Clamor a vigilibus fanique custodibus tollitur; qui primo cum obsistere ac defendere conarentur, male mulcati clavis ac fustibus repelluntur. Postea convulsis repagulis ecfractisque valvis demoliri signum ac vectibus labefactare conantur. Interea ex clamore fama tota urbe percrebruit expugnari deos patrios, non hostium adventu necopinato neque repentino praedonum impetu, sed ex domo atque ex cohorte praetoria manum fugitivorum instructam armatamque venisse.

Nemo Agrigenti neque aetate tam adfecta neque viribus tam infirmis fuit qui non illa nocte eo nuntio excitatus surrexerit, telumque quod cuique fors offerebat arripuerit. Itaque brevi tempore ad fanum ex urbe tota concurritur. Horam amplius iam in demoliendo signo permulti homines moliebantur; illud interea nulla lababat ex parte, cum alii vectibus subiectis conarentur commovere, alii deligatum omnibus membris rapere ad se funibus. Ac repente Agrigentini concurrunt; fit magna lapidatio; dant sese in fugam istius praeclari imperatoris nocturni milites. Duo tamen sigilla perparvula tollunt, ne omnino inanes ad istum praedonem religionum revertantur. Numquam tam male est Siculis quin aliquid facete et commode dicant, velut in hac re aiebant in labores Herculis non minus hunc immanissimum verrem quam illum aprum Erymanthium referri oportere. 95

und Angriff bewaffneter Sklaven statt. Die Wächter und Tempelhüter erheben Geschrei. Sie versuchten es zuerst mit Widerstand und Gegenwehr; sie werden mit Keulen und Knüppeln übel zugerichtet und zurückgetrieben. Sodann reißt man die Riegel ab und erbricht die Türen; man bemüht sich, das Bildnis loszumachen und mit Hebeln fortzurücken. Unterdessen verbreitete sich wegen des Geschreis in der ganzen Stadt die Kunde, nicht die unerwartete Ankunft von Feinden noch ein plötzlicher Überfall von Räubern trachte die einheimischen Götter zu erobern, vielmehr sei aus dem Hause und Gefolge des Prätors eine gerüstete und bewaffnete Schar entlaufener Sklaven erschienen.

Kein Agrigentiner fühlte sich vom Alter so angegriffen oder an Kräften so geschwächt, daß er sich nicht in jener Nacht, von der Botschaft aufgeschreckt, erhoben und die erstbeste Waffe ergriffen hätte, die der Zufall ihm darbot. So eilt man in kurzer Zeit aus der ganzen Stadt zum Tempel herbei. Schon über eine Stunde waren zahlreiche Leute mit dem Losmachen der Statue beschäftigt. Doch die rührte sich unterdessen an keiner Stelle, obwohl einige sie durch untergelegte Hebebäume in Bewegung zu bringen, andere sie mit Stricken, die sie um alle Glieder gebunden hatten, zu sich herüberzuziehen versuchten; und plötzlich kommen die Agrigentiner gelaufen. Ein großer Steinhagel setzt ein; die nächtlichen Soldaten unseres ruhmreichen Feldherrn geben Fersengeld. Immerhin nehmen sie zwei sehr kleine Statuetten mit, um nicht gänzlich mit leeren Händen zu diesem Räuber heiliger Gegenstände zurückzukehren. Nie geht es den Siziliern so schlecht, daß sie nicht etwas Witziges und Passendes zu sagen wüßten, und so meinten sie denn bei dieser Gelegenheit, zu den Arbeiten des Herkules müsse man nicht nur den erymanthischen Eber, sondern auch dieses ungeschlachteste aller Wildschweine rechnen[82].

Hanc virtutem Agrigentinorum imitati sunt Assorini postea, viri fortes et fideles, sed nequaquam ex tam ampla neque tam ex nobili civitate. Chrysas est amnis qui per Assorinorum agros fluit; is apud illos habetur deus et religione maxima colitur. Fanum eius est in agro, propter ipsam viam qua Assoro itur Hennam; in eo Chrysae simulacrum est praeclare factum e marmore. Id iste poscere Assorinos propter singularem eius fani religionem non ausus est; Tlepolemo dat et Hieroni negotium. Illi noctu facta manu armataque veniunt, foris aedis effringunt; aeditumi custodesque mature sentiunt; signum quod erat notum vicinitati bucina datur; homines ex agris concurrunt; eicitur fugaturque Tlepolemus, neque quicquam ex fano Chrysae praeter unum perparvulum signum ex aere desideratum est. 96

Matris Magnae fanum apud Enguinos est – iam enim mihi non modo breviter de uno quoque dicendum, sed etiam praetereunda videntur esse permulta, ut ad maiora istius et inlustriora in hoc genere furta et scelera veniamus: in hoc fano loricas galeasque aeneas, caelatas opere Corinthio, hydriasque grandis simili in genere atque eadem arte perfectas idem ille Scipio, vir omnibus rebus praecellentissimus, posuerat et suum nomen inscripserat. Quid iam de isto plura dicam aut querar? Omnia illa, iudices, abstulit, nihil in religiosissimo fano praeter vestigia violatae religionis nomenque P. Scipionis reliquit; hostium spolia, monumenta imperatorum, decora atque 97

Diese mutige Tat der Agrigentiner haben später die Assoriner nachgeahmt, tüchtige und zuverlässige Leute, die jedoch keineswegs einer so ansehnlichen und berühmten Gemeinde angehören. Chrysas heißt der Fluß, der durch die Feldmark der Assoriner fließt. Der gilt bei ihnen als Gott und genießt größte Verehrung. Sein Heiligtum steht auf freiem Felde in der Nähe der Straße, die von Assoros nach Henna führt[83]. Dort befindet sich ein Bildnis des Chrysas, ein vorzügliches Werk aus Marmor. Das wagte Verres den Assorinern wegen der besonderen Heiligkeit des Tempels nicht abzuverlangen; er gibt die Sache in die Hände des Tlepolemos und Hieron. Die sammeln und bewaffnen eine Bande, mit der sie nachts erscheinen; sie brechen die Türen des Tempels auf. Die Tempelhüter und Wächter merken es beizeiten; ein Hirtenhorn gibt das in der Nachbarschaft bekannte Zeichen; die Leute eilen vom offenen Lande herbei; Tlepolemos wird hinausgeworfen und vertrieben; im Heiligtum des Chrysas wurde außer einer winzigen Erzstatue nichts vermißt.

In Engyon steht ein Tempel der Großen Mutter[84]. Denn ich muß mich jetzt, scheint mir, nicht nur bei jedem einzelnen Fall kurz fassen, sondern auch sehr vieles übergehen, um zu den größeren, auffälligeren Diebereien und Freveln dieser Art zu kommen, die Verres begangen hat. In diesem Tempel befanden sich mit Treibarbeiten verzierte Panzer und Helme aus korinthischem Erz[85] sowie große Kannen, die in ähnlicher Art und mit gleicher Kunst gefertigt waren; Scipio, dieser in jeder Beziehung hervorragende Mann, hatte sie dort geweiht und neben ihnen seinen Namen angebracht. Was soll ich noch groß über Verres reden oder wozu Klage führen? Alle diese Dinge hat er weggenommen, ihr Richter; er ließ in dem hochheiligen Tempel nichts zurück als die Spuren der geschändeten Götterverehrung und den Namen des P. Scipio. Alle die von den Feinden erbeuteten Waffen, die Denkmäler der Feldherren,

ornamenta fanorum posthac his praeclaris nominibus amissis in instrumento atque in supellectile Verris nominabuntur. Tu videlicet solus vasis Corinthiis delectaris, 98
tu illius aeris temperationem, tu operum liniamenta sollertissime perspicis! Haec Scipio ille non intellegebat, homo doctissimus atque humanissimus: tu sine ulla bona arte, sine humanitate, sine ingenio, sine litteris, intellegis et iudicas! Vide ne ille non solum temperantia sed etiam intellegentia te atque istos qui se elegantis dici volunt vicerit. Nam quia quam pulchra essent intellegebat, idcirco existimabat ea non ad hominum luxuriem, sed ad ornatum fanorum atque oppidorum esse facta, ut posteris nostris monumenta religiosa esse videantur.

Audite etiam singularem eius, iudices, cupiditatem, 99
audaciam, amentiam, in iis praesertim sacris polluendis quae non modo manibus attingi, sed ne cogitatione quidem violari fas fuit. Sacrarium Cereris est apud Catinensis eadem religione qua Romae, qua in ceteris locis, qua prope in toto orbe terrarum. In eo sacrario intimo signum fuit Cereris perantiquum, quod viri non modo cuius modi esset sed ne esse quidem sciebant; aditus enim in id sacrarium non est viris; sacra per mulieres ac virgines confici solent. Hoc signum noctu clam istius servi ex illo religiosissimo atque antiquissimo loco sustulerunt. Postridie sacerdotes Cereris atque illius fani antistitae, maiores natu, probatae ac nobiles mulieres, rem ad magistratus suos deferunt. Omnibus acerbum, indignum, luctuosum denique videbatur.

die Zier- und Schmuckstücke der Tempel werden nunmehr ihrer ruhmvollen Bestimmung verlustig gehen; sie werden zum Gerät und zur Hauseinrichtung eines Verres gehören. Du bist ja wohl der einzige, der an korinthischen Gefäßen Freude hat, der die Mischung des Metalls, der die Zeichnung der Reliefs mit der größten Kennerschaft beurteilt. Davon verstand unser Scipio nichts, dieser grundgelehrte und feingebildete Mann; doch du, ohne edles Streben, ohne Bildung, ohne Talent, ohne Belesenheit, du verstehst dich darauf und kannst urteilen! Wahrscheinlich hat Scipio dich und die Leute, die für Kenner von Geschmack gelten wollen, nicht nur an Bescheidenheit, sondern auch an Kennerschaft übertroffen. Denn weil er bemerkte, wie schön diese Dinge seien, gerade deshalb glaubte er, sie seien nicht für den Prunk von Privatpersonen, sondern zum Schmuck der Tempel und Städte bestimmt; noch unsere Nachfahren sollten sie als geheiligte Erinnerungszeichen betrachten.

Hört jetzt weiter von seiner beispiellosen Gier, Verwegenheit und Raserei, ihr Richter, bei der Schändung *der* Heiligtümer zumal, die man nicht mit Händen hätte berühren, ja nicht einmal in Gedanken hätte entweihen dürfen. In Catina steht ein Tempel der Ceres, von gleicher Heiligkeit wie der in Rom, wie die in den übrigen Städten, wie alle fast auf der ganzen Welt. Im Innersten dieses Tempels befand sich ein uraltes Bildnis der Ceres; die Männer wußten nicht, wie es aussah, ja nicht einmal, daß es vorhanden war. Denn kein Mann darf das Heiligtum betreten; den Opferdienst pflegen Frauen und Mädchen zu versehen. Dieses Bildnis haben die Sklaven des Verres nachts insgeheim aus der hochheiligen und uralten Stätte entwendet. Am Tage darauf berichten die Cerespriesterinnen und die Vorsteherinnen des Tempels, ältere bewährte und vornehme Frauen, ihren Behörden von dem Vorfall. Jedermann empfand die Sache als bitter, als empörend und als tief bedrückend.

Tum iste permotus illa atrocitate negoti, ut ab se sceleris illius suspicio demoveretur, dat hospiti suo cuidam negotium ut aliquem reperiret quem illud fecisse insimularet, daretque operam ut is eo crimine damnaretur, ne ipse esset in crimine. Res non procrastinatur. Nam cum iste Catina profectus esset, servi cuiusdam nomen defertur; is accusatur, ficti testes in eum dantur. Rem cunctus senatus Catinensium legibus iudicabat. Sacerdotes vocantur; ex iis quaeritur secreto in curia quid esse factum arbitrarentur, quem ad modum signum esset ablatum. Respondent illae praetoris in eo loco servos esse visos. Res, quae esset iam antea non obscura, sacerdotum testimonio perspicua esse coepit. Itur in consilium; servus ille innocens omnibus sententiis absolvitur – quo facilius vos hunc omnibus sententiis condemnare possitis. 100

Quid enim postulas, Verres? quid speras, quid exspectas, quem tibi aut deum aut hominem auxilio futurum putas? Eone tu servos ad spoliandum fanum immittere ausus es quo liberos adire ne ornandi quidem causa fas erat? iisne rebus manus adferre non dubitasti a quibus etiam oculos cohibere te religionum iura cogebant? Tametsi ne oculis quidem captus in hanc fraudem tam sceleratam ac tam nefariam decidisti; nam id concupisti quod numquam videras, id, inquam, adamasti quod antea non aspexeras; auribus tu tantam cupiditatem concepisti ut eam non metus, non religio, non deorum vis, 101

Da gibt Verres, von dem bösen Aufsehen der Geschichte betroffen und um den Verdacht des Frevels von sich abzulenken, einem seiner Gastfreunde die Weisung, jemanden ausfindig zu machen, den er der Tat bezichtigen könne, und zu erwirken, daß der wegen dieses Verbrechens verurteilt würde, damit man es nicht ihm selbst zur Last lege. Die Ausführung läßt nicht auf sich warten. Denn als Verres aus Catina abgereist war, wird der Name eines Sklaven angezeigt; man klagt ihn an und stellt falsche Zeugen gegen ihn auf. Der gesamte Rat von Catina urteilte den Fall nach den Gesetzen ab. Die Priesterinnen werden vorgeladen; man befragt sie im Rathaus unter Ausschluß der Öffentlichkeit, was sich ihrer Meinung nach zugetragen habe, wie das Bildnis verschwunden sei. Die Frauen antworten, man habe an Ort und Stelle Sklaven des Prätors gesehen. Die Sache war schon vorher nicht dunkel gewesen; das Zeugnis der Priesterinnen begann sie ins volle Licht zu setzen. Man schreitet zur Beratung; der unschuldige Sklave wird einstimmig freigesprochen, so daß es euch desto leichter fällt, den Verres einstimmig zu verurteilen.

Denn was willst du hier, Verres? Was hoffst, was erwartest du; welcher Gott oder Mensch, glaubst du, wird dir zu Hilfe kommen? Um das Heiligtum zu berauben, hast du deine Sklaven dorthin zu schicken gewagt, wohin freie Männer nicht einmal vordringen durften, um den Tempel zu schmücken? Du hast nicht gezögert, dich an Gegenständen zu vergreifen, von denen du nach den heiligen Satzungen selbst die Augen hättest abwenden müssen? Indes, du bist nicht einmal, weil deine Augen dich betört hätten, auf dieses frevelhafte und ruchlose Gaunerstück verfallen. Denn du hast begehrt, was du niemals erblickt hattest, hast, sage ich, verlangt, was dir vorher nicht zu Gesicht gekommen war. Deine Ohren haben eine solche Begierde in dir entfacht, daß nicht Furcht, nicht fromme Scheu, nicht die Macht der Götter, nicht der Ruf bei den

non hominum existimatio contineret. At ex bono viro, 102
credo, audieras et bono auctore. Qui id potes, qui ne ex viro quidem audire potueris? Audisti igitur ex muliere, quoniam id viri nec vidisse neque nosse poterant. Qualem porro illam feminam fuisse putatis, iudices, quam pudicam, quae cum Verre loqueretur, quam religiosam, quae sacrari spoliandi rationem ostenderet? Ac minime mirum, quae sacra per summam castimoniam virorum ac mulierum fiant, eadem per istius stuprum ac flagitium esse violata.

Quid ergo? hoc solum auditione expetere coepit, cum id ipse non vidisset? Immo vero alia complura; ex quibus eligam spoliationem nobilissimi atque antiquissimi fani, de qua priore actione testis dicere audistis. Nunc eadem illa, quaeso, audite et diligenter, sicut adhuc fecistis, attendite. Insula est Melita, iudices, satis lato a Sicilia mari 103
periculosoque diiuncta; in qua est eodem nomine oppidum, quo iste numquam accessit, quod tamen isti textrinum per triennium ad muliebrem vestem conficiendam fuit. Ab eo oppido non longe in promunturio fanum est Iunonis antiquum, quod tanta religione semper fuit ut non modo illis Punicis bellis quae in his fere locis navali copia gesta atque versata sunt, sed etiam hac praedonum multitudine semper inviolatum sanctumque fuerit. Quin etiam hoc memoriae proditum est, classe quondam Masinissae regis ad eum locum adpulsa praefectum regium dentis eburneos incredibili magnitudine e fano

Menschen sie zu zügeln vermochte. Aber du hattest, möchte ich meinen, deine Auskünfte von einem rechtschaffenen Mann erhalten und von einem zuverlässigen Bürgen. Wie ist das möglich, da du sie nicht einmal von einem Manne erhalten konntest? Du hast sie also von einer Frau erhalten, da Männer das Bildnis weder sehen noch kennen konnten. Was, meint ihr nun wohl, ihr Richter, ist das für eine Frau gewesen: wie sittsam, da sie mit Verres sprach, wie fromm, da sie ihm Hinweise gab, das Heiligtum zu plündern? Ist es etwa im geringsten verwunderlich, daß eben der Gottesdienst, der von Männern und Frauen die strengste Keuschheit erfordert, durch die Unzucht und Lasterhaftigkeit des Verres entweiht wurde?

Wie nun? War dies der einzige Gegenstand, den nur das Hörensagen ihn begehren ließ, ohne daß er selbst ihn gesehen hätte? Nein, es gab noch einiges andere. Ich will hiervon nur *ein* Beispiel auswählen, wie er ein hochangesehenes und uraltes Heiligtum geplündert hat; ihr habt hierüber in der ersten Verhandlung die Zeugenaussagen vernommen. Hört jetzt bitte in derselben Angelegenheit auf mich und gebt sorgfältig acht, wie ihr es bislang getan habt. Die Insel Melita[86], ihr Richter, ist durch eine ziemlich breite und gefährliche Meeresstraße von Sizilien getrennt. Auf ihr liegt eine Stadt gleichen Namens. Verres ist niemals hingekommen, obwohl sich dort drei Jahre lang seine Weberei für die Herstellung von Frauengewändern befand. Nicht weit von der Stadt, auf einem Vorgebirge, liegt ein alter Tempel der Juno; er genoß stets so hohe Verehrung, daß er nicht nur während der punischen Kriege, deren Flotten sich gewöhnlich in diesen Gegenden betätigten und aufhielten, sondern auch bei der gegenwärtigen Räuberplage[87] stets unverletzt und unangetastet blieb. Man berichtet sogar, daß einst, als die Flotte des Königs Masinissa[88] dort landete, der königliche Befehlshaber Elfenbeinzähne von unglaublicher Größe aus dem Tempel weggenom-

sustulisse et eos in Africam portasse Masinissaeque donasse. Regem primo delectatum esse munere; post, ubi audisset unde essent, statim certos homines in quinqueremi misisse qui eos dentis reponerent. Itaque in iis scriptum litteris Punicis fuit regem Masinissam imprudentem accepisse, re cognita reportandos reponendosque curasse. Erat praeterea magna vis eboris, multa ornamenta, in quibus eburneae Victoriae antiquo opere ac summa arte perfectae. Haec iste omnia, ne multis morer, uno impe- 104
tu atque uno nuntio per servos Venerios, quos eius rei causa miserat, tollenda atque asportanda curavit.

Pro di immortales! quem ego hominem accuso? quem legibus aut iudiciali iure persequor? de quo vos sententiam per tabellam feretis? Dicunt legati Melitenses publice spoliatum templum esse Iunonis, nihil istum in religiosissimo fano reliquisse; quem in locum classes hostium saepe accesserint, ubi piratae fere quotannis hiemare soleant, quod neque praedo violarit ante neque umquam hostis attigerit, id ab uno isto sic spoliatum esse ut nihil omnino sit relictum. Hic nunc iste reus aut ego accusator aut hoc iudicium appellabitur? Criminibus enim coarguitur aut suspicionibus in iudicium vocatur! Di ablati, fana vexata, nudatae urbes reperiuntur; earum autem rerum nullam sibi iste neque infitiandi rationem neque defendendi facultatem reliquit; omnibus in rebus coar-

men, nach Afrika gebracht und dem Masinissa geschenkt habe. Der König sei zuerst über das Geschenk erfreut gewesen; doch als er vernahm, woher es stamme, habe er sofort in einem Fünfruderer zuverlässige Leute entsandt, die Zähne wieder an Ort und Stelle zu bringen. Daher stand auf ihnen in punischer Schrift geschrieben, König Masinissa habe sie unwissentlich in Empfang genommen, sie jedoch, sobald der Sachverhalt aufgeklärt war, zurückbringen und wiedererstatten lassen. Außerdem befand sich dort eine große Menge Elfenbein und vielerlei Zierart, darunter elfenbeinerne Siegesgöttinnen, alte und sehr kunstreich ausgeführte Arbeiten. Alle diese Gegenstände ließ Verres – um es kurz zu machen – in *einem* Vorstoß und durch *einen* Befehl von den Venussklaven, die er zu diesem Zwecke entsandt hatte, wegnehmen und fortschaffen.

Ihr unsterblichen Götter! Was für einen Menschen klage ich an? Wen verfolge ich hier nach Recht und Gesetz? Über wen werdet ihr mit der Stimmtafel euer Urteil sprechen? Die Abgesandten aus Melita sagen von Amts wegen aus: der Tempel der Juno sei beraubt worden; Verres habe nichts an der hochheiligen Stätte zurückgelassen; der Ort, den oft die feindlichen Flotten anliefen, wo die Piraten fast alljährlich zu überwintern pflegen, den vorher weder ein Räuber entweiht noch je ein Feind angerührt hat, der sei von dem einen Manne derart ausgeplündert worden, daß überhaupt nichts mehr zurückblieb. Da soll jetzt Verres ein Angeklagter oder ich ein Ankläger oder diese Versammlung ein Gerichtshof heißen? Gewiß – man bringt ja nur Beschuldigungen gegen ihn vor oder zieht ihn mit Verdachtsgründen zur Rechenschaft. Nein, man findet vielmehr entwendete Götterbilder, mißhandelte Heiligtümer, ausgeplünderte Städte; Verres aber hat sich angesichts dieser Tatsachen keinen Vorwand zum Leugnen und keine Möglichkeit der Rechtfertigung offengelassen. In allen

guitur a me, convincitur a testibus, urgetur confessione sua, manifestis in maleficiis tenetur – et manet etiam ac tacitus facta mecum sua recognoscit!

Nimium mihi diu videor in uno genere versari crimi- 105
num; sentio, iudices, occurrendum esse satietati aurium animorumque vestrorum. Quam ob rem multa praetermittam; ad ea autem quae dicturus sum reficite vos, quaeso, iudices, per deos immortalis – eos ipsos de quorum religione iam diu dicimus –, dum id eius facinus commemoro et profero quo provincia tota commota est. De quo si paulo altius ordiri ac repetere memoriam religionis videbor, ignoscite: rei magnitudo me breviter perstringere atrocitatem criminis non sinit.

Vetus est haec opinio, iudices, quae constat ex an- 106
tiquissimis Graecorum litteris ac monumentis, insulam Siciliam totam esse Cereri et Liberae consecratam. Hoc cum ceterae gentes sic arbitrantur, tum ipsis Siculis ita persuasum est ut in animis eorum insitum atque innatum esse videatur. Nam et natas esse has in his locis deas et fruges in ea terra primum repertas esse arbitrantur, et raptam esse Liberam, quam eandem Proserpinam vocant, ex Hennensium nemore, qui locus, quod in media est insula situs, umbilicus Siciliae nominatur. Quam cum investigare et conquirere Ceres vellet, dicitur inflammasse taedas iis ignibus qui ex Aetnae vertice erumpunt; quas sibi cum ipsa praeferret, orbem omnem peragrasse ter-
rarum. Henna autem, ubi ea quae dico gesta esse memo- 107
rantur, est loco perexcelso atque edito, quo in summo est

Punkten wird er von mir überwiesen, von den Zeugen überführt, von seinem Geständnis belastet, auf handgreiflicher Missetat ertappt, und doch bleibt er noch da und mustert schweigend mit mir seine Taten.

Allzu lange, scheint mir, beschäftige ich mich mit einer einzigen Art von Verbrechen; ich merke, ihr Richter, daß euch Ohr und Sinn ermüden und ich eurem Überdruß entgegenwirken muß. Ich will daher vieles übergehen; doch für das, was ich jetzt sagen werde, sammelt bitte neue Kräfte, ihr Richter, bei den unsterblichen Göttern, bei ihnen, von deren Verehrung wir schon so lange reden – während ich eine Freveltat des Verres mitteile und vorbringe, die die ganze Provinz in Erregung versetzt hat. Seid nachsichtig, wenn ich hierbei etwas weiter auszuholen und auf die Geschichte eines Kultes zurückzugreifen scheine. Das Gewicht der Sache erlaubt mir nicht, das abscheuliche Verbrechen nur kurz zu streifen.

Es ist eine althergebrachte Auffassung, ihr Richter, die sich auf die frühesten Urkunden und Denkmäler der Griechen gründet, daß die ganze Insel Sizilien der Ceres und der Libera[89] geweiht sei. Diesen Glauben haben auch die anderen Völkerschaften, die Sizilier selbst aber sind so fest davon überzeugt, daß man meinen möchte, er sei ihnen eingepflanzt und angeboren. Denn in ihrem Lande, glauben sie, seien die beiden Göttinnen geboren; auch habe man dort zuerst Getreide geerntet, und Libera, die auch Proserpina heißt, sei aus dem Hain von Henna entführt worden[90] – dieser Ort wird, weil er mitten in der Insel liegt, der Nabel Siziliens genannt. Als Ceres ihr nachspürte und sie wiederzufinden suchte, da zündete sie sich, heißt es, an den Flammen, die aus dem Gipfel des Ätna hervorbrechen, Fackeln an; die habe sie vor sich hergetragen, während sie durch den ganzen Erdkreis zog. Henna aber, wo sich das, was ich erzähle, ereignet haben soll, liegt auf einem weit herausragenden und hohen Platze; dort auf

aequata agri planities et aquae perennes, tota vero ab omni aditu circumcisa atque directa est; quam circa lacus lucique sunt plurimi atque laetissimi flores omni tempore anni, locus ut ipse raptum illum virginis, quem iam a pueris accepimus, declarare videatur. Etenim prope est spelunca quaedam conversa ad aquilonem infinita altitudine, qua Ditem patrem ferunt repente cum curru exstitisse abreptamque ex eo loco virginem secum asportasse et subito non longe a Syracusis penetrasse sub terras, lacumque in eo loco repente exstitisse, ubi usque ad hoc tempus Syracusani festos dies anniversarios agunt celeberrimo virorum mulierumque conventu.

Propter huius opinionis vetustatem, quod horum in his locis vestigia ac prope incunabula reperiuntur deorum, mira quaedam tota Sicilia privatim ac publice religio est Cereris Hennensis. Etenim multa saepe prodigia vim eius numenque declarant; multis saepe in difficillimis rebus praesens auxilium eius oblatum est, ut haec insula ab ea non solum diligi sed etiam incoli custodirique videatur. Nec solum Siculi, verum etiam ceterae gen- 108
tes nationesque Hennensem Cererem maxime colunt. Etenim si Atheniensium sacra summa cupiditate expetuntur, ad quos Ceres in illo errore venisse dicitur frugesque attulisse, quantam esse religionem convenit eorum apud quos eam natam esse et fruges invenisse constat? Itaque apud patres nostros atroci ac difficili rei publicae tempore, cum Tiberio Graccho occiso magnorum peri-

dem Gipfel befinden sich eine ebene Fläche Landes und nie versiegende Quellen; die Stadt aber ist allerorten durch senkrechte Felswände von jedem Zugang abgeschnitten. Ringsum liegen zahlreiche Seen und Haine und blühen zu jeder Jahreszeit die üppigsten Blumen, so daß die Gegend selbst den Raub der Jungfrau zu bestätigen scheint, von dem wir schon in unserer Kindheit gehört haben. Denn in der Nähe befindet sich eine nach Norden hin geöffnete Höhle von unendlicher Tiefe, und es heißt, dort sei Vater Dis[91] plötzlich mit seinem Wagen erschienen; er habe die in dieser Gegend geraubte Jungfrau mit sich genommen und sei auf einmal nicht weit von Syrakus unter der Erde verschwunden, und dort sei augenblicklich ein See entstanden, an dem die Syrakusaner bis auf die heutige Zeit alljährlich unter größtem Zulauf von Männern und Frauen festliche Tage begehen.

Wegen dieses alten Glaubens und weil sich in der dortigen Gegend die Spuren und geradezu die Wiegen dieser Gottheiten befinden, wird der Ceres von Henna auf ganz Sizilien von Privatpersonen wie von Gemeinden eine ungewöhnliche Verehrung entgegengebracht. Denn Wunder in großer Zahl offenbaren oft ihre Macht und ihr Walten, und oft hat sich in mancher äußerst schwierigen Lage ihre augenblickliche Hilfe eingestellt, so daß sie diese Insel nicht nur zu lieben, sondern auch zu bewohnen und zu beschirmen scheint. Nicht nur die Sizilier, sondern auch die anderen Stämme und Völkerschaften lassen der Ceres von Henna die größte Verehrung zuteil werden. Denn wenn man schon die Feste der Athener[92] mit dem größten Verlangen aufsucht, zu denen Ceres auf ihrer Irrfahrt gekommen sein und denen sie das Getreide gebracht haben soll, wie groß muß da die Verehrung derer sein, bei denen sie, wie man versichert, geboren ist und den Getreidebau erfunden hat? So wandte man sich zur Zeit unserer Väter, unter dem Konsulat des P. Mucius und des L. Calpurnius, in einer

culorum metus ex ostentis portenderetur, P. Mucio L. Calpurnio consulibus aditum est ad libros Sibyllinos; ex quibus inventum est Cererem antiquissimam placari oportere. Tum ex amplissimo collegio decemvirali sacerdotes populi Romani, cum esset in urbe nostra Cereris pulcherrimum et magnificentissimum templum, tamen usque Hennam profecti sunt. Tanta enim erat auctoritas et vetustas illius religionis ut, cum illuc irent, non ad aedem Cereris sed ad ipsam Cererem proficisci viderentur.

Non obtundam diutius; etenim iam dudum vereor ne 109
oratio mea aliena ab iudiciorum ratione et a çotidiana dicendi consuetudine esse videatur. Hoc dico, hanc ipsam Cererem antiquissimam, religiosissimam, principem omnium sacrorum quae apud omnis gentis nationesque fiunt, a C. Verre ex suis templis ac sedibus esse sublatam. Qui accessistis Hennam, vidistis simulacrum Cereris e marmore et in altero templo Liberae. Sunt ea perampla atque praeclara, sed non ita antiqua. Ex aere fuit quoddam modica amplitudine ac singulari opere cum facibus perantiquum, omnium illorum quae sunt in eo fano multo antiquissimum; id sustulit. Ac tamen eo contentus
non fuit. Ante aedem Cereris in aperto ac propatulo lo- 110
co signa duo sunt, Cereris unum, alterum Triptolemi, pulcherrima ac perampla. Pulchritudo periculo, amplitudo saluti fuit, quod eorum demolitio atque asportatio perdifficilis videbatur. Insistebat in manu Cereris dextra grande simulacrum pulcherrime factum Victoriae; hoc iste e signo Cereris avellendum asportandumque curavit.

schrecklichen und schwierigen Lage unseres Staates, als nach der Ermordung des Tiberius Gracchus Wunderzeichen das Dräuen großer Gefahren ankündigten, an die sibyllinischen Bücher. Dort aber fand sich, daß man die älteste Ceres versöhnen solle. Darauf reisten Priester des römischen Volkes, die dem erlauchten Kollegium der Zehnmänner angehörten, bis nach Henna, obwohl es in unserer Stadt einen sehr schönen und prachtvollen Tempel der Ceres gab[93]. Denn so groß war das Ansehen und das Alter dieses Gottesdienstes, daß man, als man dorthin ging, nicht zu einem Tempel der Ceres, sondern zu Ceres selbst zu reisen glaubte.

Ich will euch nicht länger lästig fallen. Denn schon seit geraumer Zeit, fürchte ich, entfernt sich meine Rede vom Gerichtsgebrauch und von der gewöhnlichen Darstellungsweise. Ich erkläre nur: eben diese Ceres, die älteste, die ehrwürdigste, die Urheberin aller der Gottesdienste, wie sie bei allen Nationen und Völkerschaften stattfinden, die wurde von C. Verres aus ihrem Tempel und ihrer Wohnstatt geraubt. Wer von euch schon nach Henna gekommen ist, der hat dort das Marmorbildnis der Ceres und in einem anderen Tempel das der Libera gesehen. Es sind sehr große und vortreffliche, aber nicht sonderlich alte Statuen. Es war auch eine aus Erz da, von mäßiger Größe und vorzüglich gearbeitet, mit Fackeln, ein sehr altes Stück, von allen, die sich in dem Tempel befanden, weitaus das älteste. Das nahm er weg, und doch war er auch damit nicht zufrieden. Vor dem Tempel der Ceres stehen auf einem offenen und freien Platze zwei Bildnisse, eines, das Ceres, ein anderes, das Triptolemos[94] darstellt, wunderschöne und sehr große Werke. Denen brachte die Schönheit Gefahr, die Größe aber Rettung, weil es äußerst schwierig schien, sie loszumachen und fortzuschaffen. Die Ceres hielt in der rechten Hand ein großes, sehr schön gearbeitetes Bildnis der Victoria. Das ließ Verres von der Statue der Ceres wegreißen und fortschaffen.

Qui tandem istius animus est nunc in recordatione scelerum suorum, cum ego ipse in commemoratione eorum non solum animo commovear verum etiam corpore perhorrescam? Venit enim mihi fani, loci, religionis illius in mentem; versantur ante oculos omnia, dies ille quo, cum ego Hennam venissem, praesto mihi sacerdotes Cereris cum infulis ac verbenis fuerunt, contio conventusque civium, in quo ego cum loquerer tanti fletus gemitusque fiebant ut acerbissimus tota urbe luctus
versari videretur. Non illi decumarum imperia, non bo- 111
norum direptiones, non iniqua iudicia, non importunas istius libidines, non vim, non contumelias quibus vexati oppressique erant conquerebantur; Cereris numen, sacrorum vetustatem, fani religionem istius sceleratissimi atque audacissimi supplicio expiari volebant; omnia se cetera pati ac neglegere dicebant. Hic dolor erat tantus ut alter Orcus venisse Hennam et non Proserpinam asportasse sed ipsam abripuisse Cererem videretur. Etenim urbs illa non urbs videtur, sed fanum Cereris esse; habitare apud sese Cererem Hennenses arbitrantur, ut mihi non cives illius civitatis, sed omnes sacerdotes, omnes accolae atque antistites Cereris esse videantur.

Henna tu simulacrum Cereris tollere audebas, Henna 112
tu de manu Cereris Victoriam eripere et deam deae detrahere conatus es? quorum nihil violare, nihil attingere ausi sunt in quibus erant omnia quae sceleri propiora sunt quam religioni. Tenuerunt enim P. Popilio P. Rupilio consulibus illum locum servi, fugitivi, barbari, hostes;

Wie mag ihm wohl jetzt bei der Erinnerung an seine Frevel zumute sein, wenn schon ich bei ihrer Erwähnung nicht nur in der Seele betroffen bin, sondern auch am Körper Schauder empfinde? Denn da kommt mir der Tempel, die Stätte, der Gottesdienst in den Sinn; alles steht mir vor Augen: der Tag, an dem mir nach meiner Ankunft in Henna die Cerespriester mit Binden und heiligen Zweigen[95] ihre Aufwartung machten, die versammelte Menge der Bürger, die während meiner Ansprache in solches Klagen und Seufzen ausbrach, daß in der ganzen Stadt die schmerzlichste Trauer zu herrschen schien. Nicht die Machtgebote beim Zehnten, nicht die Plünderung ihrer Habe, nicht die ungerechten Entscheidungen, nicht seine widerwärtigen Gelüste, nicht die Gewalt, nicht die Schmähungen, mit denen man sie gequält und bedrängt hatte, waren Gegenstand ihrer Klage: die Macht der Ceres, den ehrwürdigen Gottesdienst, die Heiligkeit des Tempels wollten sie durch die Bestrafung dieses verworfenen und verwegenen Schurken gesühnt wissen; alles andere, sagten sie, nähmen sie hin und ließen sie auf sich beruhen. Dieser Schmerz war so groß, daß es schien, als sei ein zweiter Orcus[96] nach Henna gekommen und habe nicht Proserpina entführt, sondern die Ceres selbst geraubt. Denn diese Stadt wirkt nicht wie eine Stadt, sondern wie ein Heiligtum der Ceres. Die Hennenser glauben, daß Ceres in ihrer Mitte wohne, so daß es mir vorkommt, als seien sie nicht Bürger dieser Gemeinde, sondern allesamt Priester, allesamt Nachbarn und Diener der Ceres.

Aus Henna wagtest du das Bildnis der Ceres wegzunehmen, aus Henna vermaßest du dich von der Hand der Ceres die Victoria zu rauben und der Göttin die Göttin zu entziehen? Nichts wagten hiervon die zu entweihen, nichts die zu berühren, bei denen sich alles fand, was eher nach Verbrechen aussieht als nach Gottesfurcht. Denn unter dem Konsulat des P. Popilius und P. Rupilius[97] hatten sich in dem Orte Sklaven verschanzt,

sed neque tam servi illi dominorum quam tu libidinum, neque tam fugitivi illi ab dominis quam tu ab iure et ab legibus, neque tam barbari lingua et natione illi quam tu natura et moribus, neque tam illi hostes hominibus quam tu dis immortalibus. Quae deprecatio est igitur ei reliqua qui indignitate servos, temeritate fugitivos, scelere barbaros, crudelitate hostes vicerit?

Audistis Theodorum et Numenium et Nicasionem, le- 113
gatos Hennensis, publice dicere sese a suis civibus haec habere mandata, ut ad Verrem adirent et eum simulacrum Cereris et Victoriae reposcerent; id si impetrassent, tum ut morem veterem Hennensium conservarent, publice in eum, tametsi vexasset Siciliam, tamen, quoniam haec a maioribus instituta accepissent, testimonium ne quod dicerent; sin autem ea non reddidisset, tum ut in iudicio adessent, tum ut de eius iniuriis iudices docerent, sed maxime de religione quererentur.

Quas illorum querimonias nolite, per deos immortalis, aspernari, nolite contemnere ac neglegere, iudices! Aguntur iniuriae sociorum, agitur vis legum, agitur existimatio veritasque iudiciorum. Quae sunt omnia permagna, verum illud maximum: tanta religione obstricta tota provincia est, tanta superstitio ex istius facto mentis omnium Siculorum occupavit ut quaecumque accidant publice privatimque incommoda propter eam causam

entlaufenes Gesindel, Barbaren, Feinde. Doch sie waren nicht so sehr Sklaven ihrer Herren wie du Sklave deiner Lüste, noch so weit von ihren Herren davongelaufen wie du von Recht und Gesetz, noch so barbarisch durch Sprache und Herkunft wie du durch Wesensart und Betragen, noch so mit den Menschen verfeindet wie du mit den unsterblichen Göttern. Welche Entschuldigung steht also dem noch offen, der an Gemeinheit die Sklaven, an Verwegenheit das flüchtige Gesindel, an Frevelmut die Barbaren, an Grausamkeit die Feinde übertroffen hat?

Ihr habt die amtliche Erklärung des Theodoros und Numenios und Nikasion, der Abgeordneten von Henna, vernommen: sie seien von ihren Mitbürgern beauftragt, Verres aufzusuchen und von ihm die Bildnisse der Ceres und der Victoria zurückzufordern; wenn sie das erreichten, dann sollten sie einen alten Brauch der Hennenser befolgen und von Gemeinde wegen, wie sehr der Mann auch Sizilien heimgesucht habe, trotzdem, da sie diesen Grundsatz von ihren Vorfahren übernommen hätten, kein Zeugnis gegen ihn ablegen; gebe er jedoch die Bildnisse nicht heraus, dann sollten sie sich zur Verhandlung einfinden, dann den Richtern seine Rechtsbrüche anzeigen, doch vor allem wegen des Götterdienstes Beschwerde führen.

Diese Beschwerden, weist sie – bei den unsterblichen Göttern! – nicht zurück, mißachtet und vernachlässigt sie nicht, ihr Richter. Es geht um die Mißhandlungen der Bundesgenossen, um die Kraft der Gesetze, um den Ruf und die Unparteilichkeit der Gerichte. Das alles ist sehr wichtig, doch das wichtigste ist dies: in solche Götterfurcht ist die ganze Provinz verstrickt, solch ängstliche Scheu hat sich seit der Tat des Verres der Gedanken aller Sizilier bemächtigt, daß sie glauben, alles Unglück, das den Gemeinden und einzelnen Personen zustoße, ereigne sich aus keinem anderen Grunde als wegen sei-

sceleris istius evenire videantur. Audistis Centuripinos, 114
Agyrinensis, Catinensis, Aetnensis, Herbitensis complurisque alios publice dicere quae solitudo esset in agris, quae vastitas, quae fuga aratorum, quam deserta, quam inculta, quam relicta omnia. Ea tametsi multis istius et variis iniuriis acciderunt, tamen haec una causa in opinione Siculorum plurimum valet, quod Cerere violata omnis cultus fructusque Cereris in iis locis interisse arbitrantur.

Medemini religioni sociorum, iudices, conservate vestram; neque enim haec externa vobis est religio neque aliena; quodsi esset, si suscipere eam nolletis, tamen in eo
qui violasset sancire vos velle oporteret. Nunc vero in 115
communi omnium gentium religione, inque iis sacris quae maiores nostri ab exteris nationibus adscita atque arcessita coluerunt – quae sacra, ut erant re vera, sic appellari Graeca voluerunt – neglegentes ac dissoluti si cupiamus esse, qui possumus?

Unius etiam urbis omnium pulcherrimae atque ornatissimae, Syracusarum, direptionem commemorabo et in medium proferam, iudices, ut aliquando totam huius generis orationem concludam atque definiam. Nemo fere vestrum est quin quem ad modum captae sint a M. Marcello Syracusae saepe audierit, non numquam etiam in annalibus legerit. Conferte hanc pacem cum illo bello, huius praetoris adventum cum illius imperatoris victoria, huius cohortem impuram cum illius exercitu invicto,

nes Verbrechens. Wie ihr gehört habt, berichteten die Leute aus Centuripae, Agyrion, Catina, Ätna und Herbita[98] sowie verschiedene andere im Namen ihrer Gemeinden, welche Einsamkeit auf den Feldern herrsche, welche Öde, wie die Landwirte geflohen seien, wie wüst, wie unbebaut, wie verlassen alles daliege. Dies ist gewiß durch die zahlreichen und verschiedenartigen Ungerechtigkeiten des Verres bedingt[99]; gleichwohl hat nach der Meinung der Sizilier diese eine Ursache das größte Gewicht: sie glauben, daß wegen des Frevels an Ceres in diesen Gegenden aller Ackerbau und Fruchtertrag der Ceres zugrunde gegangen sei.

Helft dem Gottesdienst der Bundesgenossen, ihr Richter, erhaltet zugleich euren eigenen! Denn das ist für euch kein auswärtiger, kein fremder Gottesdienst. Wenn dem so wäre, wenn ihr den Gottesdienst nicht bei euch selbst dulden wolltet, so müßtet ihr doch bereit sein, ihn dem gegenüber zu schützen, der ihn verletzt hat. Doch in Wahrheit handelt es sich um einen Gottesdienst, der allen Völkern gemeinsam ist, und um heilige Bräuche, die schon unsere Vorfahren nach Einführung und Übernahme von auswärts befolgt haben, um Bräuche, die sie, wie es den Tatsachen entsprach, die griechischen genannt wissen wollten[100] – wie könnten dann wir, selbst wenn wir geneigt wären, nachlässig und gleichgültig sein?

Noch von *einer* Stadt, der schönsten und prächtigsten unter allen, von Syrakus, will ich euch darlegen und vor Augen führen, ihr Richter, wie sie geplündert wurde; dann möchte ich endlich meinen ganzen Vortrag über diesen Gegenstand abschließen und zu Ende bringen. Wohl jeder von euch hat oft gehört und mitunter auch in Geschichtswerken gelesen, wie Syrakus von M. Marcellus erobert worden ist. Vergleicht nun den jetzigen Frieden mit dem damaligen Kriege, die Ankunft dieses Prätors mit dem Siege jenes Feldherrn, das schmutzige Gefolge des Angeklagten mit dem unbesiegten Heere jenes

huius libidines cum illius continentia: ab illo qui cepit conditas, ab hoc qui constitutas accepit captas dicetis Syracusas.

Ac iam illa omitto quae disperse a me multis in locis 116
dicentur ac dicta sunt, forum Syracusanorum, quod introitu Marcelli purum a caede servatum est, id adventu Verris Siculorum innocentium sanguine redundasse, portum Syracusanorum, qui tum et nostris classibus et Carthaginiensium clausus fuisset, eum isto praetore Cilicum myoparoni praedonibusque patuisse; mitto adhibitam vim ingenuis, matres familias violatas, quae tum in urbe capta commissa non sunt neque odio hostili neque licentia militari neque more belli neque iure victoriae; mitto, inquam, haec omnia, quae ab isto per triennium perfecta sunt; ea quae coniuncta cum illis rebus sunt de quibus antea dixi cognoscite.

Urbem Syracusas maximam esse Graecarum, pulcher- 117
rimam omnium saepe audistis. Est, iudices, ita ut dicitur. Nam et situ est cum munito tum ex omni aditu vel terra vel mari praeclaro ad aspectum, et portus habet prope in aedificatione amplexuque urbis inclusos; qui cum diversos inter se aditus habeant, in exitu coniunguntur et confluunt. Eorum coniunctione pars oppidi quae appellatur Insula, mari disiuncta angusto, ponte rursus adiungitur et continetur.

Ea tanta est urbs ut ex quattuor urbibus maximis con- 118
stare dicatur; quarum una est ea quam dixi Insula, quae

Mannes, die Gelüste des Verres mit der Enthaltsamkeit des Marcellus: von jenem, der Syrakus eroberte, werdet ihr sagen, er habe es gegründet, von unserem Manne, der es in bester Verfassung übernahm, er habe es erobert.

Und für jetzt übergehe ich, was ich zerstreut an zahlreichen Stellen gesagt habe und noch sagen werde[101]: daß der Markt von Syrakus, der beim Einrücken des Marcellus von jedem Gemetzel rein erhalten blieb, beim Erscheinen des Verres vom Blute unschuldiger Sizilier überströmt war; daß der Hafen von Syrakus, der damals unseren Flotten ebenso wie denen der Karthager verschlossen gewesen war, unter seiner Prätur kilikischen Kaperschiffen und Seeräubern offengestanden hat; ich übergehe die an Freigeborenen geübte Gewalt, die Schändung von ehrbaren Frauen – Dinge, die damals in der eroberten Stadt nicht vorgekommen sind, weder aus feindlichem Haß noch wegen der Zügellosigkeit der Soldaten, nicht nach Kriegsbrauch und nicht nach dem Recht des Sieges; ich übergehe, sage ich, dies alles, was Verres während dreier Jahre begangen hat: nehmt nur das zur Kenntnis, was mit den vorher von mir behandelten Dingen in Verbindung steht.

Ihr habt es oft vernommen: Syrakus ist die größte und schönste aller Griechenstädte. Sie ist so, ihr Richter, wie sie geschildert wird. Denn sie hat eine geschützte Lage, bietet zudem aus jeder Richtung, vom Meere wie vom Lande aus, einen prächtigen Anblick dar und nennt Häfen ihr eigen, die von den umliegenden Baulichkeiten der Stadt beinahe eingeschlossen sind. Die Häfen haben untereinander verschiedene Zugänge; am Ende[102] verbinden sie sich und münden zusammen. Bei ihrer Vereinigung wird ein Stadtteil, die Insel geheißen, durch einen schmalen Meeresarm abgetrennt und wiederum durch eine Brücke an das Festland angeschlossen.

Die Stadt ist so ausgedehnt, daß man sagt, sie setze sich aus vier großen Städten zusammen. Eine von ihnen ist die er-

duobus portibus cincta in utriusque portus ostium aditumque proiecta est; in qua domus est quae Hieronis regis fuit, qua praetores uti solent. In ea sunt aedes sacrae complures, sed duae quae longe ceteris antecellant, Dianae, et altera, quae fuit ante istius adventum ornatissima, Minervae. In hac insula extrema est fons aquae dulcis, cui nomen Arethusa est, incredibili magnitudine, plenissimus piscium, qui fluctu totus operiretur nisi munitione ac mole lapidum diiunctus esset a mari.

Altera autem est urbs Syracusis, cui nomen Achradina 119
est; in qua forum maximum, pulcherrimae porticus, ornatissimum prytanium, amplissima est curia templumque egregium Iovis Olympii ceteraeque urbis partes, quae una via lata perpetua multisque transversis divisae privatis aedificiis continentur. Tertia est urbs quae, quod in ea parte Fortunae fanum antiquum fuit, Tycha nominata est; in qua gymnasium amplissimum est et complures aedes sacrae, coliturque ea pars et habitatur frequentissime. Quarta autem est quae, quia postrema coaedificata est, Neapolis nominatur; quam ad summam theatrum maximum, praeterea duo templa sunt egregia, Cereris unum, alterum Liberae, signumque Apollinis, qui Temenites vocatur, pulcherrimum et maximum; quod iste si portare potuisset, non dubitasset auferre.

Nunc ad Marcellum revertar, ne haec a me sine causa 120
commemorata esse videantur. Qui cum tam praeclaram urbem vi copiisque cepisset, non putavit ad laudem populi Romani hoc pertinere, hanc pulchritudinem, ex qua

wähnte Insel, die sich, von zwei Häfen umgeben, bis zur Mündung und Zufahrt beider Häfen[103] hinzieht. Dort steht der Palast, der dem König Hieron gehörte, worin die Prätoren zu wohnen pflegen. Es gibt dort mehrere Heiligtümer, von denen zwei die übrigen bei weitem übertreffen: das der Diana und außerdem das der Minerva, das vor der Ankunft des Verres den reichsten Schmuck enthielt. Am Ende der Insel befindet sich eine Süßwasserquelle, die Arethusa heißt, unglaublich groß und voll von Fischen; sie würde gänzlich von der Flut bedeckt, wenn sie nicht durch einen schützenden Steinwall vom Meere abgetrennt wäre.

Die zweite Stadt von Syrakus ist diejenige, die den Namen Achradina führt. Dort befinden sich ein sehr großer Marktplatz, wunderschöne Säulenhallen, ein reichverziertes Prytaneion[104], ein sehr geräumiges Rathaus und ein herrlicher Tempel des olympischen Jupiter; die übrigen Quartiere dieser Stadt, durch eine fortlaufende Hauptachse und zahlreiche Querstraßen voneinander getrennt, bestehen aus Privathäusern. Die dritte Stadt heißt Tycha, weil dort ein alter Tempel der Glücksgöttin stand. Hier liegen ein sehr großes Gymnasium sowie mehrere Heiligtümer, und dieser Teil ist am stärksten bevölkert und bewohnt. Die vierte Stadt aber heißt, weil sie zuletzt erbaut wurde, Neapolis[105]. In deren höchstgelegenem Teile befinden sich ein riesiges Theater, ferner zwei herrliche Tempel (der eine ist der Ceres, der andere der Libera geweiht) sowie ein Standbild des Apoll, das Temenites genannt wird[106], ein sehr schönes und stattliches Werk. Wenn unser Mann es hätte fortschaffen können, er hätte es ohne Bedenken weggenommen.

Jetzt will ich auf Marcellus zurückkommen; es soll nicht so aussehen, als hätte ich diese Einzelheiten ohne Grund erwähnt. Als Marcellus die herrliche Stadt mit Gewalt und Heeresmacht erobert hatte, da glaubte er, es sei kein Ruhmesblatt für das römische Volk, diese Pracht, die zudem keinerlei Ge-

praesertim periculi nihil ostenderetur, delere et exstinguere. Itaque aedificiis omnibus, publicis privatis, sacris profanis, sic pepercit quasi ad ea defendenda cum exercitu, non oppugnanda venisset. In ornatu urbis habuit victoriae rationem, habuit humanitatis; victoriae putabat esse multa Romam deportare quae ornamento urbi esse possent, humanitatis non plane exspoliare urbem, praesertim quam conservare voluisset. In hac partitione or- 121
natus non plus victoria Marcelli populo Romano adpetivit quam humanitas Syracusanis reservavit. Romam quae adportata sunt, ad aedem Honoris et Virtutis itemque aliis in locis videmus. Nihil in aedibus, nihil in hortis posuit, nihil in suburbano; putavit, si urbis ornamenta domum suam non contulisset, domum suam ornamento urbi futuram. Syracusis autem permulta atque egregia reliquit; deum vero nullum violavit, nullum attigit. Conferte Verrem, non ut hominem cum homine comparetis, ne qua tali viro mortuo fiat iniuria, sed ut pacem cum bello, leges cum vi, forum et iuris dictionem cum ferro et armis, adventum et comitatum cum exercitu et victoria conferatis.

Aedis Minervae est in Insula, de qua ante dixi; quam 122
Marcellus non attigit, quam plenam atque ornatam reliquit; quae ab isto sic spoliata atque direpta est non ut ab hoste aliquo, qui tamen in bello religionem et consuetudinis iura retineret, sed ut a barbaris praedonibus vexata

fahr verursachen konnte, zu zerstören und auszutilgen. Daher verschonte er alle Gebäude, öffentliche und private, geweihte und ungeweihte, gerade als ob er mit seinem Heere zur Verteidigung, nicht zur Eroberung erschienen wäre; bei den Schmuckstücken der Stadt nahm er Rücksicht auf seinen Sieg, aber auch auf die Menschlichkeit. Der Sieg erheische es, meinte er, vieles nach Rom zu bringen, womit sich die Stadt verzieren lasse, die Menschlichkeit, Syrakus nicht gänzlich auszuplündern, zumal er es hatte erhalten wollen. Bei der Teilung der Schmuckstücke verlangte der Sieg des Marcellus nicht mehr für das römische Volk, als die Menschlichkeit für die Syrakusaner aufbewahrte. Was nach Rom gebracht wurde, das sehen wir beim Tempel des Honor und der Virtus[107] und ebenso an anderen Orten. Marcellus stellte nichts bei sich zu Hause, nichts in seinen Gärten, nichts in seinem Landsitz vor der Stadt auf; er glaubte, wenn er die Schmuckstücke einer Stadt nicht in sein Haus brächte, dann werde sein Haus zu den Schmuckstücken der Stadt gehören. In Syrakus aber ließ er zahlreiche und hervorragende Werke zurück. Überdies hat er keinen Gott entweiht, keinen angerührt. Meßt hieran den Verres – ihr sollt nicht etwa den Menschen neben den Menschen stellen (denn dem bedeutenden Toten darf keine Kränkung widerfahren) – ihr sollt vielmehr den Frieden mit dem Krieg vergleichen, die Gesetze mit der Gewalt, den Markt und die Rechtsprechung mit dem Schwert und den Waffen, die Ankunft und das Gefolge mit dem Heere und Sieg.

Auf der erwähnten Insel steht ein Tempel der Minerva. Marcellus hat ihn nicht angerührt, hat ihn in seinem vollen Schmuck belassen. Der wurde von Verres derart beraubt und ausgeplündert, daß es aussah, als ob ihn nicht ein Feind, der ja doch auch im Kriege den Götterdienst und die überkommenen Rechtsgrundsätze beachten würde, sondern barbarische Räuber heimgesucht hätten. Dort befand sich eine Reiter-

esse videatur. Pugna erat equestris Agathocli regis in tabulis picta praeclare; iis autem tabulis interiores templi parietes vestiebantur. Nihil erat ea pictura nobilius, nihil Syracusis quod magis visendum putaretur. Has tabulas M. Marcellus, cum omnia victoria illa sua profana fecisset, tamen religione impeditus non attigit; iste, cum illa propter diuturnam pacem fidelitatemque populi Syracusani sacra religiosaque accepisset, omnis eas tabulas abstulit, parietes quorum ornatus tot saecula manserant, tot bella effugerant, nudos ac deformatos reliquit. Et Mar- 123
cellus qui, si Syracusas cepisset, duo templa se Romae dedicaturum voverat, is id quod erat aedificaturus iis rebus ornare quas ceperat noluit: Verres qui non Honori neque Virtuti, quem ad modum ille, sed Veneri et Cupidini vota deberet, is Minervae templum spoliare conatus est. Ille deos deorum spoliis ornari noluit, hic ornamenta Minervae virginis in meretriciam domum transtulit. Viginti et septem praeterea tabulas pulcherrime pictas ex eadem aede sustulit, in quibus erant imagines Siciliae regum ac tyrannorum, quae non solum pictorum artificio delectabant, sed etiam commemoratione hominum et cognitione formarum. Ac videte quanto taetrior hic tyrannus Syracusanis fuerit quam quisquam superiorum, quia, cum illi tamen ornarint templa deorum immortalium, hic etiam illorum monumenta atque ornamenta sustulit.

Iam vero quid ego de valvis illius templi comme- 124
morem? Vereor ne haec qui non viderunt omnia me ni-

schlacht des Königs Agathokles[108], ein vorzügliches Gemälde; mit solchen Bildern waren nämlich die Innenwände des Tempels bedeckt. Nichts war berühmter als dieses Gemälde, nichts, was man in Syrakus für sehenswürdiger hielt. M. Marcellus hatte zwar durch seinen Sieg alles der Weihe entkleidet; gleichwohl hielt ihn seine Frömmigkeit davon ab, diese Bilder zu berühren. Verres aber hatte diese Dinge wegen des langen Friedens und der Treue des syrakusanischen Volkes in geheiligtem und geweihtem Zustande vorgefunden; er nahm alle die Bilder weg, ließ die Wände, deren Schmuck so viele Jahrhunderte überdauert, aus so vielen Kriegen sich gerettet hatte, nackt und häßlich zurück. Und Marcellus hatte gelobt, er werde, wenn er Syrakus erobere, in Rom zwei Tempel[109] weihen, und doch wollte er die Gebäude, die er aufzuführen gedachte, nicht mit den erbeuteten Gegenständen ausschmükken; Verres hingegen, der nicht dem Honor und der Virtus wie Marcellus, sondern der Venus und dem Cupido Gelübde schuldig wäre, hat sich unterfangen, den Tempel der Minerva auszuplündern. Marcellus lehnte es ab, Götter mit der Beute von Göttern zu zieren; Verres brachte die Zier der Jungfrau Minerva in sein Dirnenhaus; er hat außerdem noch siebenundzwanzig herrliche Gemälde aus demselben Tempel weggenommen, darunter die Bildnisse der sizilischen Könige und Tyrannen, die nicht nur wegen der Meisterschaft der Künstler Freude bereiteten, sondern auch, weil sie an die Personen erinnerten und deren Aussehen erkennen ließen. Und seht jetzt, in welchem Maße Verres ein scheußlicherer Tyrann für die Syrakusaner war als irgendein früherer Herrscher: jene Männer haben trotz allem die Tempel der unsterblichen Götter ausgeschmückt, Verres hingegen beseitigte selbst deren Denkmäler und Schmuckstücke.

Was soll ich ferner von den Flügeltüren dieses Tempels berichten? Wer diese Dinge nicht gesehen hat, der wird, fürchte

mis augere atque ornare arbitrentur; quod tamen nemo suspicari debet, tam esse me cupidum ut tot viros primarios velim, praesertim ex iudicum numero, qui Syracusis fuerint, qui haec viderint, esse temeritati et mendacio meo conscios. Confirmare hoc liquido, iudices, possum, valvas magnificentiores, ex auro atque ebore perfectiores, nullas umquam ullo in templo fuisse. Incredibile dictu est quam multi Graeci de harum valvarum pulchritudine scriptum reliquerint. Nimium forsitan haec illi mirentur atque efferant; esto; verum tamen honestius est rei publicae nostrae, iudices, ea quae illis pulchra esse videantur imperatorem nostrum in bello reliquisse quam praetorem in pace abstulisse.

Ex ebore diligentissime perfecta argumenta erant in valvis; ea detrahenda curavit omnia. Gorgonis os pulcherrimum cinctum anguibus revellit atque abstulit, et tamen indicavit se non solum artificio sed etiam pretio quaestuque duci; nam bullas aureas omnis ex iis valvis, quae erant multae et graves, non dubitavit auferre; quarum iste non opere delectabatur sed pondere. Itaque eius modi valvas reliquit ut quae olim ad ornandum templum erant maxime nunc tantum ad claudendum factae esse videantur. Etiamne gramineas hastas – vidi 125
enim vos in hoc nomine, cum testis diceret, commoveri: quod erant eius modi ut semel vidisse satis esset (in quibus neque manu factum quicquam neque pulchritudo erat ulla, sed tantum magnitudo incredibilis de qua vel audire satis esset, nimium videre plus quam semel), etiam id concupisti!

ich, glauben, ich wolle alles übertreiben und aufbauschen. Doch für so leidenschaftlich sollte mich niemand halten, daß ich wünschte, so viele ausgezeichnete Männer, zumal aus der Zahl der Richter, die Syrakus besucht, die diese Dinge gesehen haben, zu Zeugen von unüberlegten Fabeleien zu machen. Mit gutem Gewissen kann ich behaupten, ihr Richter: prachtvollere, meisterlicher aus Gold und Elfenbein gearbeitete Flügeltüren hat es nie an einem Tempel gegeben. Es ist unglaublich, wie viele Griechen Schilderungen von der Schönheit dieser Flügeltüren hinterlassen haben. Vielleicht preisen und bewundern sie diese Dinge allzu sehr, gewiß. Doch für unseren Staat ist es ehrenhafter, ihr Richter, daß unser Feldherr in Kriegszeiten zurückließ, was sie für schön halten, als daß es der Prätor im Frieden geraubt hat.

An den Türen waren mit größter Sorgfalt gearbeitete Darstellungen aus Elfenbein angebracht; die ließ er sämtlich abnehmen. Ein sehr schönes, von Schlangen umwalltes Gorgonenhaupt riß er los und brachte er an sich. Und dabei verriet er deutlich, daß er sich nicht nur von dem künstlerischen Reiz, sondern auch vom Wert und von Gewinnsucht leiten ließ. Denn ohne Bedenken eignete er sich alle goldenen Buckel an, schwere Stücke, die sich in großer Zahl an den Flügeltüren befanden. Bei ihnen erregte nicht die Arbeit, sondern das Gewicht sein Wohlgefallen. So hinterließ er denn die Flügeltüren, die einst vornehmlich zum Schmuck des Tempels gedient hatten, in einem Zustande, daß sie jetzt nur noch zum Verschließen gemacht zu sein scheinen. Weiterhin die Bambusstäbe – ich habe nämlich bemerkt, daß ihr bei diesem Wort beeindruckt wart, als der Zeuge davon sprach; sie waren ja so, daß es genügte, sie einmal gesehen zu haben; an ihnen war keinerlei Handarbeit noch sonst etwas Schönes, sie fielen allein durch ihre unglaubliche Größe auf, von der auch nur zu hören schon genug, die mehr als einmal zu sehen gar zu viel wäre – selbst die hast du besitzen wollen!

Nam Sappho quae sublata de prytanio est dat tibi iustam excusationem, prope ut concedendum atque ignoscendum esse videatur. Silanionis opus tam perfectum, 126
tam elegans, tam elaboratum quisquam non modo privatus sed populus potius haberet quam homo elegantissimus atque eruditissimus, Verres? Nimirum contra dici nihil potest. Nostrum enim unus quisque, qui tam beati quam iste est non sumus, tam delicati esse non possumus, si quando aliquid istius modi videre volet, eat ad aedem Felicitatis, ad monumentum Catuli, in porticum Metelli, det operam ut admittatur in alicuius istorum Tusculanum, spectet forum ornatum, si quid iste suorum aedilibus commodarit: Verres haec habeat domi, Verres ornamentis fanorum atque oppidorum habeat plenam domum, villas refertas. Etiamne huius operari studia ac delicias, iudices, perferetis? qui ita natus, ita educatus est, ita factus et animo et corpore ut multo appositior ad ferenda quam ad auferenda signa esse videatur. Atque 127
haec Sappho sublata quantum desiderium sui reliquerit, dici vix potest. Nam cum ipsa fuit egregie facta, tum epigramma Graecum pernobile incisum est in basi, quod iste eruditus homo et Graeculus, qui haec subtiliter iudicat, qui solus intellegit, si unam litteram Graecam scisset, certe una sustulisset. Nunc enim quod scriptum est inani in basi declarat quid fuerit, et id ablatum indicat.

Quid? signum Paeanis ex aede Aesculapi praeclare factum, sacrum ac religiosum, non sustulisti? quod omnes

Denn die Sappho, die du aus dem Prytaneion entwendet hast, bietet dir eine triftige Entschuldigung, so daß man dir, scheint es, beinahe Nachsicht und Verzeihung gewähren muß. Ein so vollkommenes, so erlesenes, so sorgfältig gearbeitetes Werk des Silanion[110] sollte, ich sage nicht eine Privatperson, sondern eine Gemeinde eher besitzen als der feingebildete und höchst kenntnisreiche Verres? Wahrhaftig, dagegen läßt sich nichts einwenden. Wir allesamt, die wir nicht so gesegnet sind wie er, wir können auch nicht so anspruchsvoll in unseren Genüssen sein. Wenn einer von uns so etwas sehen will, dann gehe er zum Tempel der Felicitas, zum Siegesdenkmal des Catulus, zur Säulenhalle des Metellus, er bemühe sich, Zutritt in das Tusculanum eines dieser Leute zu erhalten, er besichtige das Forum in seinem Schmuck, wenn unser Mann den Ädilen etwas von seinen Schätzen geborgt hat[111]: ein Verres aber mag dergleichen in seinem Hause haben, ein Verres besitze eine Stadtwohnung, besitze Landgüter, die mit den Prunkstücken der Tempel und Städte angefüllt sind. Wollt ihr auch noch die Liebhabereien und Genüsse dieses Burschen hinnehmen, ihr Richter? Der so geboren, so erzogen, so an Leib und Seele beschaffen ist, daß er sich weit besser zum Schleppen als zum Verschleppen von Standbildern zu eignen scheint? Und welchen Kummer die geraubte Sappho zurückließ, das kann man kaum beschreiben. Denn das Bildnis selbst war eine vorzügliche Arbeit; außerdem ist auf dem Sockel ein sehr berühmtes griechisches Epigramm angebracht, das unser Schöngeist und Griechenfreund, der fein darüber zu urteilen weiß, der sich allein darauf versteht, gewiß ebenfalls mitgenommen hätte, wenn er auch nur einen griechischen Buchstaben kennte. Denn jetzt beweist die Schrift auf dem leeren Sockel nur, was dort gestanden hat, und zeigt den Raub an.

Wie? Hast du nicht aus dem Tempel des Äskulap ein Meisterwerk, das heilige und ehrfurchtgebietende Bildnis des

propter pulchritudinem visere, propter religionem colere solebant. Quid? ex aede Liberi simulacrum Aristaei non 128
tuo imperio palam ablatum est? Quid? ex aede Iovis religiosissimum simulacrum Iovis Imperatoris, quem Graeci Urion nominant, pulcherrime factum nonne abstulisti? Quid? ex aede Liberae †parinum† caput illud pulcherrimum, quod visere solebamus, num dubitasti tollere? Atque ille Paean sacrificiis anniversariis simul cum Aesculapio apud illos colebatur; Aristaeus, qui inventor olei esse dicitur, una cum Libero patre apud illos eodem erat in templo consecratus.

Iovem autem Imperatorem quanto honore in suo tem- 129
plo fuisse arbitramini? Conicere potestis, si recordari volueritis quanta religione fuerit eadem specie ac forma signum illud quod ex Macedonia captum in Capitolio posuerat T. Flamininus. Etenim tria ferebantur in orbe terrarum signa Iovis Imperatoris uno in genere pulcherrime facta, unum illud Macedonicum quod in Capitolio vidimus, alterum in Ponti ore et angustiis, tertium quod Syracusis ante Verrem praetorem fuit. Illud Flamininus ita ex aede sua sustulit ut in Capitolio, hoc est in terrestri domicilio Iovis poneret. Quod autem est ad introitum 130
Ponti, id, cum tam multa ex illo mari bella emerserint, tam multa porro in Pontum invecta sint, usque ad hanc diem integrum inviolatumque servatum est. Hoc tertium, quod erat Syracusis, quod M. Marcellus armatus et victor viderat, quod religioni concesserat, quod cives

Päan entwendet? Jedermann pflegte es wegen seiner Schönheit zu betrachten, wegen seiner Heiligkeit zu verehren. Wie? Hat man nicht aus dem Tempel des Liber auf deinen Befehl in aller Öffentlichkeit das Bildnis des Aristaios geraubt[112]? Wie? Hast du nicht aus dem Tempel des Jupiter das hochheilige Bildnis des Jupiter Imperator, den die Griechen Urios nennen[113], eine herrliche Arbeit, weggenommen? Wie? Warst du nicht so vermessen, aus dem Tempel der Libera den ausgezeichnet schönen Kopf zu entwenden, den wir uns immer wieder angesehen haben? Und der Päan empfing bei den Bewohnern zugleich mit Äskulap die Ehre eines alljährlichen Opfers; Aristaios aber, der Überlieferung nach der Erfinder des Ölbaums, war bei den Syrakusanern gemeinsam mit Vater Liber in demselben Tempel geweiht.

Doch welche Ehre erst, meint ihr, hat der Jupiter Imperator in seinem Tempel genossen? Ihr könnt euch eine Vorstellung machen, wenn ihr euch erinnern wollt, wie heilig man das Bildnis von gleicher Art und Gestalt hielt, das T. Flamininus[114] in Makedonien erbeutet und im Kapitol aufgestellt hatte. Es gab nämlich, heißt es, auf der ganzen Welt drei gleichartige, herrlich gearbeitete Bildnisse des Jupiter Imperator: das eine, das makedonische, haben wir im Kapitol gesehen[115]; das zweite steht an der Mündung der pontischen Meerenge[116]; das dritte befand sich vor der Prätur des Verres in Syrakus. Flamininus hat jenes Bildnis nur deshalb aus seinem Tempel weggenommen, um es im Kapitol, das heißt in der irdischen Wohnstatt Jupiters, aufzustellen. Das Stück aber, das an der Einfahrt in den Pontus steht, ist bis auf den heutigen Tag unversehrt und unangetastet geblieben, obwohl so viele Kriege von diesem Meere her vorgedrungen und so viele in den Pontus eingedrungen sind. Das dritte, das in Syrakus stand, das M. Marcellus in Waffen und als Sieger gesehen, das er dem Gottesdienst belassen hatte, das die Bürger und

atque incolae colere, advenae non solum visere verum etiam venerari solebant, id C. Verres ex templo Iovis sustulit. Ut saepius ad Marcellum revertar, iudices, sic ha- 131
betote, pluris esse a Syracusanis istius adventu deos quam victoria Marcelli homines desideratos. Etenim ille requisisse etiam dicitur Archimedem illum, summo ingenio hominem ac disciplina, quem cum audisset interfectum permoleste tulisse: iste omnia quae requisivit, non ut conservaret verum ut asportaret requisivit.

Iam illa quae leviora videbuntur ideo praeteribo, quod mensas Delphicas e marmore, crateras ex aere pulcherrimas, vim maximam vasorum Corinthiorum ex omnibus aedibus sacris abstulit Syracusis. Itaque, iudices, ii qui 132
hospites ad ea quae visenda sunt solent ducere et unum quidque ostendere – quos illi mystagogos vocant – conversam iam habent demonstrationem suam. Nam ut ante demonstrabant quid ubique esset, item nunc quid undique ablatum sit ostendunt.

Quid tum? mediocrine tandem dolore eos adfectos esse arbitramini? Non ita est, iudices, primum quod omnes religione moventur et deos patrios quos a maioribus acceperunt colendos sibi diligenter et retinendos esse arbitrantur; deinde hic ornatus, haec opera atque artificia, signa, tabulae pictae Graecos homines nimio opere delectant. Itaque ex illorum querimoniis intellegere possumus haec illis acerbissima videri quae forsitan nobis levia et contemnenda esse videantur. Mihi credite, iudices

Einwohner anzubeten, die Fremden nicht nur zu betrachten, sondern auch zu verehren pflegten, das hat C. Verres aus dem Tempel des Jupiter weggenommen. Um noch öfters auf Marcellus zurückzukommen, ihr Richter, so wißt, daß die Syrakusaner nach dem Aufenthalt des Verres mehr Götter als nach dem Siege des Marcellus Menschen vermißt haben. Denn der ließ, heißt es, sogar nach Archimedes suchen, dem geistesmächtigen Gelehrten, und war tief betroffen, als er von dessen gewaltsamem Ende hörte[117]; Verres aber hat alles, was er suchen ließ, nicht gesucht, um es zu retten, sondern um es fortzuschleppen.

Ich will jetzt einiges übergehen, was zu geringfügig erscheinen dürfte: daß er delphische Tische aus Marmor[118], eherne Mischkrüge von größter Schönheit sowie eine riesige Menge von korinthischen Gefäßen aus allen Heiligtümern von Syrakus weggenommen hat. Daher haben die Leute, ihr Richter, die die Fremden zu den Sehenswürdigkeiten zu führen und ihnen jede Einzelheit zu zeigen pflegen (man nennt sie dort Mystagogen), jetzt bei ihren Erläuterungen eine entgegengesetzte Aufgabe. Denn wie sie früher erläuterten, was überall vorhanden war, so zeigen sie jetzt, was allerorten entfernt worden ist.

Was nun? Glaubt ihr etwa, den Leuten sei nur ein mäßiger Schmerz zugefügt worden? Dem ist nicht so, ihr Richter: einmal, weil alle Welt Götterfurcht empfindet und glaubt, man müsse die einheimischen Götter, die man von den Vorfahren übernommen hat, gewissenhaft verehren und erhalten; zum anderen haben die Griechen an diesem Schmuck, an den Kunstwerken, den Standbildern und Gemälden, ein ungewöhnliches Vergnügen. Wir können daher aus ihren Klagen schließen, daß ihnen äußerst hart vorkommt, was wir vielleicht für unbedeutend und keiner Beachtung wert ansehen. Glaubt mir, ihr Richter (immerhin weiß ich zuverlässig, daß

– tametsi vosmet ipsos haec eadem audire certo scio –, cum multas acceperint per hosce annos socii atque exterae nationes calamitates et iniurias, nullas Graeci homines gravius ferunt ac tulerunt quam huiusce modi spoliationes fanorum atque oppidorum.

Licet iste dicat emisse se, sicuti solet dicere, credite hoc 133
mihi, iudices: nulla umquam civitas tota Asia et Graecia signum ullum, tabulam pictam ullam, ullum denique ornamentum urbis sua voluntate cuiquam vendidit; nisi forte existimatis, posteaquam iudicia severa Romae fieri desierunt, Graecos homines haec venditare coepisse, quae tum non modo non venditabant, cum iudicia fiebant, verum etiam coemebant; aut nisi arbitramini L. Crasso, Q. Scaevolae, C. Claudio, potentissimis hominibus, quorum aedilitates ornatissimas vidimus, commercium istarum rerum cum Graecis hominibus non fuisse, iis qui post iudiciorum dissolutionem aediles facti sunt fuisse.

Acerbiorem etiam scitote esse civitatibus falsam istam 134
et simulatam emptionem quam si qui clam surripiat aut eripiat palam atque auferat; nam turpitudinem summam esse arbitrantur referri in tabulas publicas pretio adductam civitatem, et pretio parvo, ea quae accepisset a maioribus vendidisse atque abalienasse. Etenim mirandum in modum Graeci rebus istis, quas nos contemnimus, delectantur. Itaque maiores nostri facile patiebantur haec esse apud illos quam plurima: apud socios, ut imperio nostro quam ornatissimi florentissimique essent; apud

ihr selbst schon die gleiche Kunde erhalten habt): die Bundesgenossen und auswärtigen Völkerschaften haben zwar in diesen Jahren viele Plackereien und Ungerechtigkeiten hinnehmen müssen; für die Griechen aber war und ist nichts kränkender als derartige Plünderungen von Tempeln und Städten.

Verres mag wie gewöhnlich behaupten, er habe diese Dinge gekauft; doch ihr müßt mir glauben, ihr Richter: keine Gemeinde in ganz Asien und Griechenland hat je irgendein Standbild, irgendein Gemälde, überhaupt irgendein Schmuckstück ihrer Stadt freiwillig an jemanden verkauft. Denn gewiß werdet ihr nicht annehmen, daß die Griechen, nachdem es mit der Strenge der römischen Gerichte vorbei war, derlei Dinge zu verkaufen begonnen hätten, die sie vorher, als die Gerichte noch durchgriffen, durchaus nicht verkauften, sondern sogar zu erwerben suchten. Ebensowenig werdet ihr glauben, L. Crassus, Q. Scaevola und C. Claudius[119], höchst einflußreiche Männer, deren Ädilenamt wir in vollem Glanze erlebt haben, hätten auf diesem Gebiet keinerlei Handelsbeziehungen mit den Griechen gehabt, wohl aber die Leute, die nach dem Verfall der Gerichtsbarkeit Ädilen geworden sind.

Für die Gemeinden, müßt ihr wissen, war ein unechter und vorgetäuschter Kauf noch bitterer, als wenn jemand heimlich etwas entwendete oder vor aller Augen raubte und wegnahm. Denn sie halten es für die größte Schande, wenn in den öffentlichen Büchern vermerkt wird, die Gemeinde habe sich durch Geldeswert, und überdies durch einen geringen, bestimmen lassen, die von den Vorfahren ererbten Gegenstände zu verkaufen und zu veräußern. Denn die Griechen wissen diese Dinge, die uns nur wenig bedeuten, in erstaunlichem Maße zu schätzen. Daher haben unsere Vorfahren gern gelitten, daß sich dergleichen bei ihnen, soweit sie unsere Bundesgenossen sind, in größter Zahl befindet, damit sie sich unter unserer Herrschaft in üppigster Pracht entfalten könnten; denen aber,

eos autem quos vectigalis aut stipendiarios fecerant tamen haec relinquebant, ut illi, quibus haec iucunda sunt quae nobis levia videntur, haberent haec oblectamenta et solacia servitutis. Quid arbitramini Reginos, qui iam ci- 135
ves Romani sunt, merere velle ut ab iis marmorea Venus illa auferatur? quid Tarentinos, ut Europam in tauro sedentem amittant, ut Satyrum qui apud illos in aede Vestae est, ut cetera? quid Thespiensis ut Cupidinis signum, propter quod unum visuntur Thespiae, quid Cnidios ut Venerem marmoream, quid ut pictam Coos, quid Ephesios ut Alexandrum, quid Cyzicenos ut Aiacem aut Medeam, quid Rhodios ut Ialysum, quid Atheniensis ut ex marmore Iacchum aut Paralum pictum aut ex aere Myronis buculam? Longum est et non necessarium commemorare quae apud quosque visenda sunt tota Asia et Graecia; verum illud est quam ob rem haec commemorem, quod existimare vos hoc volo, mirum quendam dolorem accipere eos ex quorum urbibus haec auferantur.

Atque ut ceteros omittamus, de ipsis Syracusanis co- 136
gnoscite. Ad quos ego cum venissem, sic primum existimabam, ut Romae ex istius amicis acceperam, civitatem Syracusanam propter Heracli hereditatem non minus esse isti amicam quam Mamertinam propter praedarum ac furtorum omnium societatem; simul et verebar ne mulierum nobilium et formosarum gratia, quarum iste arbitrio praeturam per triennium gesserat, virorumque quibuscum illae nuptae erant, nimia in istum non modo

die sie steuer- oder abgabepflichtig gemacht hatten, beließen sie gleichwohl diese Dinge: da sie ihnen Freude bereiten, während sie uns gleichgültig lassen, sollten sie darin eine Annehmlichkeit und einen Trost für die Knechtschaft finden. Was, glaubt ihr wohl, würden die Reginer, die bereits römische Bürger sind, dafür verlangen, wenn man ihnen die berühmte marmorne Venus wegnehmen wollte? Was die Tarentiner, wenn sie die auf dem Stiere reitende Europa, wenn sie den Satyr, der bei ihnen im Tempel der Vesta steht, wenn sie die übrigen Werke einbüßen sollten? Was die Thespier für das Standbild des Cupido (allein wegen dieses Werkes pflegt man ja Thespiai zu besuchen)? Was die Knidier für das Marmorbild, was die Koer für das Gemälde der Venus? Was die Ephesier für den Alexander, was die Kyzikener für den Aias oder die Medea, was die Rhodier für den Ialysos? Was die Athener für den Iakchos aus Marmor oder das Gemälde des Paralos oder die bronzene Kuh von Myron [120]? Es ist zeitraubend und unnötig aufzuzählen, was allerorten in ganz Asien und Griechenland sehenswert ist. Doch der Grund, weshalb ich dies erwähne, ist, daß ich euch gern hiervon überzeugt wüßte: diejenigen sind ungemein schmerzlich berührt, aus deren Städten man solche Werke wegnimmt.

Und um auf die anderen nicht näher einzugehen, laßt euch namentlich über die Syrakusaner belehren. Als ich zu ihnen kam, da glaubte ich zuerst, wie ich es in Rom von den Freunden des Verres vernommen hatte, die Gemeinde Syrakus sei wegen der Erbschaft des Heraclius [121] nicht weniger eng mit Verres befreundet als die mamertinische wegen der Teilnahme an allen Beutezügen und Diebereien. Zugleich befürchtete ich auch, der Einfluß der vornehmen und schönen Damen, nach deren Gutdünken Verres drei Jahre lang die Prätur verwaltet hatte, sowie das Übermaß an Gleichgültigkeit oder vielmehr an Großmut, das deren Ehegatten dem Verres gegenüber erzeig-

lenitudine sed etiam liberalitate oppugnarer, si quid ex litteris Syracusanorum conquirerem. Itaque Syracusis 137
cum civibus Romanis eram, eorum tabulas exquirebam, iniurias cognoscebam. Cum diutius in negotio curaque fueram, ut requiescerem curamque animi remitterem, ad Carpinati praeclaras tabulas revertebar, ubi cum equitibus Romanis, hominibus ex illo conventu honestissimis, illius Verrucios, de quibus ante dixi, explicabam; a Syracusanis prorsus nihil adiumenti neque publice neque privatim exspectabam, neque erat in animo postulare.

Cum haec agerem, repente ad me venit Heraclius, is qui tum magistratum Syracusis habebat, homo nobilis, qui sacerdos Iovis fuisset, qui honos est apud Syracusanos amplissimus. Agit mecum et cum fratre meo ut, si nobis videretur, adiremus ad eorum senatum; frequentis esse in curia; se iussu senatus a nobis petere ut veniremus.
Primo nobis fuit dubium quid ageremus; deinde cito ve- 138
nit in mentem non esse vitandum illum nobis conventum et locum; itaque in curiam venimus. Honorifice sane consurgitur; nos rogatu magistratus adsedimus. Incipit is loqui qui et auctoritate et aetate et, ut mihi visum est, usu rerum antecedebat, Diodorus Timarchidi, cuius omnis oratio hanc habuit primo sententiam: senatum et populum Syracusanum moleste graviterque ferre quod ego, cum in ceteris Siciliae civitatibus senatum populumque docuissem quid iis utilitatis, quid salutis adferrem, et cum ab omnibus mandata, legatos, litteras testimoniaque

ten[122], möchten mir hinderlich sein, wenn ich aus den Urkunden der Syrakusaner etwas erfahren wollte. Daher hielt ich mich in Syrakus an die römischen Bürger, prüfte ihre Bücher und nahm ihre Beschwerden zur Kenntnis. Nachdem ich mich längere Zeit angelegentlich mit dieser Aufgabe befaßt hatte, wandte ich mich wieder den vortrefflichen Büchern des Carpinatius zu, um mich auszuruhen und von der geistigen Anspannung zu erholen. Damals brachte ich gemeinsam mit den angesehensten römischen Rittern des Bezirks Licht in eine schon erwähnte Sache, in die Verrukier des Carpinatius[123]. Von den Syrakusanern erwartete ich keinerlei Unterstützung, weder von der Gemeinde noch von Einzelpersonen, und ich hatte auch nicht die Absicht, irgend etwas zu beanspruchen.

Während ich hiermit beschäftigt war, kam auf einmal Heraclius[124] zu mir, der damals in Syrakus ein Amt innehatte, ein vornehmer Mann, einst Priester des Jupiter – diese Würde gilt bei den Syrakusanern sehr viel. Er schlägt mir und meinem Vetter[125] vor, wir möchten, wenn es uns recht sei, in ihren Gemeinderat kommen; die Mitglieder seien zahlreich im Rathaus versammelt; er bitte uns im Auftrage des Rates um unser Erscheinen. Zuerst wußten wir nicht recht, was wir tun sollten. Dann kam uns rasch der Gedanke, daß wir uns der Versammlung und dem Orte nicht entziehen dürften; so gingen wir denn ins Rathaus. Man erhebt sich mit großer Ehrerbietung; wir nehmen auf die Bitte des Vorsitzenden Platz. Da beginnt der zu sprechen, der sich durch sein Ansehen und Alter und, wie mir schien, durch seine Erfahrung hervortat, Diodoros, der Sohn des Timarchides. Dessen ganzer Vortrag hatte zunächst sinngemäß folgenden Inhalt: der Rat und das Volk von Syrakus seien betroffen und betrübt, daß ich zwar in den übrigen sizilischen Gemeinden den Rat und das Volk unterrichtet hätte, welchen Vorteil, welche Wohltat ich ihnen erwiese, und daß ich von ihnen allen Aufträge und Abgeord-

sumpsissem, in illa civitate nihil eius modi facerem. Respondi neque Romae in conventu Siculorum, cum a me auxilium communi omnium legationum consilio petebatur causaque totius provinciae ad me deferebatur, legatos Syracusanorum adfuisse, neque me postulare ut quicquam contra C. Verrem decerneretur in ea curia in qua inauratam C. Verris statuam viderem.

Quod posteaquam dixi, tantus est gemitus factus as- 139
pectu statuae et commemoratione ut illud in curia positum monumentum scelerum non beneficiorum videretur. Tum pro se quisque, quantum dicendo adsequi poterat, docere me coepit ea quae paulo ante commemoravi, spoliatam urbem, fana direpta, de Heracli hereditate, quam palaestritis concessisset, multo maximam partem ipsum abstulisse; neque postulandum fuisse ut ille palaestritas diligeret, qui etiam inventorem olei deum sustulisset; neque illam statuam esse ex pecunia publica neque publice datam, sed eos qui hereditatis diripiendae participes fuissent faciendam statuendamque curasse; eosdem Romae fuisse legatos, illius adiutores improbitatis, socios furtorum, conscios flagitiorum; eo minus mirari me oportere si illi communi legatorum voluntati et saluti Siciliae defuissent.

Ubi eorum dolorem ex illius iniuriis non modo non 140
minorem sed prope maiorem quam Siculorum ceterorum esse cognovi, tum meum animum in illos, tum mei consili negotique totius suscepti causam rationemque pro-

nete empfangen, Urkunden und Zeugnisse entgegengenommen hätte, in ihrer Gemeinde jedoch nichts von dieser Art unternähme. Ich antwortete: weder hätten sich in Rom bei der Versammlung der Sizilier, als man mich nach dem gemeinsamen Beschluß aller Gesandtschaften um Hilfe anging und mir die Sache der ganzen Provinz übertrug, Abgeordnete der Syrakusaner eingefunden[126], noch wolle ich darauf dringen, daß man gegen C. Verres in dem Sitzungssaal Beschlüsse fasse, in dem ich ein vergoldetes Standbild des C. Verres erblicken müsse.

Als ich das gesagt hatte, da seufzte man beim Anblick und der Erwähnung der Statue so vernehmlich, daß es schien, als habe man sie im Rathause aufgestellt, um seiner Verbrechen, nicht seiner Wohltaten zu gedenken. Da begann mich ein jeder mit aller Beredsamkeit, die ihm zu Gebote stand, über das zu unterrichten, was ich soeben erwähnt habe: geplündert sei die Stadt, ausgeraubt die Tempel; von der Erbschaft des Heraclius, die er den Ringkämpfern zugewiesen habe, sei der weitaus größte Teil in seinen eigenen Besitz gelangt; man habe auch gar nicht erwarten dürfen, daß der den Ringkämpfern geneigt sei, der sogar den göttlichen Erfinder des Ölbaums[127] weggenommen habe. Die Statue sei ihm weder aus öffentlichen Mitteln noch von Gemeinde wegen gewidmet worden; vielmehr hätten die Teilnehmer an der Plünderung der Erbschaft sie anfertigen und aufstellen lassen; dieselben Leute seien als Abgeordnete in Rom gewesen, die Helfershelfer seiner Skrupellosigkeit, die Genossen seiner Diebstähle, die Mitwisser seiner Schandtaten; um so weniger dürfe ich mich wundern, wenn sie sich dem gemeinsamen Wunsche der Gesandten und dem Wohle Siziliens entzogen hätten.

So bemerkte ich denn, daß ihre Empörung über die Ungerechtigkeiten des Verres nicht geringer, ja beinahe noch größer war als die der übrigen Sizilier. Da legte ich dar, wie ich ihnen gegenüber eingestellt, was der Grund und Zweck mei-

posui, tum eos hortatus sum ut causae communi salutique ne deessent, ut illam laudationem, quam se vi ac metu coactos paucis illis diebus decresse dicebant, tollerent. Itaque, iudices, Syracusani haec faciunt, istius clientes atque amici. Primum mihi litteras publicas, quas in aerario sanctiore conditas habebant, proferunt; in quibus ostendunt omnia quae dixi ablata esse perscripta, et plura etiam quam ego potui dicere; perscripta autem hoc modo: Quod ex aede Minervae hoc et illud abesset, quod ex aede Iovis, quod ex aede Liberi – ut quisque iis rebus tuendis conservandisque praefuerat, ita perscriptum erat – cum rationem e lege redderent et quae acceperant tradere deberent, petisse ut sibi, quod eae res abessent, ignosceretur; itaque omnis liberatos discessisse, et esse ignotum omnibus. Quas ego litteras obsignandas publico signo deportandasque curavi.

De laudatione autem ratio sic mihi reddita est. Primum, cum a C. Verre litterae aliquanto ante adventum meum de laudatione venissent, nihil esse decretum; deinde, cum quidam ex illius amicis commonerent oportere decerni, maximo clamore esse et convicio repudiatos; postea, cum meus adventus adpropinquaret, imperasse eum qui summam potestatem haberet ut decernerent; decretum ita esse ut multo plus illi laudatio mali quam boni posset adferre. Id adeo, iudices, ut mihi ab illis demonstratum est, sic vos ex me cognoscite. 141

nes Vorgehens und der ganzen von mir übernommenen Mühe sei; da schärfte ich ihnen ein, sie sollten sich der gemeinsamen Sache und dem Wohle aller nicht entziehen, sie sollten die Belobigung widerrufen, die sie, wie sie sagten, unter der Einwirkung von Gewalt und Furcht wenige Tage zuvor beschlossen hätten. So tun denn die Syrakusaner, die Schutzbefohlenen und Freunde des Verres, folgendes, ihr Richter: zuerst bringen sie mir die amtlichen Urkunden, die sie in der Geheimkammer ihres Schatzhauses aufbewahrten. Sie zeigen mir, wie dort alles aufgeführt ist, was ich als geraubt erwähnt habe, und sogar noch mehr, als ich habe erwähnen können – aufgeführt in folgender Weise: Im Tempel der Minerva fehle dieses und jenes, ebenso im Tempel des Jupiter, ebenso im Tempel des Liber; (das Verzeichnis führte die Gegenstände nach den Personen auf, die jeweils für ihre Bewachung und Erhaltung verantwortlich waren:) als sie vorschriftsgemäß Rechenschaft ablegen und übergeben sollten, was sie in Empfang genommen hatten, da hätten sie gebeten, man möge ihnen das Fehlen dieser Gegenstände nicht anrechnen; so seien alle frei ausgegangen und man habe niemanden zur Verantwortung gezogen. Diese Urkunde ließ ich mit dem amtlichen Siegel versehen und hierher bringen.

Wegen der Belobigung aber wurde mir folgende Auskunft erteilt. Zuerst, als einige Zeit vor meiner Ankunft ein Schreiben des C. Verres wegen der Belobigung eingetroffen sei, habe man nichts beschlossen; als daraufhin einige seiner Freunde drängten, man müsse einen Beschluß fassen, da seien sie unter lauten Rufen und Beschimpfungen abgewiesen worden; hernach, als meine Ankunft nahe bevorstand, habe derjenige, der die höchste Gewalt ausübe[128], die Beschlußfassung befohlen; der Beschluß sei so ausgefallen, daß die Belobigung ihm viel eher schaden als Vorteil bringen könne. Laßt euch dies von mir ebenso mitteilen, ihr Richter, wie sie es mir dargelegt haben.

Mos est Syracusis ut, si qua de re ad senatum referant, 142
dicat sententiam qui velit; nominatim nemo rogatur, et tamen, ut quisque aetate et honore antecedit ita primus solet sua sponte dicere, itaque a ceteris ei conceditur; sin aliquando tacent omnes, tunc sortito coguntur dicere. Cum hic mos esset, refertur ad senatum de laudatione Verris. In quo primum, ut aliquid esset morae, multi interpellant; de Sex. Peducaeo, qui de illa civitate totaque provincia optime meritus esset, sese antea, cum audissent ei negotium facessitum, cumque eum publice pro plurimis eius et maximis meritis laudare cuperent, a C. Verre prohibitos esse; iniquum esse, tametsi Peducaeus eorum laudatione iam non uteretur, tamen non id prius decernere quod aliquando voluissent quam quod tum cogerentur. Conclamant omnes et adprobant ita fieri oportere.

Refertur de Peducaeo. Ut quisque aetate et honore 143
antecedebat, ita sententiam dixit ex ordine. Id adeo ex ipso senatus consulto cognoscite; nam principum sententiae perscribi solent. Recita. QUOD VERBA FACTA SUNT DE SEX. PEDUCAEO. Dicit qui primi suaserint. Decernitur. Refertur deinde de Verre. Dic, quaeso, quo modo. QUOD VERBA FACTA SUNT DE C. VERRE – quid postea scriptum est? – CUM SURGERET NEMO NEQUE SENTENTIAM DICERET – quid est hoc? – SORS DICITUR. Quam ob rem? nemo erat voluntarius laudator praeturae

Wenn in Syrakus irgend etwas im Gemeinderat behandelt wird, dann ist es üblich, daß jeder, der will, seine Meinung äußert. Niemand wird namentlich befragt[129], und doch pflegt ein jeder von sich aus an der Stelle zu sprechen, die ihm sein Alter und Ansehen vorschreibt, und dies wird ihm auch von den anderen zugestanden. Wenn sich einmal niemand äußert, dann sind sie verpflichtet, nach der Entscheidung des Loses zu sprechen. Während man es so zu halten pflegte, wird beim Rat die Belobigung des Verres beantragt. Da erheben, um einigen Aufschub zu bewirken, viele Mitglieder Einspruch: Sex. Peducaeus[130] habe sich um ihre Gemeinde und um die ganze Provinz große Verdienste erworben; als sie gehört hätten, daß man ihm Schwierigkeiten bereite, und als sie ihn im Namen der Gemeinde für seine zahlreichen und großen Verdienste belobigen wollten, da seien sie vorher von C. Verres daran gehindert worden; Peducaeus bedürfe jetzt zwar ihres Lobes nicht mehr; gleichwohl sei es billig, zunächst zu beschließen, was sie einst beabsichtigt hätten, und dann erst, wozu sie jetzt gezwungen würden. Alle rufen und stimmen zu: so solle es geschehen.

Man behandelt den Antrag über Peducaeus. Nach Maßgabe des Alters und Ansehens, das ein jeder hatte, äußerten sie der Reihe nach ihre Meinung. Dies mögt ihr dem Senatsbeschluß selbst entnehmen. Denn die Äußerungen der Vornehmsten pflegen aufgezeichnet zu werden. Lies vor. – (Betrifft die Verhandlung über Sextus Peducaeus.) – Dann verlautet, wer sich zuerst für den Antrag ausgesprochen habe. Man faßt den Beschluß. Darauf behandelt man den Antrag über Verres. Sag bitte, wie! – (Betrifft die Verhandlung über C. Verres.) – Wie lautet das Weitere? «Da niemand sich erhob und seine Meinung äußerte» – was ist das? –, «wird das Los gezogen.» Weshalb? War kein freiwilliger Lobredner deiner Prätur da, kein Beschützer in deiner Bedrängnis, zumal er sich doch beim

tuae, defensor periculorum, praesertim cum inire a praetore gratiam posset? Nemo. Illi ipsi tui convivae, consiliarii, conscii, socii verbum facere non audent. In qua curia statua tua stabat et nuda fili, in ea nemo fuit, ne quem nudus quidem filius nudata provincia commoveret.

Atque etiam hoc me docent, eius modi senatus con- 144
sultum fecisse laudationis ut omnes intellegere possent non laudationem sed potius inrisionem esse illam quae commonefaceret istius turpem calamitosamque praeturam. Etenim scriptum esse ita: QUOD IS VIRGIS NEMINEM CECIDISSET – a quo cognostis nobilissimos homines atque innocentissimos securi esse percussos; QUOD VIGILANTER PROVINCIAM ADMINISTRASSET – cuius omnis vigilias in stupris constat adulteriisque esse consumptas; QUOD PRAEDONES PROCUL AB INSULA SICILIA PROHIBUISSET – quos etiam intra Syracusanam insulam recepisset.

Haec posteaquam ex illis cognovi, discessi cum fratre 145
e curia, ut nobis absentibus, si quid vellent, decernerent. Decernunt statim primum ut cum Lucio fratre hospitium publice fieret, quod is eandem voluntatem erga Syracusanos suscepisset quam ego semper habuissem. Id non modo tum scripserunt, verum etiam in aere incisum nobis tradiderunt. Valde hercule te Syracusani tui, quos crebro commemorare soles, diligunt, qui cum accusatore tuo satis iustam causam coniungendae necessitudinis putant quod te accusaturus sit et quod inquisitum in te

jetzigen Prätor Dank verdienen konnte? Nein, keiner. Selbst deine Tafelfreunde, Ratgeber, Mitwisser und Genossen wagen kein Wort vorzubringen. In dem Sitzungssaal stand dein Bildnis und ein entblößtes von deinem Sohne, und doch war dort niemand, den trotz der entblößten Provinz wenigstens der entblößte Sohn gerührt hätte[131].

Und auch dies machen die Syrakusaner mir deutlich: sie hätten den Senatsbeschluß über die Belobigung so abgefaßt, daß jedermann einsehen könne, es handele sich gar nicht um ein Lob, sondern eher um eine Verhöhnung, die an seine schändliche und unheilvolle Prätur erinnere. Denn es heiße dort folgendermaßen: «Weil er niemanden mit Ruten habe schlagen lassen» – der, wie ihr wißt, die angesehensten und unschuldigsten Leute mit dem Beile hingerichtet hat –, «weil er wachsam die Provinz verwaltet habe» – der doch seine ganze Wachsamkeit auf Unzucht und Ehebruch verwendet hat –, «weil er die Seeräuber weit von der Insel Sizilien ferngehalten habe» – die er doch selbst bis zur Insel von Syrakus hat vordringen lassen[132].

Nachdem ich dies von ihnen erfahren hatte, entfernte ich mich mit meinem Vetter aus dem Rathaus, damit sie in unserer Abwesenheit ungehindert Beschlüsse fassen könnten. Sie beschließen sofort und an erster Stelle, mit meinem Vetter Lucius solle im Namen der Gemeinde Gastfreundschaft unterhalten werden[133], weil der den Syrakusanern gegenüber dieselbe Geneigtheit gezeigt habe, wie sie mir seit jeher zu eigen gewesen sei. Dieser Beschluß wurde damals nicht nur aufgezeichnet, sondern auch auf einer Erztafel eingeschrieben und uns ausgehändigt. Wahrhaftig, gar sehr lieben dich deine Syrakusaner, die du so oft im Munde führst – glauben sie doch, es sei ein hinlänglich triftiger Grund für sie, mit deinem Ankläger Freundschaft zu schließen, daß er dich anklagen wolle und daß er erschienen sei, die Voruntersuchung gegen dich zu

venerit. Postea decernitur, ac non varie sed prope cunctis sententiis, ut laudatio quae C. Verri decreta esset tolleretur.

In eo cum iam non solum discessio facta esset, sed 146
etiam perscriptum atque in tabulas relatum, praetor appellatur. At quis appellat? magistratus aliqui? Nemo. Senator? Ne id quidem. Syracusanorum aliqui? Minime. Quis igitur praetorem appellat? Qui quaestor istius fuerat, P. Caesetius. O rem ridiculam! o desertum hominem, desperatum, relictum! A magistratu Siculo, ne senatus consultum Siculi homines facere possent, ne suum ius suis moribus, suis legibus obtinere possent, non amicus istius, non hospes, non denique aliquis Siculus, sed quaestor populi Romani praetorem appellat! Quis hoc vidit, quis audivit? Praetor aequus et sapiens dimitti iubet senatum. Concurrit ad me maxima multitudo. Primum senatores clamare sibi eripi ius, eripi libertatem, populus senatum laudare, gratias agere, cives Romani a me nusquam discedere. Quo quidem die nihil aegrius factum est multo labore meo quam ut manus ab illo appellatore abstinerentur.

147

Cum ad praetorem in ius adissemus, excogitat sane acute quid decernat; nam ante quam verbum facerem, de sella surrexit atque abiit. Itaque tum de foro, cum iam advesperasceret, discessimus. Postridie mane ab eo postulo ut Syracusanis liceret senatus consultum, quod pridie fecissent, mihi reddere. Ille enim vero negat et ait in-

führen. Hernach beschließt man, und zwar nicht mit geteilter Meinung, sondern fast einstimmig, die Belobigung, die man für C. Verres beschlossen habe, sei nichtig.

Nachdem man nicht nur abgestimmt, sondern den Beschluß bereits aufgeschrieben und im Protokoll vermerkt hatte, wird in dieser Sache Beschwerde beim Prätor eingelegt. Doch wer beschwert sich? Eine Amtsperson? Nein. Ein Ratsherr? Auch nicht. Ein Bürger von Syrakus? Keineswegs. Wer beschwert sich also beim Prätor? Der einstige Quästor des Verres, P. Caesetius. Welch lächerliche Geschichte! Der unmögliche, der hoffnungslose und verlorene Mann! Damit Sizilier keinen Beschluß ihres Gemeinderats zustande bringen können, damit sie nicht ihr Recht, wie ihre Gewohnheiten, ihre Gesetze es vorsehen, handhaben können, deshalb legt nicht ein Freund des Verres, nicht ein Gastgeber, überhaupt nicht irgendein Sizilier, sondern ein Quästor des römischen Volkes gegen eine sizilische Behörde Beschwerde beim Prätor ein! Hat man das schon gesehen, das schon gehört? Der gerechte und weise Prätor erklärt die Sitzung des Rats für aufgehoben. Eine große Menschenmenge kommt zu mir gelaufen. Zuerst rufen die Ratsherren, man raube ihnen ihr Recht, man raube ihnen die Freiheit; das Volk lobte den Rat und sagte ihm Dank; die römischen Bürger wichen nicht mehr von meiner Seite. Nichts bereitete mir mehr Mühe an diesem Tage, als unter großer Anstrengung zu erreichen, daß man diesem Beschwerdeführer keine Gewalt antat.

Als wir beim Prätor vor Gericht erschienen, dachte der sich eine recht schlaue Maßnahme aus. Denn ehe ich noch ein Wort vorbrachte, erhob er sich von seinem Sessel und ging fort. Und so verließen auch wir den Markt, da es bereits zu dämmern begann. Am folgenden Morgen beantrage ich bei ihm, er möge den Syrakusanern erlauben, mir den Senatsbeschluß vom Vortage auszuhändigen. Er aber lehnt ab und

dignum facinus esse quod ego in senatu Graeco verba fecissem; quod quidem apud Graecos Graece locutus essem, id ferri nullo modo posse. Respondi homini ut potui, ut debui, ut volui. Cum multa tum etiam hoc me memini dicere, facile esse perspicuum quantum inter hunc et illum Numidicum, verum ac germanum Metellum, interesset; illum noluisse sua laudatione iuvare L. Lucullum, sororis virum, quicum optime convenisset, hunc homini alienissimo a civitatibus laudationes per vim et metum comparare.

Quod ubi intellexi, multum apud illum recentis nun- 148
tios, multum tabellas non commendaticias sed tributarias valuisse, admonitu ipsorum Syracusanorum impetum in eas tabulas facio in quibus senatus consultum perscripserant. Ecce autem nova turba atque rixa, ne tamen istum omnino Syracusis sine amicis, sine hospitibus, plane nudum esse ac desertum putetis! Retinere incipit tabulas Theomnastus quidam, homo ridicule insanus, quem Syracusani Theoractum vocant; qui illic eius modi est ut eum pueri sectentur, ut omnes cum loqui coepit inrideant. Huius tamen insania, quae ridicula est aliis, mihi tum molesta sane fuit; nam cum spumas ageret in ore, oculis arderet, voce maxima vim me sibi adferre clamaret, copulati in ius pervenimus.

Hic ego postulare coepi ut mihi tabulas obsignare ac 149
deportare liceret; ille contra dicere, negare esse illud senatus consultum in quo praetor appellatus esset, negare

erklärt, es sei ein unwürdiges Betragen, daß ich vor einem griechischen Gemeinderate gesprochen hätte; daß ich gar vor Griechen in griechischer Sprache geredet, das sei gänzlich unerträglich. Ich antwortete dem Manne, wie ich konnte, wie ich mußte, wie ich wollte. Ich erinnere mich, außer vielem anderen auch folgendes gesagt zu haben: es sei leicht erkennbar, welch großer Unterschied zwischen ihm und dem Numidicus, einem wahren und echten Meteller, bestehe; der habe den L. Lucullus[134], den Gatten seiner Schwester, mit dem er im besten Einvernehmen stand, nicht durch sein Lob unterstützen wollen; er hingegen suche einem gänzlich fremden Menschen durch Gewalt und Einschüchterung Belobigungen von seiten der Gemeinden zu verschaffen.

Als ich erkannte, wieviel bei ihm die jüngsten Nachrichten, wieviel die Briefe vermocht hatten, die keine Empfehlungen, sondern Versprechungen enthielten[135], da bemächtige ich mich auf Anraten der Syrakusaner auf eigene Faust der Protokolle, in denen man den Beschluß des Rates aufgezeichnet hatte. Doch siehe, da entsteht aufs neue Lärm und Streit; ihr dürft nicht glauben, Verres sei in Syrakus gänzlich ohne Freunde und Gastgeber, er sei dort völlig entblößt und verlassen. Ein gewisser Theomnastos macht Anstalten, mir die Protokolle vorzuenthalten – ein lächerlicher Narr, den die Syrakusaner Theoraktos[136] nennen; er ist ein Mensch, dem die Kinder dort nachlaufen, den alle auslachen, wenn er zu reden beginnt. Doch seine Verrücktheit, die anderen zu lachen gibt, bereitete mir damals wirklich Schwierigkeiten. Denn der Schaum stand ihm vorm Munde, seine Augen glühten, und er schrie aus Leibeskräften, ich wolle ihm Gewalt antun, als wir der eine am anderen zerrend vor Gericht erschienen.

Hier stellte ich den Antrag, man möge mir gestatten, die Protokolle versiegeln zu lassen und mitzunehmen. Der Mensch erhob Einwände; er sagte, das sei kein Ratsbeschluß, gegen

id mihi tradi oportere. Ego legem recitare, omnium mihi tabularum et litterarum fieri potestatem; ille furiosus urgere nihil ad se nostras leges pertinere. Praetor intellegens negare sibi placere, quod senatus consultum ratum esse non deberet, id me Romam deportare. Quid multa? nisi vehementius homini minatus essem, nisi legis sanctionem poenamque recitassem, tabularum mihi potestas facta non esset. Ille autem insanus, qui pro isto vehementissime contra me declamasset, postquam non impetravit, credo, ut in gratiam mecum rediret, libellum mihi dat in quo istius furta Syracusana perscripta erant, quae ego antea iam ab aliis cognoram et acceperam.

Laudent te iam sane Mamertini, quoniam ex tota pro- 150
vincia soli sunt qui te salvum velint, ita tamen laudent ut Heius, qui princeps legationis est, adsit, ita laudent ut ad ea quae rogati erunt mihi parati sint respondere. Ac ne subito a me opprimantur, haec sum rogaturus: navem populo Romano debeantne? fatebuntur. Praebuerintne praetore C. Verre? negabunt. Aedificarintne navem onerariam maximam publice, quam Verri dederunt? negare non poterunt. Frumentum ab iis sumpseritne C. Verres, quod populo Romano mitteret, sicuti superiores? negabunt. Quid militum aut nautarum per triennium dederint? nullum datum dicent. Fuisse Messanam omnium

den beim Prätor Beschwerde eingelegt sei; er behauptete, man dürfe mir den Beschluß nicht aushändigen. Ich verlas das Gesetz: man sei verpflichtet, mir alle Protokolle und Urkunden zugänglich zu machen. Er aber bestand wütend darauf, daß ihn unsere Gesetze nichts angingen. Der verständige Prätor erklärte, er könne es nicht gutheißen, daß ich einen Ratsbeschluß, den man als ungültig betrachten müsse, mit mir nach Rom nehmen wolle. Wozu viele Worte: wenn ich dem Mann nicht heftiger gedroht, wenn ich nicht die Sicherung und Strafklausel des Gesetzes verlesen hätte, dann wären mir die Protokolle nicht zugänglich gemacht worden. Als nun der Verrückte, der sich für Verres ganz unbändig gegen mich ausgelassen hatte, seinen Zweck nicht erreichte, da gab er mir – ich glaube, um sich wieder Liebkind bei mir zu machen – ein Verzeichnis, in dem sämtliche syrakusanischen Diebereien des Verres aufgezählt waren, die ich schon vorher von anderer Seite erfahren und mitgeteilt bekommen hatte.

Jetzt mögen dich die Mamertiner immerhin loben, da sie ja in der ganzen Provinz die einzigen sind, die deine Rettung wünschen[137] – unter der Voraussetzung allerdings, daß Heius, das Haupt ihrer Gesandtschaft, zugegen ist und daß sie bereit sind, mir auf meine Fragen zu antworten. Und damit sie nicht plötzlich von mir überfallen werden – ich will sie nach folgendem fragen: ob sie dem römischen Volke ein Schiff schuldig seien. Das werden sie zugeben. Ob sie es während der Prätur des C. Verres geliefert hätten. Das werden sie verneinen. Ob sie das große Lastschiff, das sie dem Verres lieferten, auf öffentliche Kosten gebaut hätten. Das werden sie nicht bestreiten können. Ob sich C. Verres wie seine Vorgänger Getreide von ihnen habe geben lassen, um es dem römischen Volke zu senden. Das werden sie verneinen. Wie viele Soldaten oder Seeleute sie in den drei Jahren gestellt hätten. Sie werden sagen: keinen. Sie werden nicht leugnen können,

istius furtorum ac praedarum receptricem negare non poterunt; permulta multis navibus illinc exportata, hanc navem denique maximam, a Mamertinis datam, onustam cum isto profectam fatebuntur.

Quam ob rem tibi habe sane istam laudationem Ma- 151
mertinorum; Syracusanam quidem civitatem ut abs te adfecta est ita in te esse animatam videmus, apud quos etiam Verria illa flagitiosa sublata sunt. Etenim minime conveniebat ei deorum honores haberi qui simulacra deorum abstulisset. Etiam hercule illud in Syracusanis merito reprehenderetur, si, cum diem festum ludorum de fastis suis sustulissent celeberrimum et sanctissimum, quod eo ipso die Syracusae a Marcello captae esse dicuntur, idem diem festum Verris nomine agerent, cum iste a Syracusanis quae ille calamitosus dies reliquerat ademisset. At videte hominis impudentiam atque adrogantiam, iudices, qui non solum Verria haec turpia ac ridicula ex Heracli pecunia constituerit, verum etiam Marcellia tolli imperarit, ut ei sacra facerent quotannis cuius opera omnium annorum sacra deosque patrios amiserant, eius autem familiae dies festos tollerent per quam ceteros quoque festos dies recuperarant.

daß Messana der Speicher aller seiner Diebereien und Beutezüge gewesen ist. Sie werden zugeben müssen, daß von dort vielerlei Dinge auf zahlreichen Schiffen ausgeführt wurden, daß schließlich das große Schiff, das die Mamertiner geliefert haben, schwer beladen gemeinsam mit Verres abgegangen ist.

Darum behalte nur deine Belobigung der Mamertiner. Die Gemeinde Syrakus sehen wir jedenfalls so gegen dich eingestellt, wie du sie behandelt hast. Dort hat man auch das schmachvolle Verres-Fest wiederaufgehoben. Es war ja wirklich ungehörig, daß jemand, der Götterbilder geraubt hatte, göttliche Ehren genoß. Wahrhaftig, man hätte die Syrakusaner auch deshalb mit Recht tadeln können: sie hatten einen stark besuchten und hochheiligen Festspieltag von ihrem Kalender gestrichen, weil, wie es heißt, an diesem Tage Syrakus von Marcellus erobert worden ist; wie sollten sie dann einen Festtag für Verres begehen, der den Syrakusanern geraubt hatte, was ihnen an jenem Unglückstage noch geblieben war? Und seht die Unverschämtheit und Anmaßung dieses Burschen, ihr Richter: er hat nicht nur mit dem Gelde des Heraclius das schandbare und lächerliche Verres-Fest gestiftet, sondern auch die Aufhebung des Marcellus-Festes befohlen[138]; sie sollten alljährlich dem zu Ehren eine Feier begehen, durch dessen Treiben sie alle Jahresfeiern und die angestammten Götter verloren hatten, und zugleich die Festtage *der* Familie tilgen, durch die ihnen auch die übrigen Festtage zurückgeschenkt worden waren.

ANHANG

EINFÜHRUNG

Das Zeitalter der Bürgerkriege

Die Spanne von Ciceros Leben (106–43 v. Chr.) fiel in das Zeitalter der Bürgerkriege, in die Epoche des Übergangs von der Adelsrepublik zur Monarchie (133–30 v. Chr.).

Daß der römische Staat für ein volles Jahrhundert in eine schwere Krise, in ein Labyrinth des Zwistes geriet, war nicht zuletzt, so paradox es klingt, durch eine Kette von Erfolgen verursacht. Rom hatte im 3. und 2. Jahrhundert v. Chr. die Herrschaft über den gesamten Mittelmeerraum errungen. Von den Früchten all der Siege und Eroberungen profitierte indes fast nur die römische Oberschicht, insbesondere die Senatsaristokratie. Der bäuerliche Mittelstand verlor infolge der ständigen Kriegsdienste weithin seine Existenzgrundlage, und die italischen Bundesgenossen, denen die gleichen Lasten aufgebürdet wurden wie den römischen Bürgern, erhielten nicht den gleichen Lohn. Tiberius und Gaius Gracchus und deren Nachfolger versuchten, den Bauernstand auf Kosten des Großgrundbesitzes zu regenerieren und den Bewohnern Italiens das römische Bürgerrecht zu verschaffen. Die Versuche scheiterten; sie wurden von der Senatsaristokratie unterdrückt.

So kam es im Jahre 91 v. Chr. zum ersten großen Flächenbrand des Krisenzeitalters, zum Bundesgenossenkrieg und im unmittelbaren Anschluß daran zum Bürgerkrieg zwischen den Anhängern Sullas und des Marius. Seitdem bestimmten weniger sachliche Ziele als die Machtkämpfe der großen Revolutionsführer die Ereignisse. Eine Notmaßnahme des Cimbernkrieges (113–101 v. Chr.) hatte hierfür die Voraussetzung geschaffen: Da es an Soldaten fehlte, wurden die mittellosen Bürger, die nicht zu dienen

brauchten, als Söldner angeworben. Nunmehr bedrohten oder beherrschten die jeweiligen Feldherren und ihre Truppen, durch ein wechselseitiges Treueverhältnis zu beiderseitigem Nutzen miteinander verbunden, den zivilen Staatsapparat. Sulla griff zum ersten Male mit Truppen in die innenpolitischen Auseinandersetzungen ein, und hieraus erwuchs in den folgenden Jahren eine Klimax der Greuel, die in den sullanischen Proskriptionen (82–81 v. Chr.) gipfelte.

Auf die Schreckenszeit der achtziger Jahre folgten drei Dezennien verhältnismäßiger Ruhe (80–49 v. Chr.). Obwohl auch damals einzelne Große – zunächst Pompeius allein, seit Caesars Konsulat (59 v. Chr.) das Bündnis der Triumvirn Caesar, Pompeius, Crassus – die politische Bühne beherrschten, war es die letzte Periode, in der die republikanische Verfassung mit ihren Wahlen und jährlich wechselnden Beamten noch recht und schlecht funktionierte.

Erst Caesars Konflikt mit dem Senat (49 v. Chr.) führte abermals in den Bürgerkrieg und schließlich, nach Caesars Sieg, in eine ständige Diktatur. Doch der Diktator wurde ermordet (15. März 44 v. Chr.); das ungeheure Ringen, das dieses Ereignis nach sich zog, zerrieb die letzten Kräfte der Republik und mündete über das Interim der Dreimännerherrschaft von Oktavian, Antonius und Aemilius Lepidus endgültig in die Monarchie (30 v. Chr.).

Cicero

Marcus Tullius Cicero, der Politiker, Redner, Philosoph und Prosaschriftsteller, wurde am 3. Januar 106 v. Chr. in Arpinum, einer Volskerstadt am Liris, etwa 100 km südöstlich von Rom, geboren, in demselben Ort, aus dem auch

der Cimbernsieger und Revolutionsführer Marius stammte. Der Vater, der dem Ritterstand angehörte, lebte dort still und zurückgezogen auf dem bescheidenen Gut der Familie. Er plante die Erziehung seiner beiden Söhne – des Marcus und des jüngeren Quintus – mit Sorgfalt; hierbei waren ihm Beziehungen zu den beiden bedeutendsten Rednern der Zeit von Nutzen, zu Lucius Licinius Crassus und Marcus Antonius. Die Brüder wurden nach Rom geschickt, wo Marcus sofort durch seine große Begabung auffiel.

Wer den Fünfzehn- bis Sechzehnjährigen mit den Anfangsgründen der Rhetorik vertraut gemacht hat, ist nicht bekannt. Cicero lernte vor allem auf dem Forum, indem er den Rednern, die dort auftraten, zuhörte. Im Jahre 89 v. Chr., während des Bundesgenossenkrieges, hat er seinen Militärdienst geleistet, zunächst im Heer des Gnaeus Pompeius Strabo, beim Vater des berühmten Pompeius, dann unter Sulla. Hiermit fand seine militärische Karriere ein rasches Ende; er war keine soldatische Natur und machte kein Hehl daraus.

Die Jahre der marianisch-sullanischen Wirren (88–82 v. Chr.) hat Cicero benutzt, sich intensiv mit den beiden griechischen Bildungsmächten, mit Rhetorik und Philosophie, zu beschäftigen. Unter den Redelehrern, bei denen er damals übte, ragte Apollonios Molon aus Rhodos hervor; bei ihm hat er später, während seiner Bildungsreise in den Osten, noch einmal studiert, um seine Sprechtechnik zu verbessern.

Sein wichtigster philosophischer Lehrer jener Zeit war Philon aus Larissa, Repräsentant der sogenannten skeptischen Akademie – der skeptischen, weil die Schule Platons damals die Möglichkeit unumstößlich sicherer Wahrheitserkenntnis bestritt. Bald darauf, mit Antiochos von Aska-

lon, kehrte sie allerdings zu ihrer ursprünglichen Position, zum Glauben an unwiderlegliches Wissen, zurück. Doch Cicero ist zeit seines Lebens skeptischer Akademiker geblieben: Die skeptische Methode, durch Erörterung des Für und Wider die jeweils wahrscheinlichste Lösung ausfindig zu machen, war ihm, dem Redner und Politiker, gemäßer als jedweder Dogmatismus.

Cicero, der nicht schon kraft seiner Geburt der Senatsaristokratie angehörte, der als Ritter ein *homo novus*, ein «Neuling» war, mußte sich, wenn er die politische Laufbahn einschlagen und dort gar die höchsten Stufen erreichen wollte, durch besondere Leistungen hervortun. Für ihn, den rednerisch Begabten, kam der Beruf des *patronus*, des Anwalts in Betracht, und so begann er, etwa fünfundzwanzigjährig, nachdem der Bürgerkrieg beendet war und Sulla der Senatsaristokratie, den Optimaten, wieder zu sicherem Besitz der Macht verholfen hatte, seine öffentliche Wirksamkeit, indem er als Verteidiger auftrat.

Die zweite der aus dieser Zeit erhaltenen Reden, für einen gewissen Sextus Roscius aus Ameria, der des Vatermords angeklagt war, wirft ein düsteres Licht auf die Zustände unmittelbar nach den Proskriptionen Sullas, den Vogelfreierklärungen politischer Gegner (80 v. Chr.). Sie war ein großer Erfolg. Cicero hatte in den Angriffen, die er gegen einen Günstling Sullas vortrug, Mut bewiesen: Er stand ganz und gar auf seiten des siegreichen Senatsregimes, ging jedoch schonungslos gegen Exzesse und Rechtsbrüche vor.

Er war damals von schwächlicher Konstitution; er übernahm sich und geriet in eine physische Krisis; zumal seine Stimme schien gefährdet. Er unterbrach die Anwaltstätigkeit und trat eine Erholungs- und Bildungsreise an, die ihn nach Griechenland und an die kleinasiatische Küste führte

– Hauptziel der etwa zweijährigen Unternehmung (79–77 v. Chr.) war die Schulung der Stimme.

Nach seiner Rückkehr begann Cicero aufs neue, sich als Prozeßbeistand zu betätigen; außerdem war er nunmehr alt genug, die republikanische Ämterleiter zu erklimmen: Er wurde im Jahre 75 v. Chr. Quästor, im Jahre 69 v. Chr. Ädil und drei Jahre darauf Prätor. In die Jahre 71/70 v. Chr. fiel der größte Prozeß seines Lebens, das Verfahren gegen Gaius Verres, den erpresserischen Statthalter Siziliens, worin er ausnahmsweise die Rolle des Anklägers übernahm. Er wurde mit Umsicht und Tatkraft aller Hindernisse Herr, die eine ganze Clique ihm bereitete; er galt, nachdem er Verres in die Verbannung getrieben hatte, als der erste Anwalt Roms. Seine politische Linie stimmte mit der, nach der er sich zehn Jahre zuvor gerichtet hatte, überein: Er stand fest zur überkommenen Adelsrepublik, suchte jedoch Schäden, die sich durch Machtmißbrauch und Korruption einzufressen drohten, von ihr abzuwehren.

Seine erste politische Rede hielt er während seiner Prätur: Er empfahl die Annahme eines Gesetzesantrags, der für Pompeius, damals Roms erfolgreichsten General, im Kampf gegen Mithridates VI. von Pontos (Kleinasien) außerordentliche Vollmachten vorsah. Er wollte sich hiermit den einflußreichen Mann verpflichten; andererseits erregte seine Ansprache Argwohn bei der Senatsaristokratie. Gleichwohl erreichte er dank seinem Geschick und seinem Eifer – und nicht zuletzt dank der Fragwürdigkeit seines Rivalen Catilina – für das Jahr 63 v. Chr. das Konsulat.

Mit dem höchsten Jahresamt war Cicero ans Ziel seines Strebens gelangt. Er erhielt hinlänglich Gelegenheit, sich zu bewähren: Der marode römische Staat provozierte wiederholt zweifelhafte Kräfte zum Bruch der Verfassung. Einen Gesetzesantrag zur Bodenreform – der nicht mehr, wie

zur Zeit der Gracchen, einem echten Notstand abhelfen sollte – wußte Cicero dadurch aus dem Felde zu schlagen, daß er behauptete, die für die Durchführung vorgesehene Kommission werde, wenn sie erst am Ruder sei, mit unumschränkter Gewalt regieren können. Vor allem gelang es ihm, den Putschisten Catilina unschädlich zu machen: Er entlarvte seine Pläne und ließ fünf seiner Helfer verhaften und, nachdem er sie überführt hatte, hinrichten. Die Senatsaristokratie feierte ihn daraufhin als Retter des Vaterlandes, und er selbst überschätzte die Bedeutung seines Erfolges – er glaubte, daß die seit der Zeit der Gracchen schwärende Krise des Staates nunmehr endgültig überwunden sei. Sein politischer Slogan lautete *Concordia ordinum*, «Eintracht der Stände», d. h. zwischen Senatsaristokratie und Ritterschaft; hierbei machte er sich von der Zuverlässigkeit und dem politischen Einfluß dieser Schichten eine falsche Vorstellung.

Die fünf Catilinarier waren standrechtlich, ohne ein ordentliches Verfahren, hingerichtet worden, und so sah sich Cicero nach seinem Konsulat von den erstarkenden revolutionären Kräften einer zunehmend heftigen Kritik ausgesetzt. Die Mächtigsten im Staate, Caesar, Pompeius und Crassus, schlossen sich damals zum sogenannten Ersten Triumvirat zusammen, zu einem Revolutionskomitee, das, auf Truppen gestützt, die Politik bestimmte, während die republikanische Verfassung zum Scheine bestehen blieb (60/59 v. Chr.).

Als Cicero sich weigerte, mit dem Dreibund gemeinsame Sache zu machen, erhielt sein persönlicher Todfeind, der damalige Volkstribun Clodius, freie Hand, ihn wegen der Catilinarier zur Rechenschaft zu ziehen – Cicero ging, ohne den Prozeß abzuwarten, in die Verbannung nach Thessalonike (58 v. Chr.).

Nach etwa anderthalb Jahren des Klagens über sein schweres Los durfte er zurückkehren – abermals verkannte er die Lage und wähnte, daß die Krise des Staates für immer überwunden sei. Die Triumvirn aber ließen ihn wissen, daß sein Verbleiben in Rom von seinem politischen Wohlverhalten abhänge. Auf ihre Weisung hin mußte er selbst ehemalige Gegner vor Gericht verteidigen; er war sich seiner mißlichen Lage bewußt und wagte gleichwohl nicht, sich die volle Wahrheit einzugestehen.

Cicero fand Trost in der Schriftstellerei: Damals entstanden seine selbständigsten, am wenigsten von griechischen Quellen abhängigen Dialoge, das rhetorische Hauptwerk *De oratore* sowie die nur zu Teilen erhaltene staatsphilosophische Schrift *De re publica.* Als sich schon der caesarische Bürgerkrieg zusammenbraute, erhielt er den Auftrag, als Prokonsul die Provinz Kilikien zu verwalten (51 v. Chr.); am Vorabend des Krieges kehrte er zurück (Ende 50 v. Chr.).

Er hoffte, zwischen dem Senat und Caesar vermitteln zu können; als er sich endlich von der Unerfüllbarkeit seiner Friedenswünsche überzeugt hatte, schlug er sich mit halbem Herzen auf die Seite der Senatspartei und des Pompeius und ging in deren Machtbereich, nach Griechenland. Im Sommer 48 v. Chr. kam es bei Pharsalus in Thessalien zur Entscheidungsschlacht. Die Truppen der Senatspartei unterlagen, und Pompeius, der sich nach Ägypten zu retten suchte, wurde umgebracht. Cicero kehrte nach Italien zurück; er mußte etwa ein Jahr lang in Brundisium ausharren, bis ihm die Begnadigung durch Caesar – der ihn stets mit Respekt und Takt behandelt hatte – die Bewegungsfreiheit zurückgab (47 v. Chr.).

Cicero geriet nunmehr, während der Diktatur Caesars, in das Fahrwasser von dessen Versöhnungspolitik: Er setz-

te sich durch Antichambrieren, Korrespondieren und Plädoyers für die Begnadigung politischer Gegner Caesars ein. Hauptsächlich aber oblag er der philosophischen Schriftstellerei. Er hat in etwa zweieinhalb Jahren (Ende 47–44 v. Chr.), in einer Schaffensperiode, die auch durch den Tod der geliebten Tochter Tullia nicht lange unterbrochen wurde, die Mehrzahl seiner philosophischen und rhetorischen Schriften verfaßt.

Die Ermordung Caesars an den Iden des März 44 v. Chr. führte eine weitere Peripetie in Ciceros wechselvollem Leben herbei – es sollte die letzte sein. Cicero leitete vom Dezember 44 bis zum Frühjahr 43 v. Chr. die Geschicke der römischen Republik; er unternahm gemeinsam mit den Caesarmördern Brutus und Cassius noch einmal einen Versuch, die überlieferte Verfassung allen revolutionären Gewalten zum Trotz zu bewahren. Er beging hierbei den verhängnisvollen Fehler, sich im Kampf gegen den Caesarianer Antonius auf den Caesarerben, den jungen Oktavian und nachmaligen Kaiser Augustus, als Bundesgenossen einzulassen; die vierzehn «Philippiken», sein letztes rednerisches Werk, halten diesen verzweifelten Kampf in allen Phasen fest. Im Sommer 43 v. Chr. machten Antonius und Oktavian ihrer Gegnerschaft ein Ende; sie schlossen sich mit Aemilius Lepidus zu einem Dreimänner-Komitee zusammen. Die von ihnen beschlossenen Proskriptionen erklärten Cicero für vogelfrei; er wurde am 7. Dezember 43 v. Chr. ermordet.

Zur antiken Rede

Die antike Rede ist eine eigenartige Erscheinung. Man hat stets Reden gehalten und wird stets Reden halten; doch in Griechenland und Rom konnten aus derlei Reden zu be-

stimmten Zeiten Literaturwerke hervorgehen, ja die Rede wurde zur antiken Prosagattung par excellence.

Die antike Rhetorik pflegte drei Arten von Reden zu unterscheiden: die politische Ansprache, das Plädoyer vor Gericht und den Festvortrag. Dieses durch seine Einfachheit bestechende Schema trügt, weil es Ungleichartiges zusammenfaßt. Denn nur die politische Ansprache und das Plädoyer vor Gericht sind wirkliche ‹Rede›, der es nur zu bestimmten Zeiten gelungen ist, etwas schriftlich Fixiertes und als Buch Verbreitetes und damit ‹Literatur› zu werden. Der Festvortrag hingegen und alles, was mit ihm verwandt ist, ähnelt zwar der eigentlichen Rede in der Weise der Darbietung; doch der Sache nach gehört er stets und von Anfang an zur Literatur.

Echte Rede ist in der Antike nur an zwei Orten und in zwei Perioden zu Literatur geworden. Die griechische Beredsamkeit war in Athen beheimatet, und sie entfaltete sich dort in dem Jahrhundert von etwa 430 bis 330 v. Chr. Die römische Beredsamkeit beschränkte sich auf die Hauptstadt Rom; sie hatte ihren Schwerpunkt in der Krisenzeit von 133 bis 30 v. Chr. Die Entwicklung der echten Rede, die zu Literatur wurde, erstreckte sich also jeweils über vier bis fünf Generationen; ihr ging beide Male eine lange nicht-literarische Phase voraus.

Wie in Athen, so nahm die politische Eloquenz auch in Rom ein jähes Ende, das durch äußere Ereignisse bedingt war: Die staatlichen Institutionen, die sie ermöglicht und hervorgebracht hatten, verloren ihre Handlungsfreiheit. Die attische Beredsamkeit büßte durch eine außenpolitische Wende, den Beginn der makedonischen Vorherrschaft, ihr Daseinsrecht ein; in Rom entzog ein innenpolitisches Ereignis, der Übergang zur Monarchie, den republikanischen Staatsorganen die bisherige Selbständigkeit.

Chaironeia und Philippi, die Schlachten der Jahre 338 und 42 v. Chr., besiegelten jeweils das Schicksal einer Blütezeit der politischen Rede.

Alle echte Rede, auch die, die paradoxerweise zu Literatur wurde, ist von Hause aus nicht-literarisch; sie ist eine Spezies des Handelns. Sie will, wie schon die antike Theorie feststellte, überreden; sie sucht die Hörer zu einem bestimmten, vom Redner gewünschten Verhalten zu veranlassen, indem sie bei ihnen die Überzeugung weckt, daß gerade dieses Verhalten richtig sei. Der Zweck der echten Rede erschöpft sich niemals darin, etwas Allgemeines, zum Beispiel ethische Maximen oder juristische Grundsätze, zu propagieren – dergleichen gehört bereits zur Domäne der festlichen Rede, des Vortrags.

Die echte Rede zielt auf die unverzügliche Entscheidung eines einzelnen Problems oder Falles. Sie ist daher an eine konkrete Situation gebunden, die mehrere Möglichkeiten des Verhaltens zuläßt, und die Hörer sind aus irgendeinem Grund verpflichtet, die eine oder andere Möglichkeit zu wählen. Sie ist also von Hause aus nur für den Augenblick bestimmt, und sie geht unter, sobald sie ihren Zweck erfüllt oder verfehlt hat, wie jede Phase menschlichen Handelns im kontinuierlichen Strom des Geschehens untergeht. Sie ist außerdem ihrem Wesen nach auf Alternativen hin angelegt: Da die Situation, auf die sie sich bezieht, mehrere Möglichkeiten eröffnet, kann ein Redner diese, ein anderer jene Möglichkeit vorschlagen; zu jeder Rede gehört potentiell mindestens eine Gegenrede.

Aus diesen Merkmalen ergibt sich, daß die echte und noch nicht literarisierte Rede ein anderes Verhältnis zur Wahrheit hat als ein Literaturwerk. Die Wahrheit eines von Anfang an literarischen Erzeugnisses bestimmt sich aus ihm selbst, die Wahrheit einer Rede hingegen aus dem

Rohstoff der Wirklichkeit, den sie für eine Entscheidung zubereitet. Das Literaturwerk bringt seine Wahrheit gleichsam aus sich hervor; die Rede reproduziert gegebene Tatsachen. Nicht als ob deshalb die Wahrheit bei der Rede besonders gut aufgehoben wäre; im Gegenteil, aus ihrem spezifischen Verhältnis zur Wirklichkeit folgt, daß sie die Wahrheit viel gründlicher entstellen kann als jedes Literaturwerk. In gewisser Weise gehört die Entstellung der Wahrheit sogar zu ihren Obliegenheiten. Eine gute Rede wird allerdings weder etwas behaupten, was jedermann widerlegen kann, noch leugnen, was jedermann weiß; durch so grobe Mittel würde sie sich sofort um ihre Überzeugungskraft bringen. Sie soll vielmehr den Spielraum der Bedeutungen ausnutzen, den die einzelnen Tatsachen dem Deutenden zu gewähren pflegen, und soll hieraus eine in sich widerspruchsfreie Deutung des Ganzen ableiten.

So etwa steht es mit der echten Rede; nunmehr fragt sich, wie aus ihr bei den Griechen und Römern zu bestimmten Zeiten nicht nur historische oder biographische Dokumente (was immer und überall möglich ist), sondern wirkliche Literaturwerke hervorgehen konnten. Die wichtigste Voraussetzung, die es ermöglichte, daß die Rede die trennende Kluft zum Literaturwerk überwand, war sicherlich die Form. Nun hat gewiß alle zusammenhängende menschliche Rede irgendwelche Form, und zwar sowohl im ästhetischen als auch im logischen Sinne, als Form des Wortes und als Form des Gedankens. Die Griechen und hernach auch ihre Schüler, die Römer, haben jedoch den Kult der Form auf die Spitze getrieben; sie huldigten ihm mit Methode und brachten einen Standard der bis in alle Einzelheiten formalisierten Rede hervor. Die Technik des Beweisens und die Technik der stilistischen Effekte machten ja den Hauptinhalt des rhetorischen Unterrichts aus;

das Argument und die Pointe, der Trugschluß und der pathetische Erguß waren gleich legitime Mittel der Überredung.

Der Prozeß der Literarisierung war zuallererst durch die Rhetorik bedingt. Sie hat nicht nur bei den Rednern selbst, sondern auch bei vielen Hörern ein hohes Maß an Sensibilität für die Bedeutung der Form erzeugt. Sie verbreitete Konventionen und förderte die Einsicht, daß sich die Form vom Inhalt trennen lasse, daß sie für sich betrachtet und genossen werden könne. Angesichts dieser Gegebenheiten taten die Redner einen wichtigen Schritt: Sie legten den Wortlaut ihrer Erzeugnisse schriftlich fest und verbreiteten ihn als Buch.

Mit der Publikation löste sich die Rede von ihrem ursprünglichen Anlaß und Zweck; sie sollte jetzt nicht mehr eine einzelne, unwiederholbare Entscheidung herbeiführen, sondern allgemein für das advokatorische Können oder die politischen Ideen des Verfassers werben. Diese neue Bestimmung wiederum bewirkte, daß die Form erheblich an Terrain gewann, daß die Rede ‹literarischer› wurde.

Der antike Redner pflegte zunächst nur ein Konzept herzustellen, das er sich gründlich einprägte; er verlas kein Manuskript, sondern sprach frei, so daß viel Raum für Improvisationen blieb. Die Buchausgabe hingegen nötigte ihn, auf alle Einfälle des Augenblicks, die meist von den Umständen abhingen, zu verzichten; die Rede konnte jetzt nur noch aus sich selbst wirken. Sie mußte sich daher der Kritik des Lesers in vollendeter Gestalt präsentieren, bis ins einzelne ausgearbeitet und sorgfältiger Feile unterworfen.

Immerhin befand sich die solchermaßen dem Literaturwerk angenäherte Rede nunmehr, da sie lediglich für ihren Urheber werben sollte, noch im verletzlichen Stadium der

Flugschrift, der Broschüre: Der Redner hatte erreicht, daß sein Erzeugnis den ursprünglichen Anlaß überlebte; doch daß es ihn selbst überlebte, lag zunächst weder in seiner Absicht noch in seiner Macht.

Jetzt nahm sich die Allgemeinheit der Sache an, insbesondere die Schule. Die Rede wurde pädagogischen Zwecken dienstbar gemacht, und dieser Schritt vollendete ihre Literarisierung. Die Lehrer benutzten die Werke bestimmter Redner als Muster für ihren rhetorischen Unterricht, und bei ihrer Wahl ließen sie sich wohl nicht nur von der exemplarischen Form leiten, sondern auch vom exemplarischen Stoff, zum Beispiel von der heroischen oder patriotischen Haltung des Autors; schließlich wurde die ganze Epoche, die die großen Redner hervorgebracht hatte, zum ästhetischen und moralischen Paradigma. So wuchs der ursprünglich für den Augenblick konzipierten Rede immer mehr Dauer und Allgemeingültigkeit zu.

Dieser Prozeß der Monumentalisierung brachte freilich eine unliebsame Begleiterscheinung mit sich: Die wachsende historische Distanz bewirkte, daß man sich immer schlechter mit den Prämissen auskannte, die eine jede Rede bedingt hatten. Man bemühte sich daher, die konkrete Wirklichkeit wieder einzufangen, aus der die Rede einst erwachsen war; der Text wanderte in das Studierzimmer des Philologen und kehrte von dort mit einem historischen Kommentar versehen in die Öffentlichkeit zurück.

Zu den Reden Ciceros

Aus Athens großer Zeit sind Werke der zehn zum «Kanon» gehörenden Redner erhalten. Im Falle Roms muß sich die Nachwelt mit dem einen Cicero begnügen; für sie repräsentieren seine Erzeugnisse die ganze Gattung.

Immerhin sind von ihm 54 Reden erhalten, einige davon allerdings nur ziemlich fragmentarisch. Dieses Corpus gliedert sich, chronologisch betrachtet, in die folgenden fünf Gruppen:

1. die Reden der Aufstiegszeit (81–64 v. Chr.: die vor dem Konsulat gehaltenen Reden);
2. die Reden vom Konsulat bis zum Exil (63–58 v. Chr.: die Reden des Konsulatsjahres und aus der Zeit der vergeblichen Verteidigung der Konsulatspolitik);
3. die Reden von der Rückkehr aus dem Exil bis zur Statthalterschaft in Kilikien (57–52 v. Chr.: die Reden aus der Zeit der Abhängigkeit von der Politik der Triumvirn);
4. die Reden unter Caesars Diktatur (46–45 v. Chr.);
5. die vierzehn Reden gegen Antonius, die Philippischen Reden (44–43 v. Chr.).

Diese Rubrizierung ist nicht nur von äußerlicher Art. Die Gruppen 2–5 sind jeweils durch längere Intervalle voneinander getrennt; währenddessen aber hatten sich die politischen Verhältnisse und demzufolge auch Ciceros eigene Position stark verändert, und all dies pflegt sich in den Reden zu spiegeln. Die Gruppen unterscheiden sich durch die jeweilige Gesamtatmosphäre; da Cicero sich oft wiederholte, sind die Reden einer jeden Gruppe durch gemeinsame Motive miteinander verbunden.

Ciceros Karriere begann vor Gericht; von den Reden der Aufstiegszeit ist lediglich die für Pompeius – *De imperio Gnaei Pompei* – kein Anwaltsplädoyer. Vier von ihnen haben privatrechtliche Streitigkeiten zum Gegenstand; dergleichen hat Cicero nach dem Jahre 68 v. Chr. nicht mehr übernommen. In einigen Stücken findet seine Erzählergabe Gelegenheit zu farbigen Sittengemälden, vor allem in den beiden Mord-Verteidigungen für Roscius aus Ameria (*Pro Sexto Roscio Amerino*) und für Cluentius Habitus (*Pro Aulo*

Cluentio Habito). Die cause celèbre war die Anklage gegen Verres (*In Gaium Verrem*). Die nicht gehaltene *Actio secunda*, eine fiktive Prozeßrede also, beginnt chronologisch, mit der Vita ante acta des Angeklagten (Buch 1), und führt sodann die Delikte der sizilischen Statthalterschaft nach sachlichen Rubriken geordnet vor (Buch 2–5). Das umfängliche Prozeßmaterial vermittelt ein unvergleichliches Bild von den Zuständen, wie sie in republikanischer Zeit in den römischen Untertanengebieten herrschen konnten.

In der zweiten Phase – vom Konsulat bis zum Exil – sprach Cicero nur noch als Politiker und als Strafverteidiger. Die Reden über das Siedlergesetz (*De lege agraria*) und gegen Catilina (*In Catilinam*) bezeugen zwei erfolgreiche Aktionen des Konsuls: die Abweisung eines Gesetzesantrags zur Bodenreform und den Kampf gegen Catilina. In den Strafprozessen ging es um Hochverrat, unerlaubte Wählerbeeinflussung, Gewaltanwendung, Anmaßung des römischen Bürgerrechts sowie um Untertanenerpressung (*Pro Gaio Rabirio perduellionis reo*, *Pro Lucio Murena*, *Pro Publio Sulla*, *Pro Aulo Licinio Archia poeta*, *Pro Lucio Flacco*).

Die dritte Gruppe (die Reden aus der Zeit der Dreimännerherrschaft) spiegelt die Spannungen und Risse, die die Politik ihrer Entstehungszeit durchzogen. In den drei ersten Stücken, den Rückkehrreden *Cum senatui/populo gratias egit*, *De domo sua*, ist Cicero sich selber Gegenstand: Die Konsulatspolitik und das Exil werden zu staatserhaltenden Taten emporstilisiert. Die illusorische Voraussetzung einer von den Dreimännern unabhängigen Politik zeitigt einerseits das Glanzstück der Rede für Sestius (*Pro Publio Sestio*), worin Cicero unter der Devise *cum dignitate otium* («mit Würde gewahrter Friede») seine Vorstellung von der römischen Adelsrepublik zum Ausdruck bringt, und andererseits häßliche Pamphlete: gegen Vatinius und Piso (*In*

Vatinium, In Pisonem) und über das Gutachten der Opferschauer (*De haruspicum responso*).

In den Prozeßreden dieser Gruppe geht es um Gewaltanwendung (*Pro Publio Sestio, Pro Marco Caelio, Pro Tito Annio Milone*), Anmaßung des Bürgerrechts (*Pro Lucio Cornelio Balbo*), Untertanenerpressung (*Pro Marco Aemilio Scauro, Pro Gaio Rabirio Postumo*) und unerlaubte Wählerbeeinflussung (*Pro Gnaeo Plancio*). Die Verfahren, die diesen Plädoyers zugrunde lagen, spielten sich zumeist abseits von der großen Politik, den Auseinandersetzungen zwischen den Dreimännern und der Senatspartei, ab. Die Rede für Milo, den rauflustigen Bandenführer, der Clodius erschlagen hatte, muß allerdings hiervon ausgenommen werden: In diesem Meisterwerk hat Cicero die Verteidigung gegen den Willen Caesars und des Pompeius übernommen.

Die kleine Gruppe der Caesar-Reden ist von der vorangehenden durch sechs Jahre getrennt; die republikanische Fassade, die in den fünfziger Jahren noch bestanden hatte, war eingestürzt, und Caesar schaltete als unumschränkter Inhaber aller Gewalt. Er suchte indes unter der Devise *clementia*, «Milde», ehemalige Gegner für den Wiederaufbau des Staates zu gewinnen, und Cicero macht sich diese Devise in den drei Caesar-Reden gern zu eigen: in einer Dankadresse für eine vollzogene Begnadigung (*Pro Marco Marcello*) und in zwei Plädoyers für Angeklagte, die hochverräterischer Handlungen bezichtigt wurden (*Pro Quinto Ligario, Pro rege Deiotaro*).

Die letzte Gruppe der ciceronischen Reden ist ein in sich geschlossener Block von vierzehn politischen Ansprachen, den *Orationes Philippicae.* Der Titel, von Cicero selbst ersonnen, spielt auf die berühmten Reden an, die Demosthenes gegen Philipp von Makedonien gehalten hatte. Haupt-

inhalt der Sequenz ist das Ringen mit Antonius; Cicero glaubte, daß er die einzige Ursache der fortwuchernden revolutionären Übel sei, und versuchte, ihn im Bunde mit Oktavian zu schlagen. Oktavians Allianz mit der Senatspartei war indes nur taktisch bedingt und vorläufig - als sich die beiden Caesarianer miteinander verständigten, fiel Ciceros Konzeption wie ein Kartenhaus zusammen.

Die Reden gegen Verres

Der Angeklagte

Die Laufbahn des Gaius Verres zeigt, was ein durchaus mittelmäßiger Politiker im Zeitalter der untergehenden Republik zu erreichen vermochte, wenn er nur über die nötige Skrupellosigkeit verfügte: Sie war eine Folge von Rechts- und Treuebrüchen, die schließlich in der dreijährigen Ausbeutung Siziliens, einer der wohlhabendsten Provinzen des Reiches, gipfelte. Verres, geboren um 115 v. Chr., also etwa zehn Jahre älter als Cicero, Sohn eines Senators, stammte gleichwohl nicht von einer der adligen Familien ab, die seit Jahrhunderten die Geschicke Roms bestimmten; er war ein *homo novus*, ein «Neuling».

Seine Karriere begann mit einem Parteiwechsel: Er wurde während des Bürgerkriegs der achtziger Jahre Quästor und Verwalter einer Kriegskasse der Marianer; er trat, als Sulla in Italien landete, mitsamt den ihm anvertrauten Geldern auf dessen Seite über (84/83 v. Chr.).

In den Jahren 80/79 v. Chr. hatte Verres seinen nächsten Posten inne: Er war Legat, d. h. Adjutant des Gnaeus Cornelius Dolabella, des Statthalters von Kilikien. Die beiden überboten einander in der Kunst, die Untertanen

auszuplündern; indes, nur Dolabella wurde nach seiner Rückkehr wegen Erpressungen angeklagt, wobei Verres perfide genug war, als Belastungszeuge des einstigen Vorgesetzten aufzutreten.

Einige Jahre darauf bewarb sich Verres mit Erfolg um eine der acht Prätorenstellen, die es damals gab, und das Los spielte ihm die besonders anspruchsvolle Aufgabe der Rechtsprechung zu. Er bereicherte sich nach Kräften, indem er sich bezahlen ließ: sowohl bei seinen Entscheidungen als auch bei der Vergabe öffentlicher Bauaufträge (74 v. Chr.).

Auf die Prätur folgte die seit Sulla obligatorische Proprätur, die Verwaltung einer Provinz – Verres erhielt Sizilien. Unglückliche Umstände, insbesondere der Aufstand des Spartacus, verzögerten seine Ablösung; er konnte drei Jahre lang nach Willkür auf der Insel schalten und walten (73–71 v. Chr.).

Das Bild, das der Ankläger Cicero von dem sizilischen Regiment des Verres zeichnet, ist sicherlich nicht frei von Parteilichkeit; andererseits rechtfertigen die von ihm urkundlich bewiesenen Tatsachen wohl vollauf seine Behauptung, daß die Statthalterschaft des Verres mit ihren Rechtsbeugungen, Steuererpressungen und Kunsträubereien eine Schreckensherrschaft schlimmster Sorte gewesen sei. Offenbar ist sie vor allem durch ihre lange Dauer dazu geworden; Verres hatte hinlänglich Gelegenheit, seine Ausbeuter-Methoden von Mal zu Mal zu vervollkommnen.

Die Umstände, die ein derartiges Regiment ermöglichten, lassen sich allesamt darauf zurückführen, daß sich die Senatsaristokratie der späten Republik als unfähig erwies, in den Untertanengebieten eine dauerhafte Rechts- und Friedensordnung aufrechtzuerhalten. Während die in der

Stadt Rom amtierenden Magistrate stets dem Einspruch eines Kollegen und dem Veto eines Volkstribunen ausgesetzt waren, unterlag die Statthalterschaft in einer Provinz keiner unmittelbaren Gegenwirkung. Die Senatsaufsicht, die zügelnd und mäßigend eingreifen konnte, erlahmte, je mehr die revolutionären Auseinandersetzungen vorrangig die Kräfte beanspruchten. So gab die nahezu unumschränkte Machtvollkommenheit des Provinzialstatthalters Raum für ein Herrenmenschentum, das hemmungslos seinen Instinkten und Passionen nachging. Verres gehörte zu dieser Sorte, und es ist denkbar, daß er sich wie mancher seinesgleichen ungestört seiner Beute hätte erfreuen können, wäre ihm nicht ein so fähiger Ankläger wie Cicero in den Weg getreten.

Immerhin blieb Verres ein reicher Mann, und er verbrachte noch 27 ruhige Jahre im selbstgewählten Exil zu Massilia (Marseille). Sein Ende entspricht dem Zeitgeist, der ihn geprägt hatte: Antonius setzte ihn auf die Liste der Geächteten, angeblich, weil er sich geweigert hatte, ihm seine kostbaren Erzgefäße zu überlassen. So starben der Angeklagte und sein Ankläger durch dasselbe Ereignis: durch die Proskriptionen des Jahres 43 v. Chr.

Sizilien unter römischer Herrschaft

Sizilien, der Schauplatz des dreijährigen Verres-Regimes, hatte bereits eine wechselvolle Geschichte hinter sich, als die Römer dort erschienen. Die Urbevölkerung bestand aus italischen und iberischen Stämmen. Um die Mitte des 8. Jahrhunderts setzte die griechische Kolonisation ein, und die Küsten wurden von einem dichten Kranz von Städten umgeben, die sich im Laufe der Zeit zu glanzvoller Blüte entfalteten. Früh faßten auch die Phönizier auf Sizi-

lien Fuß; ihre Handelsstützpunkte im Westen der Insel wurden Besitzungen Karthagos.

So erklärt sich, daß vom 5. bis zum 3. Jahrhundert der karthagisch-griechische Gegensatz das Geschehen beherrschte; außerdem sorgten innergriechische Spannungen für Konflikte. Während des peloponnesischen Krieges wurde Syrakus, der führende griechische Staat auf Sizilien, das Ziel attischer Großmachtpolitik; der Angriff der Athener endete mit einer Katastrophe (415–413 v. Chr.).

Ein Zwist unter Griechen rief die Römer auf die Insel; er weitete sich aus zu einem großen Ringen zwischen Rom und Karthago, zum Ersten Punischen Krieg (264–241 v. Chr.). Der schwer erkämpfte Sieg brachte Sizilien in römischen Besitz – die Insel wurde Roms ältestes Untertanengebiet (*provincia*). Der Statthalter, der von nun an dort amtierte, war zunächst vor allem Militärgouverneur: Er wachte für die Sicherheit Roms; erst im Laufe der Zeit wuchsen ihm allerlei Aufgaben auf dem Gebiet der Zivilverwaltung zu. Doch in die inneren Angelegenheiten der Gemeinden pflegte er sich nicht einzumischen – die Insel war keine ‹Provinz› im heutigen Sinne, kein nach einheitlichen Grundsätzen verwaltetes Territorium, sondern ein Mosaik von Stadtstaaten, die sich in je verschiedenem Ausmaß selbst regierten.

Auf Sizilien existierten insgesamt vier Stufen der Abhängigkeit von Rom. Die günstigste Stellung hatten Messana und zwei andere Gemeinden inne; sie genossen im Inneren uneingeschränkt Autonomie und brauchten keinerlei Abgaben zu entrichten. Eine Anzahl weiterer Städte hatte dieselben Privilegien, allerdings nicht auf Grund eines Vertrages, sondern lediglich auf Grund von bloßer, jederzeit widerruflicher Duldung durch Rom. Die restlichen Gemeinden waren im strengen Sinn Untertanengebiete:

Sie verwalteten sich zwar ebenfalls selbst und hatten auch ihre eigene Gerichtsbarkeit; indes, der römische Statthalter konnte, wann immer er wollte, in ihre Angelegenheiten eingreifen. Sie hatten teils das Eigentum an ihrem Grund und Boden behalten und schuldeten Rom nur den Zehnten von ihren Ernten; teils (und dies war die vierte Gruppe mit dem ungünstigsten Status) mußten sie außerdem noch einen jährlichen Bodenzins an die römische Staatskasse abführen.

Im allgemeinen hatten sich die römischen Eroberer bemüht, die bestehenden Verhältnisse aufrechtzuerhalten; für die meisten Gemeinden änderte sich daher nur der Herr, nicht auch die Art der Herrschaft. Immerhin hörten die inneren Kriege auf; im 2. Jahrhundert verursachten lediglich zwei Sklavenaufstände ernstliche Störungen (135–132 und 104–101 v. Chr.). Sizilien erfreute sich daher unter dem römischen Regiment eines blühenden Wohlstandes; die Landwirtschaft gedieh, und der Handel warf große Gewinne ab. So wurde die Insel im Laufe der Zeit zur «Vorratskammer» Roms, zur «Ernährerin des römischen Volkes», wie sich der ältere Cato einmal ausgedrückt haben soll, d. h. auf ihr beruhte in zunehmendem Maße die Getreideversorgung der Hauptstadt. Die wirtschaftlichen Beziehungen führten zahlreiche römische Kaufleute und Steuerpächter nach Sizilien; zur Zeit des Verres hatte jede größere Gemeinde eine römische Kolonie. Diese Verflechtung der Interessen vergrößerte den Aufgabenkreis der obersten römischen Behörde: Der Statthalter war nicht mehr lediglich für Sicherheit und Ordnung, sondern auch für das Steueraufkommen und für die Kornzufuhr Roms verantwortlich; überdies oblag ihm die Aufsicht über wichtige Bereiche der Gerichtsbarkeit.

Die rechtlichen Grundlagen des Prozesses

Den Untertanengebieten – der Insel Sizilien ebenso wie den übrigen Provinzen, die nach und nach hinzukamen – stand gegen die Willkür der römischen Statthalter eine einzige (dazu meist unzulängliche) Schutzwehr zu Gebote: die Möglichkeit, gegen die Unterdrücker, sobald sie von ihrem Amte abgetreten waren, in Rom einen Prozeß anzustrengen. Das Verbrechen, um das es dabei ging, hatte den schwerfälligen Namen *crimen pecuniarum repetundarum*, «Beschuldigung wegen wiederzuerstattender Gelder»; gemeint war damit vor allem Untertanenerpressung.

Der Senat war zunächst gegen besonders krasse Einzelfälle eingeschritten (seit 171 v. Chr.); aus diesen Maßnahmen ging bald darauf ein ständiger Gerichtshof für Erpressungssachen hervor (149 v. Chr.). Der Umfang der strafbaren Handlungen und das Strafmaß waren wiederholt Gegenstand gesetzlicher Regelungen. Zur Zeit des Verres-Prozesses galten die Annahme größerer Geschenke und selbst jeder Kauf, den der Statthalter oder seine Gehilfen abschlossen, als Erpressung, desgleichen die Aneignung fremden Gutes durch Raub oder Diebstahl, ferner Steuervergehen wie die Einziehung neuer oder die rechtswidrige Erhöhung bestehender Abgaben. Mögliche Geschädigte im Sinne der Erpressungsgesetze waren alle Untertanen Roms; sie mußten, wenn sie klagen wollten, ihre Sache von einem römischen Anwalt (*patronus*) verfechten lassen.

Der Gerichtshof für Erpressungssachen war Teil eines Systems von Geschworenengerichten (*quaestiones perpetuae*, «ständige Strafgerichte»), die jeweils für eine bestimmte Verbrechenskategorie zuständig waren. Die Neuordnung Sullas (81/80 v. Chr.) hatte diesen Tribunalen ihre für die Zeit Ciceros maßgebliche Form verliehen. Seither bestan-

den insgesamt sieben *quaestiones*: Eine behandelte Mordsachen, eine andere Hochverratsfälle usw. Sie beruhten auf dem Prinzip der Popularanklage, d. h. jeder unbescholtene römische Bürger war befugt, als Ankläger aufzutreten (die Einrichtung des Staatsanwalts ist modernen Ursprungs). Den Vorsitz führte jeweils ein Prätor oder ein eigens bestellter sogenannter *iudex quaestionis*. Jeder Gerichtshof hatte im allgemeinen etwa dreißig bis sechzig Mitglieder, die für jeden einzelnen Prozeß aus einer im voraus aufgestellten Richterliste ausgelost wurden.

Die Zusammensetzung der Richterliste bemaß sich nach ständischen Kriterien, die seit gracchischer Zeit einen Gegenstand heftigen Streites bildeten. Gaius Gracchus schloß die Senatoren und deren nächste Angehörige vom Richteramt aus (122 v. Chr.); die Gerichtshöfe rekrutierten sich nunmehr aus Mitgliedern des Ritterstandes, der zweithöchsten Klasse innerhalb der römischen Bürgerschaft. Sulla wiederum machte das Geschworenenamt zur ausschließlichen Domäne der Senatsaristokratie. Auch das Gericht, das über Verres urteilte, bestand lediglich aus Senatoren; eine *lex Aurelia* indes, die noch im gleichen Jahre eingebracht wurde, wies die Mitgliedschaft in den *quaestiones* zu gleichen Teilen drei verschiedenen Gruppen zu: den Senatoren, den Rittern sowie den Ärartribunen, einer Rangklasse, von der die Quellen im übrigen so gut wie nichts zu berichten wissen.

Der Prozeß

Der Prozeß gegen Verres bekundet, was damals ein noch so schuldiger Statthalter ins Werk setzen konnte, dem Laufe der Gerechtigkeit zu entgehen. Die von dem Angeklagten praktizierten Kunstgriffe und Quertreibereien waren

überhaupt nur möglich, weil nahezu jeder Senator von einigem Rang einer bestimmten Gruppe oder Clique angehörte, deren Mitglieder sich auf Gedeih und Verderb zu wechselseitiger Unterstützung verbanden. Daß die Anschläge des Verres und seiner Genossen schließlich doch nicht zu dem gewünschten Erfolge führten, ist vornehmlich das Verdienst des Anklägers Cicero, seines taktischen Geschicks, seiner Energie und seiner advokatorischen Fähigkeiten.

Bereits im Jahre 71 v. Chr. waren Gesandte fast aller sizilischen Gemeinden in Rom erschienen; sie baten Cicero, den einstigen Quästor der Insel, er möge sie in dem geplanten Prozeß gegen Verres vertreten. Cicero sagte zu, obwohl ihm die Rolle des Anklägers wenig behagte; andererseits erblickte er, der aufstrebende Redner und Politiker, in dem Verfahren eine günstige Gelegenheit, von sich reden zu machen. Die Gegner, Verres und seine Helfer, hatten von Anfang an mit einem Prozeß gerechnet – Cicero bekam das zu spüren, als er den ersten Schritt tat, der für die Anhängigmachung des Verfahrens erforderlich war: als er bei dem für Erpressungssachen zuständigen Prätor Anzeige erstattete. Dort sah er sich einem Konkurrenten gegenüber: Quintus Caecilius Niger, ein Gefolgsmann des Verres, sein ehemaliger Quästor, wollte ebenfalls als Ankläger zugelassen werden. Cicero war genötigt, sein besseres Anrecht plausibel zu machen; er tat dies erfolgreich und mit gewohnter Souveränität – so entstand das erste Stück des Verrinen-Corpus, die *Divinatio in Caecilium* («Rede im Vorverfahren gegen Caecilius»). Die Klage war jetzt angenommen; Cicero reiste unverzüglich nach Sizilien, um zu ermitteln und Beweise zu beschaffen; hierfür hatte er sich beim Prätor eine Frist von 110 Tagen ausbedungen.

Auf Sizilien erging es Cicero nicht besser; seine von Staats wegen autorisierte Tätigkeit wurde nach Kräften behindert. Man suchte ihm Urkunden vorzuenthalten; man verbot Zeugen, vor ihm auszusagen; man bedrängte die Kommunen, nichts gegen Verres zu unternehmen. Hinter all dem Treiben stand Lucius Caecilius Metellus, der Nachfolger des Verres; und sein Verhalten war durch eine unheilige Allianz bestimmt, die Verres zustande gebracht hatte. Denn Quintus Metellus, ein Bruder des Lucius, bewarb sich ebenso wie Hortensius, der Verteidiger des Verres, um das Konsulat des Jahres 69 v. Chr., und Verres hatte versprochen, den Wahlen mit seinem Geld zu dem gewünschten Ziel zu verhelfen, und auch Marcus Metellus, ein weiterer Bruder des Lucius, sollte sich nicht vergebens um die Prätur bewerben. Cicero erreichte gleichwohl seinen Zweck; er brachte in rastloser Arbeit innerhalb von knapp zwei Monaten das Material zusammen, das den Inhalt der Bücher 2–5 der *Actio secunda* («Zweite Verhandlung gegen Verres») ausmacht, und so konnte er vor Ablauf der Frist wieder beim Prätor vorstellig werden.

Doch die Verres-Clique hatte längst eine neue Barrikade vor ihm aufgebaut, wozu ihr ein Gerichtsbrauch die Möglichkeit geboten hatte. Der Prätor pflegte nämlich die Verhandlungstermine nach Maßgabe der jeweils von den Anklägern erbetenen Ermittlungsfristen festzusetzen. So war denn unmittelbar nach der Zulassung des von Cicero erstrebten Verfahrens ein anderer Ankläger erschienen; dieser hatte für seine Sache, einen angeblichen Erpressungsfall in Griechenland, eine Frist von 108 Tagen, von zwei Tagen weniger als Cicero, verlangt. Folglich kam nun zunächst der Scheinprozeß wegen der griechischen Erpressungen zur Verhandlung – Cicero, der sich aufs Äußerste beeilt hatte, mußte drei Monate warten, und der Ter-

min des ersten Verhandlungstages rückte von Anfang Mai auf den 5. August.

Der griechische Erpressungsfall war nur ein Teil einer umfassenderen taktischen Konzeption. Das Jahr 70 v. Chr. eignete sich wenig für die Absichten des Verres, insbesondere für eine Bestechung des Gerichts. Pompeius und Crassus, die damals ihr erstes Konsulat bekleideten, steuerten einen scharf popularen Kurs: Sie drohten mit dem Abbau der sullanischen Verfassung und machten Anstalten, den Senatoren die Geschworenengerichte zu nehmen – was noch während ihres Konsulats, wie schon erwähnt, in die Tat umgesetzt wurde. Verres und seine Genossen wollten daher den Prozeß ins folgende Jahr hinziehen; sie hofften auf günstiger gesinnte Magistrate und ein anders zusammengesetztes Gericht. Den erstgenannten Vorteil gedachten sie zu erlangen, weil sich ja Hortensius und zwei Meteller um die Konsulate und eine Prätur bewarben; mit einem anders zusammengesetzten Gericht aber konnten sie rechnen, weil, wer Magistrat war, nicht auch Geschworener sein durfte und sich etliche der Geschworenen im Verres-Gerichtshof um Ämter bewarben – die mußten Anfang 69 v. Chr. ausscheiden, falls ihre Bewerbung erfolgreich war.

Das Verschleppungsmanöver der Verres-Clique wurde durch zwei Umstände begünstigt. Einerseits schrieb das Erpressungsgesetz vor, daß ein Urteil erst nach zweimaliger Behandlung des Prozeßgegenstandes gefällt werden dürfe; andererseits standen von Mitte August bis Mitte November nur wenige Wochen für die Rechtsprechung zu Gebote, da der größte Teil dieser Zeit durch insgesamt vier längere Festperioden beansprucht wurde.

Ende Juli fanden die Wahlen für das Jahr 69 statt. Hortensius und Q. Metellus, die Verbündeten des Verres, er-

reichten ihr Ziel. Auch M. Metellus, der sich um die Prätur bewarb, war erfolgreich; ja der Zufall wollte es, daß ihm die Verlosung der Amtsbereiche den Vorsitz im Gerichtshof für Erpressungssachen einbrachte. Verres empfing bereits die Glückwünsche seiner Anhänger; die Freude über den Erfolg wurde auch dadurch nur wenig getrübt, daß es einige Tage später nicht gelang, Ciceros Wahl zum Ädilen zu verhindern. Im ganzen hatte sich die Lage des Angeklagten erheblich verbessert, und mehr denn je hingen seine weiteren Aussichten von dem Gelingen des Verschleppungsplanes ab.

Am Nachmittag des 5. August begann die erste Verhandlungsperiode. Cicero trat auf; statt das übliche, den gesamten Prozeßstoff darlegende Plädoyer einzuleiten, erklärte er in einer etwa einstündigen Ansprache – der Rede, die als *Actio prima* («Erste Verhandlung») in das Verres-Werk eingegangen ist –, daß er sich sofort der Vorführung der Beweise zuwenden wolle. So geschah es auch; vom 6. August an wurde Punkt für Punkt durch Zeugen und Urkunden dargetan, daß Verres während seiner dreijährigen Statthalterschaft insgesamt 40 Millionen Sesterzen erpreßt habe. Es war Ciceros erklärte Absicht, auf diese Weise den Prozeß zu beschleunigen und den Verschleppungsplan der Gegenseite zu durchkreuzen. Das Verfahren hatte vollauf den gewünschten Erfolg; Verres und sein Verteidiger Hortensius wurden geradezu überrumpelt, und die erste Verhandlung war bereits am 13. August beendet.

In die folgenden Wochen fielen zwei Festperioden; der Prozeß ruhte. Als das Gericht um den 20. September zur zweiten Verhandlung zusammentrat, hatte Verres aus dem Scheitern seines Planes die Konsequenzen gezogen; er war mitsamt seinen Reichtümern ins Ausland entwichen. Das

Gericht hielt die Schuld des Angeklagten für erwiesen und wandte sich dem letzten Abschnitt des Verfahrens zu, der «Festsetzung der Entschädigungssumme» (*litis aestimatio*). Hierüber weiß Plutarch mitzuteilen (Cicero-Biographie 8, 1), daß Verres nur drei Millionen Sesterzen habe zurückzahlen müssen; wahrscheinlich nennt dieser Betrag den Erlös der Werte, die man noch hatte beschlagnahmen können. Die Sizilier zeigten sich gleichwohl von den Erfolgen ihres Anwalts befriedigt, und mit Recht: Der Prozeß hatte die Karriere des Verres vernichtet und für künftige Statthalter ein Exempel statuiert. Cicero selber überwand nicht nur den Angeklagten, sondern auch dessen Verteidiger Hortensius; dieser Sieg machte ihn zum ersten Gerichtsredner Roms.

Den gewaltigen Anklagestoff aber, den er zusammengetragen hatte, der nun nicht mehr in einem Plädoyer vorgetragen werden konnte, veröffentlichte er alsbald in Buchform, wobei er das Werk so herrichtete, als handele es sich um eine wirklich gehaltene Rede, um die *Actio secunda* («Zweite Verhandlung»), mit dem Vorleben des Angeklagten im ersten Buch und mit den eigentlichen Anklagepunkten, den Verfehlungen der sizilischen Statthalterschaft, in den Büchern 2–5.

SCHEMATISCHE ÜBERSICHT ÜBER DEN INHALT DER REDEN

ERSTE REDE GEGEN C. VERRES

Einleitung (1-3)
Der Prozeß gegen Verres gibt den senatorischen Gerichten Gelegenheit, sich von ihrem üblen Rufe zu befreien.

Hauptteil (3-56)

1. Verres und seine Clique; ihre Machenschaften und Pläne (3-32).
   a) Die Verbrechen des Verres; Geld als seine einzige Hoffnung (3-15).
   b) Die Machenschaften und Pläne der Verres-Clique: die Wahlen (Konsuln, Prätoren, Ädilen); der Plan der Prozeßverschleppung (15-32).
2. Ciceros Gegenmaßnahmen (32-56).
   a) Verzicht auf ein zusammenhängendes Plädoyer; sofortige Beweisaufnahme (32-34).
   b) Warnung an Hortensius (34-42).
   c) Appell an das Gericht (43-52).
   d) Ciceros Verfahren bei der sofortigen Beweisaufnahme (53-56).

ZWEITE REDE GEGEN C. VERRES
VIERTES BUCH

Einleitung (1-2)
Das Thema: Verres hat aus Sizilien sämtliche Kunstgegenstände geraubt, sowohl privates als auch öffentliches Eigentum.
Hauptteil (3-151)
A. Raub von privaten Kunstgegenständen (3–72).
1. Die Beraubung des Heius von Messana: vier Statuen; Sofadecken (3–28).
   a) Der Raub der Statuen (3-7).
   b) Widerlegung des Einwandes, die Werke seien gekauft (8–14).
   c) Das Zeugnis des Heius; die Gesandtschaft der Mamertiner; die Komplizenschaft Messanas (15-26).
   d) Der Raub der Sofadecken (27–28).
2. Kleinere Affären: Raub von Pferdeschmuck, Silber u. a. (29–45).
   a) Der Pferdeschmuck des Phylarchos u. a. (29).
   b) Die Brüder aus Kibyra, die Gehilfen des Verres, und Pamphilos von Lilybaeum (30–34)
   c) Weitere Räubereien in Lilybaeum (35–37).
   d) Die Becher des Diodoros von Melita (38–41).
   e) Die Trinkhörner des Ritters Calidius (42–45).
3. Die Jagd nach Silber, insbesondere nach Treibarbeiten (46–60).
   a) Raub von Schüsseln, Schalen und Weihrauchgefäßen (46–53):
   α) bei Einzelnen (46–49);
   β) in ganzen Gemeinden (49-53).

b) Die Werkstätte in Syrakus: Verwertung der erbeuteten Treibarbeiten (54–58).
c) Sonstige Fabrikationsstätten des Verres (58–60).
4. Die Antiochos-Affäre (60–72).
a) Die Tatsachen: Raub von Gefäßen, der Schöpfkelle, des Kandelabers (60–67).
b) Würdigung dieser Tatsachen; Appell an die Richter (67–72).

B. Raub von Tempel- und Gemeindegut (72–151).
1. Die Diana von Segesta (72–83).
a) Die Tatsachen: Wegnahme durch Karthago, Rückgabe durch den jüngeren Scipio, Raub des Verres (72–79).
b) Würdigung dieser Tatsachen; Appell an Scipio Nasica, den Beistand des Verres (79–83).
2. Der Merkur von Tyndaris (84–92).
a) Die Tatsachen: Erpressung durch Mißhandlung des Sopatros von Tyndaris (84–92).
b) Würdigung dieser Tatsachen; Beweise (87–92).
3. Verschiedene Fälle von Tempelraub (93–104).
a) Versuchter Raub in Agrigent und Assoros; erfolgreicher Widerstand der Einwohner (93–96).
b) Raub von Ausstattungsgegenständen in einem Tempel zu Engyon (97–98).
c) Raub des Ceres-Kultbildes von Catina (99–102).
d) Raub von Ausstattungsgegenständen im Junotempel auf Melita (102–104).
4. Die Ceres von Henna (105–115).
a) Die Tatsachen: die religiöse Bedeutung der Statue; der Raub des Verres (105–110).
b) Würdigung dieser Tatsachen; Beweise (110–115).
5. Die Plünderung von Syrakus (115–151).
a) Beschreibung der Stadt (117–119).
b) Marcellus und Verres (115–116, 120–121).

c) Die Plünderung des Minervatempels (122–125).
d) Weitere Diebstähle von Statuen u. a. (125–132).
e) Die Wertschätzung, deren sich Kunstgegenstände bei den Griechen erfreuen (132–135).
f) Cicero im Gemeinderat von Syrakus. Die Belobigung des Verres und deren Widerruf; Ciceros Kampf um das Protokoll (136–149).
g) Die Gemeinden von Messana und Syrakus; ihre unterschiedliche Einstellung zu Verres (150–151).

ERSTE REDE GEGEN VERRES

Einleitung

Die erste Verres-Rede wurde am Nachmittag des 5. August 70 v. Chr. vorgetragen; mit ihr begann die erste öffentliche Verhandlung gegen den erpresserischen Statthalter. Sie ist die wichtigste Quelle für den Verlauf, den der Prozeß bis dahin genommen hatte, und für die politischen Verhältnisse, die ihn bedingten.

Die Geschworenengerichte arbeiteten in der Weise, daß für jeden einzelnen Prozeß nach bestimmten Vorschriften ein besonderer Gerichtshof gebildet wurde. Dieser Akt hatte beim Verfahren gegen Verres in der zweiten Hälfte des Juli stattgefunden, vor den Wahlen für das Jahr 69, die den 27. Juli und die folgenden Tage in Anspruch nahmen. Zunächst hatte das Los aus den Mitgliedern des Senats, denen nach der sullanischen Ordnung das Geschworenenamt zukam, einen engeren Personenkreis bestimmt; hierbei wurde wohl einfach eine der «Zehntschaften» (*decuriae*) ausgelost, in die der Senat sich gliederte. Dann mußten bestimmte Personen, zum Beispiel Verwandte des Angeklagten, von Gesetzes wegen ausgeschlossen werden. Vor allem hatten die Beteiligten, zuerst der Angeklagte und dann der Ankläger, das Recht, eine bestimmte Zahl von Geschworenen abzulehnen (*reicere*); Cicero nennt insgesamt sechs Richter, die Verres verworfen habe, sowie einen, den er selbst zurückwies.

Der Angeklagte wurde von dem berühmten Sachwalter

Q. Hortensius Hortalus (114–50 v. Chr.) vertreten. Weiterhin standen ihm zwei Angehörige erlauchter Familien bei: P. Cornelius Scipio Nasica, der nachmalige Schwiegervater des Pompeius (Konsul 52 v. Chr.), sowie L. Cornelius Sisenna, der sich vor allem als Historiker der marianisch-sullanischen Bürgerkriege einen Namen gemacht hat (Prätor 78 v. Chr.). Die Anklage wurde allein von Cicero geführt; doch vielleicht hatte sich ihm sein Vetter Lucius, der ihm bei den Ermittlungen auf Sizilien geholfen hatte, als Mitankläger (*subscriptor*) angeschlossen. Vorsitzender des Gerichtshofs war der für Erpressungssachen zuständige Prätor M'. Acilius Glabrio (Konsul 67 v. Chr.), ein redlicher, aber energieloser Mann. Der Gerichtshof mag aus etwa zwanzig Mitgliedern bestanden haben. Hiervon sind insgesamt dreizehn namentlich bekannt, darunter die hochangesehenen Konsuln der Jahre 79 und 78 v. Chr., P. Servilius Vatia Isauricus und Q. Lutatius Catulus. Ein gut Teil der Richter hatte sich erfolgreich um Ämter des Jahres 69 v. Chr. beworben; diese Männer hätten ausscheiden und durch Nachlosung ersetzt werden müssen, wenn sich der Prozeß über den Jahreswechsel hinaus hingezogen hätte. Gemessen am damals Üblichen war das Gericht, das über Verres befinden sollte, durchaus rechtschaffen und unparteiisch; einzig von M. Caecilius Metellus, dem künftigen Prätor für Erpressungssachen, konnte man vermuten, daß er bedenkenlos zum Vorteil des Angeklagten urteilen werde.

Die ziemlich kurze Rede diente lediglich als Einleitung; die eigentliche Anklage setzte erst am folgenden Tage mit der Vorführung der Beweismittel ein. Cicero hat daher auf das gebräuchliche Schema verzichtet. In lockerer Fügung geht er von einem Gedanken zum anderen über; er hat es gleichwohl verstanden, zielstrebig und einprägsam darzu-

tun, was ihm für seine Zwecke wesentlich schien. Die Rede setzt sich in der Hauptsache aus drei Motiven zusammen. Sie gibt einmal eine erste Charakteristik des Angeklagten; sie sucht einen vorläufigen Eindruck von dem Ausmaß seiner Verbrechen und von seiner Gefährlichkeit zu vermitteln. Sie deckt weiterhin die Machenschaften und Pläne der Verres-Clique auf und leitet hieraus den Verzicht auf ein ausführliches Plädoyer als einzig wirksame Gegenmaßnahme ab. Sie sucht schließlich das Gericht zu korrektem Verhalten zu bestimmen; sie bringt hierbei effektvoll die politische Situation ins Spiel.

Das Vertrauen in die seit Sulla mit Senatoren besetzten Gerichte sei erschüttert, erklärt Cicero zu Beginn; der eklatante Fall des Verres gebe Gelegenheit, die erregte öffentliche Meinung zu beschwichtigen (1–3). Nunmehr folgt ein ziemlich geschlossener Argumentationszusammenhang. Ein Überblick über das Sündenregister des Angeklagten begründet die Aussichtslosigkeit seiner Lage. Folglich kämpfe er, heißt es sodann, nicht mit erlaubten Waffen, sondern einzig mit seinem Gelde; folglich habe er einen raffinierten Plan erdacht, sich dem Laufe der Gerechtigkeit zu entziehen: er wolle den Prozeß ins kommende Jahr verschleppen, weil er dann, unter anderen politischen Bedingungen und vor einem anders zusammengesetzten Gericht, einen Freispruch erwirken zu können hoffe. Bis hierhin reicht ein erster Abschnitt, der den Handlungen und Zielen der Gegenseite gewidmet ist (3–32). Aus diesen Darlegungen ergibt sich mit suggestiver Evidenz das Hauptthema des zweiten Abschnitts: Cicero erklärt, er wolle Zeit sparen, er verzichte auf den üblichen zusammenhängenden Vortrag, er werde sofort die Beweise vorführen. Der Redner deutet seine Absicht zunächst nur vage an. Die genauere Eröffnung wird kunstvoll hintan-

gehalten: Cicero warnt Hortensius; er droht, er werde jeden Skandal politisch ausnutzen; er appelliert an die Geschworenen und zumal an den Verhandlungsleiter Glabrio; erst ganz am Schluß seiner Ausführungen beschreibt er faßlich und präzise, wie er verfahren wolle (32–56).

Ciceros Zeitplan sah vor, daß die erste Verhandlung vor Beginn der ersten Festperiode (16. August bis 1. September) zu Ende gehe, so daß nach der zweiten Festzeit (5. bis 19. September) sofort die gesetzlich vorgeschriebene zweite Verhandlung eröffnet werden konnte. Cicero erreichte seinen Zweck; das Gericht erklärte am 13. August nach neuntägiger Beweiserhebung die erste Verhandlung für abgeschlossen. Cicero erreichte noch mehr, und man darf vermuten, daß er diese Wirkung von Anfang an einkalkuliert hat, wenn er auch begreiflicherweise nichts darüber verlauten läßt: Seine ungewöhnliche Maßnahme, die sogleich die Zeugen und Urkunden in den Mittelpunkt rückte, überzeugte das Gericht in kurzer Zeit von der Berechtigung seiner Anklage und verhalf dem Fall des Verres in der Öffentlichkeit zu größtem Aufsehen. Die Verteidigung wurde völlig überrumpelt. Der Angeklagte blieb vom dritten Tage an der Verhandlung fern. Hortensius protestierte vergebens gegen Ciceros Vorgehen; er griff nur selten in die Zeugenbefragung ein; bald gab er den Widerstand gänzlich auf; er verzichtete auf eine Entgegnung. Verres zog die Konsequenzen: Er begab sich ins Exil, ehe das Gericht zur zweiten Verhandlung zusammentrat.

Erläuterungen

1 D. h. bei den Untertanen in den Provinzen.

2 Pompeius hatte schon unmittelbar nach seiner Wahl zum Konsul des Jahres 70 v. Chr. versprochen, daß er sich des korrupten Gerichtswesens annehmen wolle; im Senat kam die Angelegenheit zur Sprache, als über die Wiederherstellung der von Sulla eingeschränkten tribunizischen Gewalt verhandelt wurde (Januar 70 v. Chr.). Seither war der Plan, den Senatoren das Richteramt zu nehmen, Gegenstand der öffentlichen Diskussion; im September, also einige Wochen nach der ersten Verhandlung gegen Verres, schlug der Prätor L. Aurelius Cotta das Gesetz vor, das den Sitz in den Gerichten paritätisch auf die Senatoren, Ritter und Ärartribunen verteilte. Vgl. 43 ff.

3 Hinweis auf die Laufbahn des Verres: auf die Quästur, das Legatenamt im Osten, die Stadtprätur und die sizilische Statthalterschaft.

4 Angeblich war Cicero auf seiner Rückreise von Sizilien Nachstellungen durch Leute des Verres ausgesetzt.

5 Der Doppelausdruck bezeichnet die Gesamtheit der Untertanen, die in einem je verschiedenen Abhängigkeitsverhältnis zu Rom standen. Die «Bündner» (*socii*) brauchten im allgemeinen keine Steuern zu entrichten, während die «auswärtigen Nationen» (*exterae nationes*) tributpflichtig zu sein pflegten.

6 Vgl. die Einführung, S. 251 f. Die Namen des Angeklagten und seines Anklägers sind nicht zuverlässig überliefert.

7 Bedeutende Hafenstadt an der Adriaküste Süditaliens, Endpunkt der appischen Straße (heute Brindisi). Von dort aus pflegte man nach Griechenland überzusetzen.

8 Durch den Scheinprozeß wegen der achäischen Erpressungssache.

9 Die Parenthese beruft sich auf die Meinungen, die laut wurden, als Verres und Cicero das ihnen von Gesetzes wegen zustehende Recht ausübten, eine bestimmte Anzahl von Richtern abzulehnen.

10 *In seiner Quästur:* zur Laufbahn des Verres, deren Stationen hier aufgezählt werden, vgl. die Einführung, S. 243 f. Cn. Papirius Carbo war als Konsul 84 v. Chr. und Prokonsul im Jahre darauf der Vorgesetzte des Quästors und Proquästors Verres. *Die Provinz, von der aus Verres zu Sulla übertrat: Gallia Cisalpina* (Oberitalien nördlich des Rubikon). *Die heilige, durch das Los begründete Bindung:* Das Los bestimmte die Amtsbereiche der Prätoren und Quästoren; es galt als heilig, weil man glaubte, daß es den Willen der Götter bekunde. *Cn. Cornelius Dolabella:* als Prokonsul Statthalter von Kilikien (80/79 v. Chr.). *Seinen*

altbewährten Quästorenstreich: Er verriet zweimal seinen Vorgesetzten, als Quästor Carbo und als Legat Dolabella.

11 Dieser Abschnitt faßt zusammen, was im 2., 3. und 5. Buch der zweiten Rede gegen Verres ausführlich dargestellt ist. *Häfen, Städte, Flotten:* Die Plurale übertreiben; gemeint sind die in der zweiten Rede, 5, 80 ff., geschilderten Vorgänge.

12 Diese Partie gibt den Inhalt des 4. Buches der zweiten Rede gegen Verres wieder. *Von den reichsten Königen:* Cicero denkt vor allem an die Herrscher von Syrakus. *Von unseren siegreichen Feldherren:* von M. Claudius Marcellus (Konsul 222. 215. 214. 210. 208 v. Chr.), der zwar keine Kunstwerke stiftete oder zurückgab, wohl aber in dem von ihm eroberten Syrakus einen großen Teil der dort befindlichen Schmuckstücke beließ (vgl. die zweite Rede, 4, 120 ff.), sowie vom jüngeren Scipio (vgl. ebendort 73 ff. 93. 97 f.).

13 D. h. weil man ihre Einstellung, ihren Charakter kennt. *Von Adel - bekannt:* unübersetzbares Wortspiel (*nobiles - noti*). Cicero meint vor allem die Verteidiger des Verres und die drei Brüder Metellus.

14 Nicht mit dem Gerichtshof selbst, dessen Zusammensetzung damals, im Januar, noch gar nicht feststand. Es gab Leute, die aus der Bestechung von Gerichtshöfen und Wahlkörperschaften ein Gewerbe gemacht hatten; vgl. 22.

15 Anspielung auf einen Skandal, der sich einige Jahre zuvor zugetragen hatte: Die Stimmtafeln der bestochenen Richter waren mit andersfarbigem Wachs überzogen worden; die Bestechenden wollten auf diese Weise kontrollieren, ob die Bestochenen der Vereinbarung gemäß gestimmt hatten.

16 *Marsfeld:* die vom Tiberbogen eingefaßte Niederung westlich der Stadt; dort wurden die höheren Beamten gewählt. *C. Scribonius Curio:* Konsul 76 v. Chr.; Ciceros Floskeln sollen den angesehenen Konsular, der als Statthalter von Makedonien einen Triumph über einen illyrischen Volksstamm errungen hatte (72 v. Chr.), eher gespielt als ernsthaft schonen.

17 Vor der Regia, dem Amtshause des Pontifex Maximus, an der Stelle, wo die heilige Straße auf das Forum mündete; der Erbauer des Bogens war Q. Fabius Maximus (Konsul 121 v. Chr.), der Sieger über die Allobroger.

18 Die Senatoren.

19 *Für meine Wahl:* um durch Bestechung die Wahl Ciceros, der für das Amt des Ädilen kandidierte, zu hintertreiben. Die jeweils für einen bestimmten Wahlbezirk zuständigen «Austeiler» (*divisores*) hatten an

sich eine durchaus legale Aufgabe: Sie verabfolgten die mannigfachen Geld- und Getreidespenden, die dem Volk von Angehörigen der Aristokratie dargebracht wurden. In spätrepublikanischer Zeit vermittelten sie auch die Bestechung von Wahlen; die vereinbarte Summe wurde meist bei einem Vertrauensmann hinterlegt, der sie auszahlte, wenn das erwünschte Wahlergebnis eingetreten war.

20 Die 35 römischen *tribus* (Abteilungen der Bürgerschaft, die als Wahlbezirke und zu Verwaltungszwecken dienten) waren wie die romilische nach alten Geschlechtern benannt, andere nach Örtlichkeiten. Die Angabe der *tribus* gehörte zum vollständigen Namen eines jeden Bürgers.

21 Vgl. 25. Auch an anderer Stelle behauptet Cicero, der Vater Verres habe sich ursprünglich als Geldausteiler betätigt; später war er Senator.

22 Cicero hätte also seine Drohungen gar nicht wahr machen können.

23 Die Konsuln wurden nach Zenturien, d.h. durch eine Form der Volksversammlung gewählt, die aus 193 Stimmabteilungen (*centuriae*) bestand. Zuerst stimmten die Zenturien der Ritter und der ersten Vermögensklasse, dann der Reihe nach die übrigen Klassen. Aus der ersten Klasse wurde eine Abteilung erlost, die mit der Wahl begann; sie hieß *centuria praerogativa* («zuerst stimmende Zenturie»). Sie pflegte den Ausgang der Wahl zu bestimmen; hieraus ergab sich die Bedeutung *praerogativa* = «Vorzeichen». Der Text spielt mit dem übertragenen und dem ursprünglichen Sinn des Wortes: Q. Metellus gab dem Verres eine «Prärogative», wie er sich während seines Konsulats zu verhalten gedenke, und zwar zum Lohne dafür, daß Verres ihm bei den Wahlen die Prärogative besorgt hatte.

24 Anspielung auf einen Vers des Dichters Naevius (um 265–190 v. Chr.). Der Vers lautete: *fato Metelli Romae fiunt consules* («Das Schicksal macht in Rom zu Konsuln die Meteller»). Angeblich beantwortete Q. Caecilius Metellus (Konsul 206, Diktator 205 v. Chr.) die Bosheit mit den Worten: *dabunt malum Metelli Naevio poetae* («Dem Naevius dem Dichter tun Übles die Meteller»); Naevius, heißt es, sei eingekerkert und verbannt worden.

25 M. Caesonius war wie Cicero zum Ädilen des Jahres 69 v. Chr. gewählt. Wegen der Unvereinbarkeit von Magistratur und Geschworenentätigkeit mußte er aus dem Gerichtshof ausscheiden, sobald er sein Ädilenamt antrat. *Jene schändliche Tat:* Anspielung auf eine Bestechungsaffäre, die sich im Jahre 74 v. Chr. an dem von C. Iunius geleiteten Gerichtshof zugetragen haben soll; vgl. 38 f.

26 *5. Dezember:* An diesem Tage traten die Quästoren ihr Amt an. *L. Cassius*: offenbar ein Nachkomme des L. Cassius Longinus Ravilla (Konsul 127 v. Chr.), eines gefürchteten Richters. *Militärtribunen:* Offiziere, sechs je Legion; die ersten 24 wurden durch Volkswahl bestimmt, die übrigen von den Oberbefehlshabern ernannt.

27 *Sextilis:* der ursprüngliche Name des achten Monats, der im Jahre 8 v. Chr. nach Augustus umbenannt wurde. *Um die achte Stunde:* etwa um zwei Uhr nachmittags, da die Römer die Tagesstunden von Sonnenaufgang an zählten.

28 *Votivspiele*: außerordentliche Spiele, die Pompeius für seinen Sieg über den aufständischen Offizier Q. Sertorius gelobt hatte; sie dauerten vom 16. August bis zum 1. September. *Römische Spiele*, auch Große Spiele genannt: vom 5. bis zum 19. September. *Spiele der Victoria:* von Sulla für den Sieg am collinischen Tor gestiftet (82 v. Chr.); vom 26. Oktober bis zum 1. November. *Plebejische Spiele:* vom 4. bis zum 17. November.

29 Die Richter wurden vereidigt, der das Gericht leitende Prätor hingegen nicht.

30 Die Senatoren.

31 Cicero meint die Rednerbühne (*rostra*) auf dem Forum.

32 Vgl. 22 f.

33 *In den nahezu fünfzig Jahren:* von C. Gracchus bis Sulla (122–81 v. Chr.); vgl. die Einführung, S. 249. *Alle Gewalt des römischen Volkes ...:* Ehe die Geschworenengerichte eingeführt wurden, war es Sache der Volksversammlung, schwere Verbrechen abzuurteilen; Sulla schaffte diese Verfahrensform endgültig ab. *Calidius sagte nämlich ...:* Q. Calidius (Prätor 79 v. Chr.) war Statthalter im diesseitigen Spanien. Er wurde nach seiner Rückkehr wegen Erpressungen angeklagt und von bestochenen Richtern verurteilt. Die Geringfügigkeit der Bestechungssumme veranlaßte ihn zu dem von Cicero erwähnten sarkastischen Ausspruch. *Den Senator P. Septimius ...:* P. Septimius Scaevola wurde im Jahre 72 v. Chr. wegen Erpressungen verurteilt, weil er sich zwei Jahre zuvor in einem Mordprozeß hatte bestechen lassen; Hortensius war Vorsitzender der hierfür zuständigen Geschworenenbank.

34 C. Herennius, C. Popilius und M. Atilius Bulbus wurden wegen anderer Verbrechen verurteilt; in den Prozessen scheint auch der Umstand eine Rolle gespielt zu haben, daß sie für ihre Stimme in einem Geschworenengericht Geld empfangen haben sollten. C. Verres hatte als Prätor für die stadtrömischen Zivilsachen auch die Geschworenengerichte zu besetzen. Der hier von Cicero geäußerte Vorwurf gilt

einem Senator namens C. Fidiculanius Falcula, der in einem Skandalprozeß des Jahres 74 v. Chr. mit Billigung des Verres nachgelost wurde. *Daß sich sogar ein Senator fand ...:* C. Aelius Staienus Paetus (Quästor 77 v. Chr.), der bei demselben Prozeß mitgewirkt hatte wie Septimius Scaevola und Falcula.

35 Vgl. 17.

36 Vgl. 1 und 4.

37 *Den ganzen Stand, wir:* die Senatoren.

38 Vgl. Anm. 2. *Q. Lutatius Catulus:* Konsul 78 v. Chr., damals der erste Mann im Senat.

39 Er wartete dort auf die Bewilligung eines Triumphes; er hatte den Aufrührer Q. Sertorius besiegt.

40 Seit die Konsuln Pompeius und Crassus den Tribunen die einstigen Befugnisse zurückgegeben hatten (Anfang 70 v. Chr.).

41 Nämlich die Ritter.

42 Das Erpressungsgesetz, das der Volkstribun M'. Acilius Glabrio, ein Anhänger des C. Gracchus, im Jahre 122 v. Chr. einbrachte, berief zugleich die Ritter zum Geschworenenamt. Sein Wortlaut ist teilweise auf den Bruchstücken einer Bronzetafel erhalten, die jetzt im Neapler Museum bewahrt werden.

43 *Scaevola:* Q. Mucius Scaevola (Augur; Konsul 117 v. Chr.) oder P. Mucius Scaevola (Konsul 133). Beide waren bedeutende Juristen. *Scaurus:* M. Aemilius Scaurus (Konsul 115), zu seiner Zeit der erste Mann im Senat.

44 Die Vermögensschätzung (*census*) wurde von den Zensoren Cn. Cornelius Lentulus Clodianus und L. Gellius Publicola (Konsuln 72 v. Chr.), den ersten seit Sulla, vorgenommen.

ZWEITE REDE GEGEN VERRES
VIERTES BUCH

Einleitung

Das vierte Buch gilt einer eigenartigen Materie: den Erpressungen und Gewalttaten, durch die sich Verres Kunstgegenstände aller Art anzueignen wußte. Seine Bedeutung erschöpft sich nicht im vordergründigen Geschehen; sie erschöpft sich auch nicht in der Meisterschaft der Darstellung, die ihm seit jeher einen bevorzugten Platz im literarischen Œuvre Ciceros gesichert hat. Das vierte Buch ist für den modernen Leser in besonderer Weise Dokument. Es behandelt eine pathologische Erscheinung innerhalb eines großen und bedeutsamen Vorgangs; es zeigt, welche Exzesse dieser Vorgang, die Hellenisierung Roms, mit sich bringen konnte.

Rom hatte von Anfang an dem Einfluß der griechischen Zivilisation offengestanden; es hatte schon in früher Zeit die Schrift, die Münze, allerlei Rechts- und Kulteinrichtungen sowie manches andere von den Griechen Süditaliens übernommen. Seit den Punischen Kriegen war dieser Prozeß in eine neue, in die entscheidende Phase eingetreten. «Griechenland wurde genommen; es nahm seinerseits den rohen Sieger und brachte die Künste ins bäurische Latium» – so lautet eine lapidare Formel, auf die Horaz den Vorgang brachte. Die römische Aristokratie begann, sich sämtlicher Bereiche der griechischen Kultur – der Kunst, der Literatur, der Philosophie – zu bemächtigen; sie ergriff

diese Dinge und machte sie sich dienstbar: für Propaganda und Repräsentation, aber auch als Instrument verfeinerten Lebensgenusses sowie als Schlüssel für eine der Selbstkritik fähige, differenzierte Geisteshaltung.

Die Kunst wurde zunächst mit barbarischer Gewaltsamkeit herbeigeholt: Sie war die Beute des Siegers, der sie im Triumphzug der staunenden Menge zeigte, der sie dann in Rom und in den Städten Italiens aufstellte, als Zierde der Tempel und öffentlichen Plätze. Dem Prunk der Triumphe folgten friedlichere Formen der Aneignung. Griechische Künstler und Kunsthandwerker erhielten römische Aufträge; sie kamen nach Rom und richteten dort ihre Werkstätten ein. Zugleich etablierte sich in der Hauptstadt ein blühender Kunsthandel, und die römischen Auktionshallen boten schlechthin alles feil, was griechische Künstlerhände je hervorgebracht hatten: monumentale Plastiken, Gemälde, Statuetten, kostbares Gerät und erlesenen Schmuck. Gegen Ende des 2. vorchristlichen Jahrhunderts war Griechenland ‹Provinz› und Rom das Zentrum der griechischen Kunst.

Die Römer ergriffen die großen Gattungen, zumal die Plastik, als etwas Fertiges, als Erzeugnis einer längst vollendeten Vergangenheit. Roms Kunstgesinnung war klassizistisch. Die Werke der hellenistischen, bis in die eigene Gegenwart reichenden Epoche lehnte man ab; man bewunderte die Meister des 6. bis 4. Jahrhunderts, der archaischen und besonders der klassischen Zeit. Diese Grundrichtung des Geschmacks war nicht so eng, daß sie jede Assimilation des Überkommenen verhindert hätte: In einigen Bereichen, beim historischen Relief und beim Porträt, brachten die politisch-propagandistischen Motive der römischen Auftraggeber eine durchaus eigenständige Entwicklung hervor. Im übrigen aber diente die Kunst dem

privaten Luxus; sie wurde als Schmuck, als Dekoration der Stadtpaläste und Villen verwendet. Gerade dort bekundete sich die klassizistische Haltung des römischen Publikums. Sie bedingte, daß man um jeden Preis klassischer Meisterwerke habhaft zu werden versuchte; sie rief eine rege Kopiertätigkeit ins Leben. Die stets wachsende Nachfrage ließ sich gar nicht anders befriedigen als durch unverdrossenes Wiederholen der berühmten Muster; die Künstler brachten es hierin zu solcher Fertigkeit, daß der Handel manche Imitation als Original abzusetzen vermochte.

Im Zeitalter der Revolution wuchs die Sammelleidenschaft der römischen Aristokratie. Es wurde geradezu Mode, dem Besucher ein kleines Museum erlesener Gegenstände vorzuführen. Der Redner Crassus besaß kostbare Vasen sowie Metallgefäße mit Treibarbeiten, die er wegen ihres Wertes nicht zu benutzen wagte. Sulla, Lucullus und andere bargen in ihren Villen Statuen und Gemälde von erstem Rang. M. Aemilius Scaurus, der Schwiegersohn Sullas, richtete sich als erster ein Gemmenkabinett ein; derselbe Scaurus ließ sämtliche Gemälde des berühmten Pausias von Sikyon (4. Jahrhundert) nach Rom schaffen. Das Vorbild der adligen Herren machte Schule bei den Parvenüs: Chrysogonus, der Günstling Sullas, hatte sein Haus mit den schönsten Dingen aus dem Besitz Geächteter angefüllt, mit Statuen und Gemälden, mit Teppichen, kostbarem Metallgeschirr und ziseliertem Silber.

Von diesen Gepflogenheiten der Zeit unterschied sich die Sammelwut des Verres weniger im Prinzip als in den Ausmaßen und Methoden. Cicero sucht zwar seinen Gegner als unwissenden Tölpel hinzustellen, als Banditen, der Kennerschaft nur vortäusche und sich in Wahrheit allein durch Gewinnsucht zu seinem Tun habe bestimmen lassen; er beruft sich hierfür insbesondere auf die Tatsache, daß

Verres einmal von seinen eigenen Agenten betrogen worden sei (30 ff.). Das Gegenteil ist richtig: Verres besaß die Passion für Kunstdinge, die seine Freunde ihm zuschrieben, und die Kennerschaft, die sein Ankläger ihm streitig machen wollte. Er war kein Neuling mehr, als er das mit Schätzen gefüllte Sizilien betrat; er hatte bereits während seines Aufenthaltes in Asien manch Probestück von seinem Sachverstand – allerdings nicht minder von seiner Skrupellosigkeit – abgelegt. So entlarvt auch manches Indiz des vierten Buches seine angebliche Dummheit als rhetorisches Klischee; er hatte ein hinlänglich sicheres Urteil und ging bei seinen Räubereien mit Plan und Überlegung zu Werke. In einem anderen Punkte freilich verdient die ciceronische Darstellung vollauf Zustimmung: Schon die Ausmaße lassen vermuten, daß Verres mit seinen Kunstdiebstählen nicht nur der eigenen Leidenschaft frönte, sondern zugleich darauf bedacht war, sich mit wirksamen Geschenken für seine Freunde und Standesgenossen zu versehen.

Verres besaß am Ende seiner sizilischen Zeit kein kleines, sondern ein wahrhaft stattliches Museum. Schon im Osten hatten – ein Beweis für seine Kennerschaft – archaische Kunstwerke seine Aufmerksamkeit erregt; er ging dieser Neigung auch in Sizilien nach und brachte eine Anzahl ehrwürdiger Kultbilder in seine Gewalt: die uralten Ceresstatuen von Catina und Henna (99 ff. 105 ff.), die Diana von Segesta, den Merkur von Tyndaris (72 ff. 84 ff.). Die Hochklassik, das mittlere 5. Jahrhundert, war in seiner Sammlung durch Meisterwerke ersten Ranges repräsentiert: durch einen bronzenen Herkules und einen Apoll des Myron (5 ff. 93), ferner durch zwei bronzene Kanephoren des Polyklet (5 ff.). Auch die Spätklassik, das 4. Jahrhundert, fehlte nicht: Verres hatte sich einen Cupido (Eros)

des Praxiteles sowie ein Sapphobildnis des Silanion verschafft (4 ff. 125 ff.); derselben Zeit entstammten wohl noch einige andere Kunstwerke, deren Schöpfer Cicero nicht anzugeben weiß (37. 127 f.). Zu diesen Großplastiken gesellten sich weitere Kostbarkeiten: Statuetten (95 f. 110), Elfenbeinschnitzereien (103 f. 124) und Gemälde, vor allem eine Reihe von Porträts der sizilischen Könige (122 f.). Schließlich hatte Verres nicht vergessen, sich mancherlei Schmuck und andere Kleinkunst anzueignen; Cicero erwähnt vor allem einige *phalerae*, das heißt Pferde- und Brustzierate, sowie eine ganze Kollektion von Fingerringen mit geschnittenen Steinen (29. 57 f.).

Dieser künstlerischen Ausstattung entsprach der Prunk der Möbel und Geräte. Verres besorgte sich die kostbarsten Tische, die das Luxusbedürfnis der hellenistischen Zeit ersonnen hatte, Tische aus Lebensbaumholz und Marmor (37. 131). Bronzene Speisesofas samt Polstern und Decken ließ er in Mengen für sich und seine Freunde anfertigen (58 ff.); die wertvollsten Decken verschaffte er sich wie üblich durch Raub (27 f.). Auch Leuchter galten ihm als Massenware (60); doch das Prunkstück seines Hauses machte der meisterlich gearbeitete, mit Edelsteinen verzierte goldene Kandelaber aus, den er dem durchreisenden König Antiochos von Syrien abgenommen hatte (64 ff.). Am reichlichsten war er mit Metallgefäßen versehen; er hatte ganze Städte darnach durchsuchen lassen (50 ff.). So besaß er allerlei Kannen, darunter ein Werk des berühmten Silberschmiedes Boëthos, ferner Schüsseln, Schalen und Becher in Fülle sowie Mischkrüge und Räucherpfannen (32. 35 ff. 46 ff. 63. 97 f. 131). Auf zwei Dinge hatte er sich mit der größten Leidenschaft geworfen. Einmal war er besonders auf sogenannte korinthische Gefäße erpicht; dieser begehrte Artikel bestand aus einer Kupferlegierung,

der Gold und Silber beigemischt wurden (50. 97 f. 131). Zum anderen machte Verres hemmungslos Jagd auf alles Silber, an dem sich Treibarbeiten befanden. Die Reliefs waren meist auf Emblemen angebracht, das heißt auf besonderen Metallstreifen, die man nach der Bearbeitung in das Behältnis eingelassen hatte. Verres trachtete vor allem, diesen figürlichen Schmuck in seinen Besitz zu bringen: Er riß ihn ab und behielt ihn für sich; die kahlen Gefäße gab er gewöhnlich den Eigentümern zurück (37. 46 ff. 51 f.). Die zahllosen Embleme, deren er sich auf diese Weise bemächtigt hatte, ließ er in einer eigenen Werkstatt von Meisterhand an goldenen Bechern und Schalen anbringen (54 f.). Schließlich verschmähte er auch Kuriositäten nicht: Der Besucher seiner Sammlungen konnte dort mit künstlerischem Zierat versehene Waffen sowie Elefantenzähne und riesige Bambusstangen bestaunen, lauter Dinge, die er aus Tempeln entwendet hatte (97. 103 f. 125).

Cicero breitet das Vielerlei der von Verres erpreßten Gegenstände in bunter Folge vor dem Leser aus; er reiht Diebstahl an Diebstahl und scheint sich hierbei ganz seinen Assoziationen zu überlassen. Er hat jedoch in zweifacher Hinsicht mit Bedacht disponiert. Der Stoff ist einerseits auf zwei Hauptabschnitte verteilt: Der erste Teil erörtert die Vergehen, deren sich Verres einzelnen Personen gegenüber schuldig gemacht hatte; der zweite behandelt den Raub von Tempel- und Gemeindegut (3–72. 72–151). Andererseits wird die Fülle der Episoden unverkennbar durch drei Höhepunkte der Darstellung eingefaßt und gegliedert. Am Anfang und am Ende des Buches stehen die ausführlichen Partien über Heius von Messana und über Syrakus (3–28. 115–151). Diese Anordnung läßt deutlich hervortreten, wie Verres selbst den Gemeinden mitgespielt

hatte, die sich als einzige nicht an der Klage der Sizilier beteiligten; sie entwertet effektvoll das Verhalten der beiden Städte und zumal das lobende Zeugnis, das die von Heius geleitete Gesandtschaft der Mamertiner dem Angeklagten zu erteilen suchte. Die Mitte des Buches nimmt der Abschnitt über Antiochos ein (60–72); der Autor schildert dort einen ebenso niederträchtigen wie politisch bedenklichen Streich, der ihm ein vorzügliches Bindeglied zwischen dem ersten und zweiten Hauptteil an die Hand gibt.

Cicero sucht vor allem zu Beginn seiner Darlegungen geflissentlich den Eindruck hervorzurufen, daß ihm der Gegenstand des Buches, die griechische Kunst, einigermaßen fremd sei. Er erwähnt Praxiteles nicht ohne den Hinweis, er habe sich erst jetzt, bei der Vorbereitung des Prozesses, in diese Materie eingearbeitet; er tut, als sei ihm der Name Polyklets entfallen; er beteuert, daß er für seine Person den Wert von Kunstwerken niedrig veranschlage (4f. 13; vgl. 94). Diese Äußerungen wollen nicht als bare Münze genommen werden. Cicero hat sie eingefügt, um einer überkommenen, auch zu seiner Zeit noch verbreiteten Auffassung die schuldige Reverenz zu erweisen: daß der römische Aristokrat seine Würde beschädige, wenn er der Kunst und anderen unnützen Dingen allzuviel Aufmerksamkeit widme. Die Wirklichkeit unterschied sich erheblich von diesem traditionellen Leitbilde, und Cicero selbst war nicht nur mit der Philosophie und Literatur, sondern auch mit der Kunst der Griechen gründlicher vertraut als die meisten seiner Zeitgenossen. So bezeugt das vierte Buch allenthalben seine Kennerschaft, und zumal seine Urteile und Beschreibungen machen deutlich, daß es ihm auch an Empfänglichkeit für den Reiz der vollendeten Form nicht gefehlt hat.

Erst dieses Rüstzeug setzte ihn in den Stand, eine zwei-

te, wichtigere und mit der Maske des unwissenden Laien kaum verträgliche Rolle wahrzunehmen: die Rolle des Mittlers zwischen griechischem Kunstsinn und einem breiteren römischen Publikum, dem der verhandelte Gegenstand unwichtig erscheinen und das daher die Beschwerden der Sizilier für überspannt halten mochte. Cicero rechnete mit derartigen Vorbehalten und war bestrebt, ihnen auf mancherlei Weise entgegenzuwirken: Er flocht erläuternde Hinweise ein, um den Rang eines Kunstwerks darzutun (4. 129 f.); er insistierte auf dem Marktpreis, den die von ihm genannten Dinge nun einmal zu erzielen pflegten (13 f.); er suchte religiöse Empfindungen zu mobilisieren (4 f. 46 f. 64 ff. u. ö.) und berief sich auf das politische Argument, daß es unklug sei, den Griechen ein Linderungsmittel ihrer Knechtschaft zu nehmen (134).

Erläuterungen

1 Begehrte Luxusartikel, die aus bestimmten Kupferlegierungen hergestellt wurden.

2 *Messana:* das heutige Messina. *Mamertiner:* die Bewohner Messanas; vgl. 15 ff. und 150.

3 *Praxiteles:* der führende Bildhauer der Spätklassik (4. Jahrhundert). *Thespiai:* Stadt in Böotien, zirka 15 km westlich von Theben. *L. Mummius*, der Zerstörer Korinths (146 v. Chr.), ließ zahlreiche Kunstwerke aus Griechenland fortschaffen. *Die Thespiaden:* die neun Musen; Thespiai lag am Fuße des Musenberges Helikon. *Felicitas:* die Göttin des glücklichen Gelingens; der von L. Licinius Lucullus (Konsul 151 v. Chr.) erbaute Tempel stand im Velabrum, dem Viertel zwischen Kapitol, Forum und Palatin.

4 Neben Phidias und Polyklet der berühmteste Bildhauer der Hochklassik (etwa 480–430).

5 *Kanephoren:* «Korbträgerinnen», Mädchen, die bei Prozessionen Körbe mit Kultgeräten auf dem Kopfe trugen. *Polyklet:* der berühmte Bildhauer (2. Hälfte des 5. Jahrhunderts).

6 C. Claudius Pulcher (Konsul 92 v. Chr.) war im Jahre 99 Ädil. Es war üblich, das Forum während der Festperioden mit Statuen zu schmücken, die zum Teil aus den Provinzen entliehen wurden.

7 Der Glücksgöttin (Tyche), deren Kult in hellenistischer Zeit stark zugenommen hatte.

8 Der Chelidon («Schwalbe»), der Geliebten des Verres während seiner stadtrömischen Prätur. Sie hatte ihn offenbar zu ihrem Erben eingesetzt; vgl. 71.

9 Mit den ein Beil umschließenden Rutenbündeln, dem römischen Symbol der Befehlsgewalt. Verres durfte als Statthalter keinerlei Handelsgeschäfte tätigen.

10 D. h. als Statthalter oder Quästor oder als Adjutant eines Statthalters.

11 Die Kunstkenner.

12 Wenn das Kaufen so geringe Kosten verursacht. Die Redensart besagte in Wahrheit, daß man große Scheu habe, sich durch die Äußerung einer Bitte zu erniedrigen.

13 D. h. 1600 Sesterzen (1 Denar = 4 Sesterzen).

14 Bei Erpressungsprozessen gegen Statthalter pflegte die Verteidigung dafür zu sorgen, daß möglichst viele Gemeinden der geschädigten Provinz lobende Beschlüsse zugunsten des Angeklagten ergehen und durch eigene Gesandtschaften während der Beweisaufnahme vortra-

gen ließen. Im Falle des Verres hatte sich lediglich Messana zu einer *laudatio* bereit gefunden. Vgl. 150.

15 *Centuripae:* im Inneren der Insel, zirka 30 km südwestlich des Ätna (heute Centuripe). *Catina:* an der Ostküste, südlich des Ätna (heute Catania). *Halaesa:* an der Nordküste, in der Nähe des heutigen Tusa. *Tyndaris:* ebenfalls an der Nordküste, zirka 50 km westlich von Messina (heute S. Maria di Tindaro). *Henna:* in der Mitte der Insel (heute Castrogiovanni, Enna). *Agyrion:* im Inneren der Insel, zirka 25 km nordöstlich von Henna (heute Agira).

16 Die Sizilier mußten im Bedarfsfalle außer dem Zehnten sogenanntes Kaufgetreide an Rom liefern, für das ein vom Senat festgesetzter Preis gezahlt wurde; dieser Verpflichtung unterlagen auch die abgabenfreien Gemeinden.

17 *Phaselis:* Stadt an der Südküste Kleinasiens, im Grenzgebiet von Lykien und Pamphylien. P. Servilius Vatia Isauricus bekämpfte als Statthalter von Kilikien erfolgreich die dort ansässigen Seeräuber (78–74 v. Chr.).

18 C. Porcius Cato (Konsul 114 v. Chr.) wurde verurteilt, weil er in seiner Provinz Makedonien Erpressungen begangen haben sollte. Seine Großväter waren L. Aemilius Paullus, der Sieger von Pydna (Konsul 182 und 168), und der Zensor M. Porcius Cato (Konsul 195), sein Oheim der jüngere Scipio (Konsul 147 und 134).

19 Den Aufwand (Quartier, Beförderung, Lebensmittel) hätten sie dem Statthalter geschuldet, sooft er in Messana Station machte. Ihre Verpflichtung zu Hand- und Kriegsdiensten ergab sich aus dem Bündnisvertrag; sie mußten insbesondere ein bemanntes Kriegsschiff stellen.

20 Verdiente Statthalter wurden manchmal durch ihnen gewidmete Feste geehrt; zum Schicksal der *Verria* vgl. 151.

21 Den P. Gavius: Hiervon handelt Cicero ausführlich im 5. Buch der zweiten Rede, 158–170.

22 D. h. bei den Untertanen in den Provinzen; vgl. die erste Rede gegen Verres, 1 und 4.

23 Basiliscus und die Percennier hatten auf Betreiben des Pompeius das römische Bürgerrecht erhalten; sie trugen nunmehr seinen Namen.

24 L. Tullius Cicero, der den Redner begleitete und ihm bei seinen Ermittlungen half; vgl. 137 und 145.

25 Die Bewohner von Regium (an der Meerenge von Messina; heute Reggio) hatten während des Bundesgenossenkrieges (91–88 v. Chr.) das römische Bürgerrecht erhalten.

26 Eigentlich «attalische Decken». Sie waren mit Gold durchwirkt und hießen nach ihrem angeblichen Erfinder, einem der pergamenischen Könige namens Attalos.

27 Zierscheiben am Zaumzeug. Seit dem 2. Jahrhundert v. Chr. dienten die *phalerae* auch als militärische Auszeichnung, die auf der Brust getragen wurde.

28 Cicero meint wohl den zweiten syrakusanischen König dieses Namens, den Schöpfer der sizilischen Steuerordnung (275–215 v. Chr.).

29 Stadt im südlichen Phrygien, an der Grenze nach Lykien.

30 Q. Tadius wird auch im 1. Buch der zweiten Rede gegen Verres, 128, als Belastungszeuge des Verres erwähnt.

31 Ein Bildhauer und Silberschmied des 3. Jahrhunderts.

32 Verres pflegte die Sklaven des Venustempels (auf dem Eryx im Westen Siziliens) zu allerlei Diensten zu verwenden.

33 Während der Römischen Spiele; vgl. die erste Rede gegen Verres, 31. L. Cornelius Sisenna: der Mitverteidiger des Verres; vgl. 43. Er war damals Ädil und somit Veranstalter der hier erwähnten Zirkusspiele.

34 Es war Sitte, Schauspieler, die besonders gefallen hatten, durch einen silbernen Kranz oder eine ähnliche Gabe auszuzeichnen. Da der Wert, den diese Angebinde haben durften, von Gesetzes wegen begrenzt war, pflegte man sie so niedrig wie möglich zu taxieren.

35 Während der sizilischen Statthalterschaft.

36 Vgl. 25. Q. Lutatius Catulus (Konsul 78 v. Chr.) war Mitglied des Gerichtshofes, der über Verres zu befinden hatte; vgl. 69 f.

37 Aus dem wohlriechenden Holze des orientalischen Lebensbaumes (Thuia orientalis).

38 Hafenort an der Nordwestspitze Siziliens (heute Trapani).

39 Cicero streift diese Affäre auch im 2. Buch der zweiten Rede, 140; dort handelt es sich lediglich um ein Mündel, und der Komplize heißt A. Claudius.

40 C. Claudius Marcellus (Prätor 80 v. Chr.) hatte im Jahre 79 v. Chr. die Provinz Sizilien verwaltet.

41 Heute Malta.

42 *Therikleische Becher:* Trinkschalen mit zwei Henkeln; der Name wurde auf einen korinthischen Töpfer, der Therikles geheißen habe, zurückgeführt. *Mentor:* ein berühmter Silberschmied aus unbekannter Zeit; seine Werke wurden von den Römern sehr geschätzt.

43 Eine Episode aus der Sage von den Ödipussöhnen. Adrastos, König von Argos, suchte seinen Schwiegersohn Polyneikes nach Theben zurückzuführen. Sein Schwager, der Seher Amphiaraos, wußte, daß

niemand den Feldzug überleben werde; er hielt sich verborgen, um nicht teilnehmen zu müssen. Polyneikes bestach Eriphyle, die Frau des Amphiaraos, mit einer kostbaren Halskette, ihm das Versteck ihres Gemahls zu verraten. Amphiaraos mußte sich nunmehr an dem Zuge beteiligen.

44 Cicero verwendet scherzhaft Ausdrücke der militärischen Sprache; das Wort «Gerätschaften» (*vasa*) bezeichnet hier die Prunkgefäße des Diodoros.

45 Einen seiner Agenten; vgl. 30 und 47.

46 Um notfalls das Gericht zu bestechen. Der Prozeß gegen Sthenius ist ein Hauptthema im 2. Buch der zweiten Rede, 82–118.

47 Q. Arrius (Prätor 73 v. Chr.) gelangte nicht nach Sizilien, wo er Verres ablösen sollte; er beteiligte sich am Krieg gegen Spartacus und starb.

48 D. h. Trinkhörner, deren Spitze in einen Pferdekopf auslief.

49 *L. Papirius Potamo:* war bei Caecilius, dem Quästor des Verres, als Schreiber tätig.

50 *Geldausteiler:* vgl. die erste Rede gegen Verres, 22 ff. Daß Verres sich die Prätur erkauft habe, verlautet auch in der ersten Rede, 23. Mit dem Ankläger ist die Person gemeint, die ihn daraufhin wegen unerlaubter Wählerbeeinflussung (*ambitus*) belangen wollte.

51 Vgl. 25.

52 Stadt an der Nordküste Siziliens, zirka 20 km östlich von Halaesa. L. Licinius Lucullus (Konsul 74 v. Chr.) führte damals den Krieg gegen Mithridates VI. von Pontos.

53 Stadt nahe der Nordküste, zirka 30 km westlich von Tyndaris (heute S. Marco d'Alunzio).

54 *Everriculum:* ein unübersetzbares Wortspiel mit dem Namen des Verres.

55 Anspielung auf *verres*, «Eber, Schwein».

56 Cn. Cornelius Lentulus Marcellinus (Konsul 56 v. Chr.) war von Hause aus, ehe er von einem Lentulus adoptiert wurde, ein Marceller. Vgl. Anm. 77.

57 D. h. in einer Tracht, die eines römischen Statthalters unwürdig war.

58 Cicero nennt drei Männer namens L. Calpurnius Piso Frugi. Der Großvater (Konsul 133 v. Chr.) erließ das erste Erpressungsgesetz. Der Vater verwaltete als Prätor die Provinz Spanien (im Jahre 113 oder 112 v. Chr.). Der Sohn war – ebenfalls als Prätor – Kollege des Verres und schritt häufig gegen dessen Entscheidungen ein.

59 *Verres:* vgl. 53. Pisos Beiname Frugi bedeutet «rechtschaffen, redlich».

60 *Segesta:* im Nordwesten der Insel, etwa auf halbem Wege zwischen

Panormos und Drepanon. *Netum:* im Inneren Siziliens, zirka 30 km südwestlich von Syrakus (heute Noto antica). *Ätna:* Stadt am Südhang des gleichnamigen Berges. *Heloros:* im Südosten der Insel, an der Mündung des gleichnamigen Flusses.

61 König Antiochos X. Eusebes von Syrien, der Vater der hier genannten Könige, wurde im Jahre 83 v. Chr. von seinem armenischen Nachbarn Tigranes (97–56) aus seinem Reich vertrieben. Etwa im Jahre 74 begaben sich die Söhne, Antiochos XIII. Asiatikos und dessen Bruder, nach Rom. Offenbar hatten sie damals ihr väterliches Erbe bereits zurückgewonnen; sie beanspruchten nunmehr auch den Thron Ägyptens, da ihre Mutter Kleopatra Selene eine Ptolemäerin war. Der Senat jedoch ließ sie nicht einmal vor, weil er sich, wie Cicero andeutet, mit wichtigeren Dingen zu befassen hatte: mit den Kriegen gegen Sertorius (in Spanien), gegen König Mithridates VI. (in Asien), gegen die Seeräuber sowie gegen die Gladiatoren unter Spartacus. Antiochos XIII. war der letzte regierende Seleukide; Pompeius setzte ihn ab, und sein Land wurde römische Provinz (64 v. Chr.).

62 Der Jupitertempel auf dem Kapitol war im Jahre 83 v. Chr. abgebrannt. Das neue Gebäude, das Sulla zu errichten begonnen hatte, wurde erst im Jahre 69 von Q. Lutatius Catulus (Konsul 78; vgl. 37) vollendet und geweiht. Vgl. 69 f.

63 Sie haben Catulus beauftragt, das Bauwerk zu vollenden.

64 Vgl. 7.

65 Hinweis auf Räubereien des Legaten Verres, die Gegenstand des 1. Buches der zweiten Rede, 45 ff., sind. *Perge:* Stadt in Pamphylien.

66 Da sie, wie die Römer, von den Trojanern des Aeneas abzustammen behaupteten. Vgl. Vergil, Äneis 5, 700 ff.

67 Der Fall Karthagos beendete den vom jüngeren Scipio geführten Dritten punischen Krieg (149–146 v. Chr.)

68 Im 2. Buch der zweiten Rede, 85 ff.

69 *Gela:* bedeutende Stadt an der Südküste Siziliens (heute ebenfalls Gela). *Phalaris:* Tyrann von Agrigent (6. Jahrhundert v. Chr.); seine Grausamkeit gab Anlaß zu der Legende vom ehernen Stier.

70 Im Jahre 75 v. Chr.

71 D. h. Nichtgriechen, Sikaner oder Punier, die vor allem im Westen der Insel ansässig waren.

72 P. Cornelius Scipio Nasica (Konsul 52 v. Chr.); er gehörte zu den Beiständen des Verres. Er wurde später von Q. Caecilius Metellus Pius (Konsul 80) adoptiert und nannte sich seither Q. Caecilius Metellus Pius Scipio Nasica.

73 Bei den Nachkommen. Nur Adlige durften Porträtmasken ihrer Ahnen in der Vorhalle des Hauses aufstellen (*ius imaginum*).

74 P. Servilius Vatia Isauricus, Richter im Prozeß des Verres: vgl. 21. Nach Ciceros Worten suchte er damals den Kunstwerken, die er in seinem Triumph über die Seeräuber vorgeführt hatte (74 v. Chr.), einen dauernden Standort zu verschaffen.

75 Der Jupitertempel auf dem Kapitol. Vgl. 69 f.

76 Vgl. 17.

77 Die Marceller, die Nachkommen des Eroberers von Syrakus (vgl. hierzu die erste Rede gegen Verres, Anm. 12), waren die prominentesten Schutzherren Siziliens; vgl. 89 ff. *C. Claudius Marcellus:* vgl. 37.

78 *M. Claudius Marcellus Aeserninus:* ein anderes, im übrigen unbekanntes Mitglied der Familie.

79 Ein städtischer Beamter, der das Gymnasium (die Turnschule) beaufsichtigte.

80 Vgl. 5.

81 D. h. den städtischen Beamten, die ähnliche Aufgaben hatten wie die römischen Quästoren und Ädilen: Die «Quästoren» verwalteten die Tempeleinkünfte; die «Ädilen» waren für die öffentliche Sicherheit verantwortlich.

82 Der Fang des Ebers vom Erymanthos gehörte zu den zwölf Arbeiten, die Herkules im Dienste des Eurystheus vollbringen mußte. Zum Wortspiel Verres – *verres* («Eber, Wildschwein») vgl. 53.

83 *Assoros:* innersizilisches Städtchen zwischen Henna und Agyrion (heute Assaro). *Henna:* vgl. 17. *Chrysas:* der heutige Dittaino.

84 *Engyon:* Städtchen im Inneren der Insel; die Lage ist unbekannt. *Der Großen Mutter:* der Kybele, einer kleinasiatischen Fruchtbarkeitsgöttin. Cicero hat sich indes geirrt; der Tempel zu Engyon war vielmehr kretischen Gottheiten geweiht, die «Göttliche Mütter» genannt wurden.

85 D. h. aus einer bestimmten Kupferlegierung. Vgl. 1.

86 Vgl. 38.

87 M. Antonius Creticus (Prätor 74 v. Chr.) hatte sich in den Jahren 74–71 vergebens bemüht, sie zu beseitigen; erst Pompeius machte dem Unwesen ein Ende (67 v. Chr.).

88 Des Königs von Numidien (gestorben 148 v. Chr.). Er trat im 2. Punischen Krieg von den Karthagern zu den Römern über und war seitdem Karthagos erbittertster Feind.

89 D. h. der Demeter, der Göttin des Getreides, und deren Tochter Persephone (lateinisch Proserpina).

90 Von Hades/Pluton, dem Gott der Unterwelt, der sie zu seiner Gemahlin machte. Demeter suchte vergebens die geraubte Tochter; sie zog sich zurück und ließ kein Getreide mehr wachsen. Zeus vermittelte daraufhin ein Abkommen: Persephone solle ein Drittel des Jahres in der Unterwelt und die übrige Zeit bei den olympischen Göttern zubringen.

91 Der lateinische Name des Pluton.

92 Insbesondere die eleusinischen Mysterien. Das Hauptfest fand im September statt. Eine Prozession zog von Athen nach Eleusis; sie feierte dort die Wiederkehr Persephones und ihre Vereinigung mit der Mutter.

93 Die sibyllinischen Bücher waren eine Sammlung von Orakelsprüchen; sie wurden im Tempel des kapitolinischen Jupiter aufbewahrt. Der römische Staat zog sie in kritischer Lage, wenn böse Vorzeichen sich einstellten, zu Rate: das für sie zuständige Priesterkollegium, die «Zehnmänner» (*decemviri*; seit Sulla *quindecimviri*, «Fünfzehnmänner»), erhielt den Auftrag, geeignete Sühnemaßnahmen aus ihnen zu erschließen. P. Mucius Scaevola und L. Calpurnius Piso Frugi waren im Jahre 133 v. Chr. Konsuln. Der römische Cerestempel stand am westlichen Ende des Circus Maximus.

94 Ein attischer Heros; er brachte den Menschen den Ackerbau, den er von Demeter erlernt hatte.

95 Lorbeer- oder Olivenzweige, die mit Wollbinden umwunden waren, dienten als Kennzeichen Schutzsuchender.

96 Ein anderer lateinischer Name des Hades/Pluton.

97 P. Popilius Laenas und P. Rupilius waren im Jahre 132 v. Chr. Konsuln. Rupilius eroberte Tauromenion und Henna und schlug hiermit den 1. sizilischen Sklavenaufstand nieder; vgl. die Einführung, S. 247.

98 *Centuripae*, *Agyrion:* vgl. 17. *Ätna:* vgl. 59. *Herbita:* im Inneren Siziliens; die Lage ist unbekannt.

99 Von den ruinösen Folgen der Steuerpolitik des Verres handelt Cicero im 3. Buch der zweiten Rede, besonders 46 ff. und 120 ff.

100 Der Demeter-Kult ist wohl von Unteritalien aus nach Rom gelangt; die römischen Ceresfeiern ahmten in allen Einzelheiten griechische Riten nach.

101 Vgl. die erste Rede gegen Verres, 13. Zu M. Marcellus, dem Eroberer von Syrakus (212 v. Chr.), vgl. ebendort, Anm. 12.

102 Am landeinwärts gelegenen Ende. Hierdurch wird die «Insel» vom Festlande abgeschnitten.

103 Bis zur Mündung und Zufahrt an der Seeseite.

104 Ein Amtsgebäude griechischer Städte.
105 Tyche oder tycha bedeutet *fortuna*, «Glück»; Neapolis bedeutet «Neustadt».
106 Nach einem Bezirk, der Temenos hieß.
107 Ein Doppeltempel der «Ehre» und der «Tapferkeit»; er stand im Süden der Stadt, in der Nähe der Porta Capena.
108 Eines Königs von Syrakus (317–289 v. Chr.).
109 Den erwähnten Doppeltempel des Honos und der Virtus; Marcellus hatte ihn bereits zehn Jahre zuvor, in einer Schlacht gegen die Gallier, gelobt.
110 Ein bedeutender Bildhauer der Spätklassik (4. Jahrhundert).
111 *Tempel der Felicitas:* vgl. 4. *Siegesdenkmal des Catulus:* ein von dem Kimbernsieger Q. Lutatius Catulus (Konsul 102 v. Chr.) erbauter Fortunatempel; dort stand eine Athene des Phidias. *Säulenhalle des Metellus:* von Q. Caecilius Metellus Macedonicus (Konsul 143) errichtet; sie stand auf dem Marsfelde, südlich des Circus Flaminius. *Tusculanum:* ein – nur für sehr Wohlhabende erschwinglicher – Landsitz bei Tusculum (Stadt in Latium, zirka 25 km südöstlich von Rom, heute Frascati). *Das Forum in seinem Schmuck …:* vgl. 6.
112 *Päan:* ein Heilgott, der oft mit Apoll identifiziert wurde. *Liber:* der lateinische Name des Dionysos. *Aristaios:* Sohn des Apoll, ein bäuerlicher Segensgott.
113 Der Beiname bedeutet «der günstigen Fahrwind sendet».
114 T. Quinctius Flamininus, der Sieger über König Philipp V. von Makedonien (Konsul 198 v. Chr.).
115 Bevor es durch den Brand des Jahres 83 v. Chr. vernichtet wurde. Vgl. 64.
116 An der Mündung des Bosporus. *Pontus:* das Schwarze Meer.
117 Der berühmte Mathematiker wurde bei der Eroberung der Stadt von einem römischen Soldaten erschlagen.
118 Kostbare Prunktische, die ihren Namen von der Ähnlichkeit mit einem delphischen Dreifuß erhalten hatten.
119 L. Licinius Crassus, der berühmte Redner, und Q. Mucius Scaevola Pontifex, die Konsuln des Jahres 95 v. Chr., hatten auch das Ädilenamt gemeinsam verwaltet (um 100 v. Chr.). *C. Claudius Pulcher:* vgl. 6.
120 *Regium:* vgl. 26. *Thespiai, Cupido:* vgl. 4. *Knidos:* Stadt auf der weit vorspringenden Südwestspitze Kleinasiens; die knidische Venus war das berühmteste Werk des Praxiteles (4. Jahrhundert). *Kos:* Insel der südlichen Sporaden, vor der Südwestküste Kleinasiens; die koische Venus war ein berühmtes Werk des Apelles (4. Jahrhundert). *Alexan-*

der: eine Darstellung Alexanders des Großen, ebenfalls von Apelles. *Kyzikos:* Hafenstadt am Südufer des Marmarameeres. *Ialysos:* ein Heros, der die gleichnamige Stadt auf Rhodos gegründet hatte. *Iakchos:* Kultname des Dionysos. *Paralos:* ein attischer Heros, dem man die Erfindung des Dreiruderers zuschrieb. *Myron:* vgl. 5; die Kuh war eines seiner berühmtesten Werke.

121 Hiervon handelt Cicero im 2. Buch der zweiten Rede, 35 ff.

122 Anspielung auf Affären, mit denen sich Cicero im 3. Buch, 77 ff., und im 5. Buch, 81 f., der zweiten Rede befaßt.

123 Hinweis auf eine Urkundenfälschung, die Gegenstand des 2. Buches der zweiten Rede, 186 ff., ist.

124 Dieser Heraclius ist nicht mit dem soeben erwähnten Syrakusaner gleichen Namens identisch.

125 Vgl. 25.

126 Außer Syrakus beteiligte sich auch Messana nicht an dem Hilfegesuch bei Cicero. Die letztere Gemeinde entbot überdies zum Prozeß eine Gesandtschaft, die der Statthalterschaft des Verres ein Lob erteilte; vgl. 15.

127 Vgl. 128. Die griechischen Ringkämpfer pflegten sich mit Öl einzureiben.

128 L. Caecilius Metellus, der Nachfolger des Verres; vgl. die Einführung, S. 251.

129 Die römischen Senatoren wurden nach Rangstufe und Anciennität befragt; der Vorsitzende rief die Namen auf.

130 Der zweite Amtsvorgänger des Verres (76–75 v. Chr.).

131 Wortspiel mit der wörtlichen und der übertragenen Bedeutung von *nudus*; ebenso bereits das 2. Buch der zweiten Rede, 154.

132 Andeutung von Vorgängen, die im 5. Buch der zweiten Rede, 103 ff. und 95 ff., ausführlich geschildert werden.

133 Cicero selbst genoß dieses Vorrecht schon seit seiner Quästur.

134 *Q. Cacilius Metellus Numidicus:* Konsul 109 v. Chr. *L. Licinius Lucullus:* der Vater des berühmten Lucullus, Prätor 104 v. Chr.; er wurde nach seiner sizilischen Statthalterschaft wegen Unterschlagung angeklagt und verurteilt.

135 Anspielung auf die Angebote des Verres, den Metellern bei den Wahlen zu helfen; vgl. die Einführung, S. 251.

136 «Von Gott mit Wahnsinn geschlagen».

137 Vgl. 15 ff.

138 Vgl. 24.

ZEITTAFEL

v. Chr.		v. Chr.	
106	Geburt des Pompeius	106	Geburt Ciceros
100	Geburt Caesars		
91–89	Bundesgenossenkrieg	bis 82	Lehrjahre in Rom: Jurisprudenz Rhetorik Philosophie
89–85	1. mithridatischer Krieg		
88–82	Marianisch-sullanischer Bürgerkrieg		
82–79	Diktatur Sullas	81–79	Erste Anwaltstätigkeit
		79–77	Bildungsreise nach Griechenland und Kleinasien: Rhetorik, Philosophie
		75	Eintritt in die senatorische Laufbahn: Quästur
74–63	3. mithridatischer Krieg		
70	1. Konsulat des Pompeius und Crassus	70	Anklage gegen Verres
		69	Ädilität
67	Oberbefehl des Pompeius im Seeräuberkrieg		
66–62	Oberbefehl des Pompeius in Asien	66	Prätur; erste politische Rede («Über den Oberbefehl des Pompeius»)
		63	Konsulat; catilinarische Verschwörung
		62–59	Verteidigung der Konsulatspolitik
60	Bündnis des Pompeius, Caesar und Crassus (1. Triumvirat)		
59	Caesars Konsulat		

58–51	Caesars gallische Statthalterschaft; gallischer Krieg	58–57	Exil in Thessalonike und Dyrrhachion
56	Erneuerung des Triumvirats	56–52	Politik im Dienste der Triumvirn; erste Phase der philosophischen Schriftstellerei («Über den Redner», «Über den Staat»)
55	2. Konsulat des Pompeius und Crassus		
53	Partherfeldzug; Untergang des Crassus		
52	Pompeius *consul sine collega*		
		51–50	Statthalterschaft in Kilikien
49–45	Pompejanisch-caesarischer Bürgerkrieg	49–48	Aufenthalt im pompejanischen Hauptquartier
48	Ermordung des Pompeius		
48–44	Diktatur Caesars		
		47	Begnadigung durch Caesar
		46–44	Zweite Phase der philosophischen Schriftstellerei
		45	Tod der Tochter Tullia
44	Ermordung Caesars		
44–43	Mutinensischer Krieg	44–43	Kampf gegen Antonius («Philippische Reden»)
43	Bündnis des Antonius, Lepidus und Oktavian (2. Triumvirat)v. Chr.	43	Ermordung Ciceros
106	Geburt Ciceros		
bis 82	Lehrjahre in Rom: Jurisprudenz Rhetorik Philosophie		

LITERATURHINWEISE

Ausgaben mit Übersetzungen:

Cicero, Die Reden gegen Verres / In C. Verrem, lateinisch-deutsch, herausgegeben, übersetzt und erläutert von M. Fuhrmann, 2 Bde., Zürich 1995.

Cicero, Reden gegen Verres, lateinisch-deutsch, übersetzt und herausgegeben von G. Krüger, 6 Bde., Stuttgart 1983–94.

Cicéron, Discours, T. 2–6, Texte établi et traduit par H. De la Ville de Mirmont, J. Martha, H. Bornecque, G. Rabaud, Paris 1960–67[2–5].

Kommentierte Ausgaben:

K. Halm – G. Laubmann, Ciceros Rede gegen Q. Caecilius und der Anklagerede gegen C. Verres 4. und 5. Buch (Ciceros ausgewählte Reden, Bd. II), Berlin 1900[10].

R. G. C. Levens, Cicero: The Fifth Verrine Oration, London 1946.

T. N. Mitchell, Cicero: Verrines II, 1, Warminster 1986 [mit engl. Übers.].

Abhandlungen:

H. Degenkolb, Die Lex Hieronica und das Pfändungsrecht der Steuerpächter, Berlin 1861 (Nachdruck Amsterdam 1968).

Th. Zielinski, Verrina – Chronologisches, Antiquarisches, Juristisches, in: Philologus 52 (1893), S. 248–294.

A. Holm, Geschichte Siciliens im Alterthum, Bd. 3, Leipzig 1898.

H. Rauber, Die agrarischen Verhältnisse Siziliens im Altertume, besonders zur Zeit Ciceros, Diss. Erlangen, Bayreuth 1919.

J. Carcopino, La loi de Hiéron et les Romains, Paris 1919.

N. Marinone, Quaestiones Verrinae – Cronologia del processo di Verre, Turin 1950.

F. Pontenay de Fontette, Leges repetundarum, Paris 1954.

E. Badian, Foreign Clientelae, Oxford 1958.

W. Stroh, Taxis und Taktik – Ciceros Gerichtsreden, Stuttgart 1975, S. 174–187 [zur Rede gegen Caecilius].

W. C. McDermott, The Verrine Jury, in: Rheinisches Museum 120 (1977), S. 64–75.

D. Berger, Cicero als Erzähler – Forensische und literarische Strategien in den Gerichtsreden, Frankfurt a. M. – Bern – Las Vegas 1978, S. 63–193.

M. I. Finley, Das antike Sizilien – Von der Vorgeschichte bis zur Arabischen Eroberung, München 1979.

F. Della Corte, Servi Venerii, in: Maia 31 (1979), S. 225–235.

Atti del IV Colloquium Tullianum – Palermo, 28 settembre – 2 ottobre 1979, Ciceroniana N. S. 4, Rom 1980 [mit 13 Beiträgen über Themen der Verres-Reden].

M. Fuhrmann, Narrative Techniken in Ciceros zweiter Rede gegen Verres, in: Der altsprachliche Unterricht XXIII 3 (1980), S. 5–17.

G. Zimmer, Das Sacrarium des C. Heius – Kunstraub und Kunstgeschmack in der späten Republik, in: Gymnasium 96 (1989), S. 493–520.

D. Schmitz, Zeugen im Verres-Prozeß nach Ciceros Darstellung, in: Gymnasium 96 (1989), S. 521–531.

Wilfried Stroh, Cicero. Redner. Staatsmann. Philosoph, München 2008.

Klaus Bringmann, Cicero, Darmstadt 2010.

Robin Lane Fox, Die klassische Welt. Eine Weltgeschichte von Homer bis Hadrian, Stuttgart [3]2010, bes. 357–452 (über die römische Republik).